다녀왔습니다!
: 실리콘밸리, 워싱턴 D.C. 그리고 텍사스

다녀왔습니다!

: 실리콘밸리, 워싱턴 D.C. 그리고 텍사스

SILICON VALLEY
WASHINGTON, D.C.
TEXAS

**토스증권
애널리스트가 직관한
미국의 핵심 기업과 산업**

토스증권 리서치센터 지음

비즈니스북스

일러두기

- 이 책은 토스증권 리서치센터의 조사 분석 자료를 기반으로 만들어졌습니다. 책에 실린 투자 정보는 참고용일 뿐, 투자를 권유하거나 종목을 추천하기 위한 목적이 아니며 투자자의 투자 결과에 대한 법적 자료로 사용될 수 없습니다.
- 본문에 언급된 주식 종목(개별 주식, ETF)의 주가, 수익률, 구성 종목은 집필 시점과 다를 수 있습니다.
- ETF 종목명은 처음 언급할 때 전체 이름을 병기하고, 두 번째부터는 티커만으로 표기하였습니다 (예: 우주 관련 ETF로는 ARKX ARK Space & Defense Innovation ETF가 있습니다. ARKX는 우주 혁신기업에 투자합니다).
- 별도의 출처를 밝히지 않은 도표는 모두 토스증권에서 작성한 자료입니다.

다녀왔습니다!
: 실리콘밸리, 워싱턴 D.C. 그리고 텍사스

1판 1쇄 발행   2026년 3월 23일
1판 2쇄 발행   2026년 3월 26일

지은이 | 토스증권 리서치센터
발행인 | 홍영태
편집인 | 김미란
발행처 | (주)비즈니스북스
등 록 | 제2000-000225호(2000년 2월 28일)
주 소 | 03991 서울시 마포구 월드컵북로6길 3 이노베이스빌딩 7층
전 화 | (02)338-9449
팩 스 | (02)338-6543
대표메일 | bb@businessbooks.co.kr
홈페이지 | http://www.businessbooks.co.kr
블로그 | http://blog.naver.com/biz_books
페이스북 | thebizbooks
인스타그램 | bizbooks_kr
ISBN 979-11-6254-467-9   03320

다녀오겠습니다,
미국 출장!

우리 그냥
미국에 가보는 건 어때요?

2024년 8월 초, 리서치센터 출범을 알리는 첫 보고서 발행이 얼마 남지 않은 어느 저녁. 우리는 회사 근처 고깃집에서 삼겹살을 굽고 있었다. 출범을 앞두고 있어서인지 고기를 입에 넣으면서도 온통 리포트 얘기뿐이었다. 본인이 작성한 부분에 대해 피드백을 요청하던 한상원 애널리스트가 계속해서 품고 있던 질문 하나를 던졌다.

"우리 리포트가 진짜 개인 투자자들한테 도움이 될까요? 그러니까, 기존 리서치센터들과 다르다는 것이 잘 드러날까요?"

몇 달 동안 말 그대로 제로베이스에서 리서치센터 출범을 추진하며 우리가 정립한 차별화 포인트는 두 가지였다. 첫째, 개인 투자자를 위한 리서치센터가 되겠다. 둘째, 미국 주식 리서치에 집중하겠다. 그래서 첫 보고서 제목도 '왜 미국 주식인가'로 잡았고, 개인 투자자들도 쉽게 이해할 수 있도록 보고서 전문을 콘텐츠 매니저가 다듬었다.

이영곤 센터장은 그래도 어딘가 2% 부족하다는 느낌이 계속 들었다. 문득 몇 달 전 진행했던 고객 인터뷰 결과가 떠올라 말을 꺼냈다.

"고객 인터뷰에서 계속 나왔던 말 기억해요? 한국에서는 미국 현지 정보를 얻기가 너무 어렵다고…. 그 부분을 우리가 해결해야 할 것 같아요."

다들 고개를 끄덕인다. 예전에 비해 미국 기업에 대한 정보를 많이 얻을 수 있게 됐다고는 해도, 국내 기업에 비하면 여전히 개인 투자자들이 접할 수 있는 정보는 한정적이었다. 충분한 정보를 갖고 있어도 좋은 투자 판단을 내리기가 어려운데, 정보가 부족하다면 성공적인 투자를 하기란 더더욱 힘들어진다. 현지 정보가 필요한 건 사실이다. 그런데 그 정보를 어떻게 얻어야 할까?

그때 이지선 애널리스트가 젓가락을 내려놓으며 말했다.

"그럼, 우리 그냥 미국에 가보는 건 어때요?"

반대할 이유가 없었다. 투자자들이 현지 정보를 얻기 힘들다면 우리가 직접 가서 보고 들은 내용을 전해주면 되지 않을까? 이지선 애널리스트의 제안을 시작으로, 우리는 미국 출장에서 누굴 만나 어떤 인사이트를 가져오면 좋을지 각자 아이디어를 쏟아내기 시작했다.

"어느 때보다 빅테크에 대한 관심이 높아요. 현지에서 엔비디아나 테슬라 등 기업 관계자들을 직접 만나보고, 밀도 있는 인터뷰를 통해 그들이 지금 어떤 분야에 집중하고 있는지 비교해주면 좋을 것 같아요."

"테슬라를 비롯해 자율주행차에 대한 관심이 높은데, 우리가 직접 타보고 어느 정도 시장성이 있는지 리포트에 담아보면 어떨까요?"

"요즘은 보통 외신을 통해 미국 기업 소식이 알려지는데, 정작 미국의 개인 투자자들이 어떻게 투자하는지 분위기를 느끼긴 어려운 것 같아요. 현지에서 개인 투자자들을 만나는 것도 재미있을 것 같아요."

상기된 표정으로 고깃집을 나온 우리는 다음 날 곧바로 대표를 찾아갔다. '이제 막 꾸려진 팀이라 안 된다고 하면 어쩌지?' 하는 걱정이 무색하게 대표는 흔쾌히 미국 출장을 수락했다.

"좋아요. 다녀오세요. 필요한 거 있으면 말씀해주시고요."

고깃집에서 쏘아올린 미국 출장 아이디어는 그렇게 순식간에 결정되었다. 첫 보고서 발행을 약 2주 앞둔 날이었다.

왜 가야 할까?
그리고 어디를 가야 할까?

전반적인 출장 세팅은 이지선 애널리스트가 담당하기로 했다. 사내 메신저에 'Project Frontier'라는 채널을 새로 하나 팠다. 본격적인 '사서하는 고생'의 시작이었다. 어디서부터 해야 할지 막막한 감도 있었지만, 지선은 "왜 우리가 미국에 가야 하는가?"를 계속해서 생각했다. 개인 투자자를 위한 리서치를 제대로 하려면, 결국 전문 투자자나 기관 투자자만 접근할 수 있었던 정보를 발굴하고 애널리스트인 우리가 그걸 개인 투자자들에게 제공해줄 수 있어야 한다. 그러려면 기업 탐방은 필수였다.

애초에 탐방 없는 리서치는 존재할 수 없다. 공시로 확인하는 숫자나 뉴스를 통해 얻는 간접 정보는 기업 분석에 필요한 수많은 정보 중 극히 일부분에 불과하다. 결국 직접 가서 보고, 만나서 듣고, 서로 생각을 나눠야만 보이는 것이 있다. 하지만 탐방 기회는 대부분 애널리스트나 기관처럼 '큰돈'을 굴리는 투자자에게만 열려 있다. 결국 기관 투자자와 개인 투자자를 가르는 가장 큰 차이가 '기업 탐방'인 것이다.

그럼 어디를 가야 할까? 뭐니 뭐니 해도 지금 투자자들이 가장 알고 싶어 하는 미국 기업은 '매그니피센트 7'(엔비디아, 구글, 애플, 마이크로소프트, 메타, 아마존, 테슬라)으로 대표되는 테크 기업들이다. 더 고민할 것도 없었다. 그렇게 첫 번째 출장지로 실리콘밸리가 정해졌다.

실리콘밸리를 다녀오고 몇 개월 뒤, 우리는 두 번째 출장길에 올랐다. 1년도 채 지나지 않았지만 대통령이 바뀌면서 미국의 상황은 많이 달라져 있었다. 개별 기업들과 테크 산업의 동향을 살펴봤던 첫 번째 출장과는 여러모로 차이가 있었으니, 트럼프의 말 한마디로 주가가 요동치고 향후 미국의 성장을 이끌 새로운 거점들이 떠오르고 있었기 때문이다. 개별 기업들의 이슈만큼이나 주식시장 자체를 뒤흔드는 여러 지정학적 이슈가 중요한 시기였다. 이민자 문제, 미중 갈등이 주식시장에 미치는 영향도 적지 않은데, 나무보다는 숲을 보는 관점도 필요하지 않을까? 그렇게 워싱턴 D.C.에서 텍사스로 이어지는 두 번째 출장지가 정해졌다.

"Do you know 토스증권?"

기업 탐방, 전문가 섭외, 네트워킹 이벤트 조사, 각종 세미나 참석, 사이트 투어. 크게 다섯 가지 프로그램을 염두에 두고 섭외 메일을 쓰던 이지선 애널리스트는 문득 불안해졌다.

'근데 기업들이 우리를 만나줄까?'

우리가 현지에서 만나려는 기업들은 전 세계 투자자들이 주목하는 것은 물론이고 주식시장에 미치는 영향력도 큰 회사였다. 당연히 찾아오는 사람들도 많을 테고, 그들은 어떤 기준에 따라 미팅을 수락하거나 거절할 것이었다. 아무래도 미국 현지 애널리스트와 기관 투자자, 영향력 있는 리서치 기관들의 우선순위가 높을 게 당연했다.

그런 상황에서 우리의 제안은 어떻게 받아들여질까. 아시아에서도 중국이나 일본에 비해 작은 한국 시장, 그중에서도 생긴 지 얼마 안 된 증권사의 리서치센터, 심지어 아직 첫 리포트도 발행되지 않아 어떤 리서치를 할지 감도 오지 않는 사람들이 바로 우리였다.

하지만 지선은 미국 기업들에게 메시지를 전달하고 싶었다. 토스증권이라는 한국의 네오브로커(디지털 기반의 새로운 형태의 증권 서비스 제공자)가 존재하고, 이곳의 유저들이 미국 시장에 많은 관심을 갖고 있으며, 이 개인 투자자들에게 보다 정확하고 책임 있는 정보를 제공하기 위해 세 명의 애널리스트가 현지 출장을 계획하고 있다는 것을.

그리고 이번 출장에서 얻은 관계를 잘 이어가면 앞으로 한국에서도 현지 정보를 얻기가 쉬워질 터였다. 메일이나 화상 미팅으로 기업 분위기와 투자자 심리를 파악할 수 있고, 언젠가는 우리 고객들에게도 자기가 투자한 회사를 직접 방문할 기회를 만들어줄 수 있지 않을까?

머릿속이 정리된 이지선 애널리스트는 다시 메일을 써내려갔다. 미팅 목적, 회사 소개, 애널리스트 경력 등을 간략히 정리하고 특히 두 가지를 강조했다. 첫째, 한국 시장에서 토스증권의 미국 주식 점유율이 높다. 둘째, 방문할 애널리스트들이 최소 10년 이상의 경력자다. 그들 입장에서 '기회'임을 어필하고 '리스크'는 줄여주고 싶었다.

그렇게 총 50여 개 기업에 메일을 보냈고, 하나씩 답장이 오기 시작했다. 거절, 거절, 또 거절이었다. 대형 기업들은 '콰이어트 피리어드'Quiet Period(실적 발표나 IPO 전후 기간 동안 기업이 언론·투자자와의 미팅이나 코멘트를 자제하는 기간)나 콘퍼런스 참석 등을 이유로 댔다. 그러다 사운드하운드 AI SoundHound AI 의 IR 팀장에게서 처음으로 미팅을 하자는 메일을 받았다. 작성한 기업 리스트의 17번째 회사였다.

"Hi Jay, Would be happy to meet you at our office in Santa Clara during your visit. The days that would be…. 안녕하세요, Jay, 방문 기간 동안 저희 산타클라라 오피스에서 미팅을 갖게 되어 기쁩니다. 가능한 날짜는…."

"럭키 17!"
그 순간의 안도와 기쁨은 지금도 잊을 수 없다. 이 메일을 시작으로 AI, 자율주행, SaaS 등 다양한 분야에서 두각을 나타내고 있는 기업들로부터 미팅을 하고 싶다는 메일이 속속 도착했다.

차트 너머의 경험을, 정답이 아닌 관점을

기업 탐방의 최우선순위에 있던 매그니피센트 7(이하 M7) 기업 관계자와의 미팅도 잡혔다. 애플 엔지니어, 아마존 재무팀, 마이크로소프트 애저 PM 등으로부터 긍정적인 답변을 받으면서 일이 착착 진행됐다. 애플, 마이크로소프트, 구글, 메타 캠퍼스 방문 계획을 잡고, 신규 제품 워크숍 및 아마존 풀필먼트 센터 투어도 일정에 추가했다.

M7은 미국 주식시장의 핵심이다. '서학개미'라 불리는 국내 투자자들도 M7에 투자하는 비중이 절대적으로 높다. 그들의 가려운 곳을 긁어주려면 해당 기업 관계자들을 만나는 것은 필수였다. **M7이 지금 어떤 분야에 힘을 쏟고 있는지, 미래에 어떤 방향성을 갖고 나아가고 있는지 그들을 만나 나눈 대화 속에서 투자 인사이트를 뽑아내야 했다.** '미국 주식에 투자하는' 개인 투자자를 위한 리서치센터라면 이것이 1순위였다.

그다음으로 중요한 것은 책상 앞에 앉아서는 얻을 수 없는 '경험'이다. 테슬라의 FSD 테스트, 구글의 자율주행차 웨이모 탑승, 컴퓨터 역사박물관 투어, 현지 미국인 투자자 인터뷰 등 현지에 꼭 가야만 할 수 있는 '경험'을 하고 거기서 느낀 점들을 인사이트 형태로 만들어 제공해야 했다. 예를 들어, 뉴스에서 알 수 있는 정보는 '테슬라와 웨이모가 자율주행차를 만든다'까지다. 각종 수치와 기술에 대한 설명들이 자세히 나오지만 전문가가 아닌 이상 둘의 차이를 체감하긴 힘들다. 하지만 현지에 가서 직접 타보면 온전히 소비자의 입장에서 '이 부분은 테슬라가 낫고, 이 부분은 웨이모가 낫네' 같은 감상을 담아올 수 있다. 사무실에 앉아서 쓰던 리포트와는 본질적으로 다를 수밖에 없다.

마지막은 '관점'을 제공하는 것이다. '차별화된 리서치'를 위해서는 투자자들이 이미 잘 알고 관심 있는 정보를 전달하는 것을 넘어 투자자들이 몰랐던 정보와 관점도 새롭게 던져줄 수 있어야 한다. 그래서 국내엔 비교적 덜 알려져 있지만, 미국에서는 빠른 성장으로 주목받고 있는 기업들과의 미팅도 함께 잡았다. 가장 먼저 수락 메일을 줬던 사운드하운드 AI 외에도 유니티Unity, 에바Aeva, 암바렐라Ambarella, 가이드와이어

Guidewire 같은 기업들과 만나 나눌 이야기를 정리해나갔다.

우리의 역할은 '정답을 찾는 것'이 아니다. 현지에 정답이 있고 누구나 그걸 쉽게 찾을 수 있다면 미국에 사는 사람 모두가 투자로 성공했을 것이다. 우리가 그곳에서 가져와야 할 것은 '정보'가 아니라 '관점'이었다. 국내에선 만나기 힘든 업계 사람들에게 직접 다양한 의견을 듣고 거기에 애널리스트인 우리의 의견도 보태 국내 투자자들에게 전달하는 것, 그것이 우리의 역할이었다.

다녀오겠습니다, 미국 출장!

"오늘은 끝낼 수 있겠죠?"

"이제 막바지니까 조금만 더 고생하면 될 것 같아요."

"근데… 우리 몇 시간 뒤에 비행기 타야 하는 거 아니에요?"

실리콘밸리로 떠나기 하루 전, 우리는 첫 리포트인 '왜 미국 주식인가'의 막바지 확인 작업에 한창이었다. 출장까지의 준비 과정이 워낙 촉박했지만 그렇다고 첫 리포트를 대강 만들 수도 없었다. 떠나기 전에 팩트체크 등 모든 것을 끝내야 했다. 그렇게 짐도 못 싸둔 채로 출장일이 다가온 것이다.

결국 우리는 밤 11시가 넘어서야 집에 갈 수 있었다. 대충 짐을 싸고 잠깐 눈을 붙인 뒤 공항에 도착했다. 그제야 비로소 실감이 좀 났다.

'미국에 가긴 가는구나….'

리서치센터 출범을 준비하고 갑자기 출장까지 떠나게 된 지난 몇 달 간의 시간이 머릿속으로 스쳐 지나갔다. 모든 것이 빠르게 결정되었고 예상은 자주 빗나갔다. 이미 몸은 지칠 대로 지쳤는데 앞으로 이코노미 석에 앉아 10시간을 더 버텨야 한다. 그래도 어쨌든 지금, 미국을 향하는 비행기에 앉아 있다.

우리가 왜 출장을 가기로 했지? 다시 한 번 되묻는다. 미국 주식에 관심 있는 개인 투자자에게 도움을 주기 위해서, 다른 리포트에서는 얻기 힘든 현장에서만 알 수 있는 정보를 담아오기 위해서. 그렇게 우리는 떠나기로 했다.

드디어 출발이다.

다녀온 사람들

이영곤 애널리스트

하나증권, 한화투자증권에서 근무하며 주식시황, 투자전략, 기업분석을 두루 경험했다. 대한민국 애널리스트 대상을 3년 연속 수상했고, 포트폴리오 애널리스트 시절엔 조사대상 증권사 중 최고 수익률을 기록했다. 토스증권에서 리서치센터장을 맡고 있다.

투자에 있어 중요한 건 '예측'이 아니라 '대응'이다. 오랜 기간 애널리스트로 일하면서 닷컴버블 붕괴, 9.11 테러, 서브프라임 금융위기와 리먼 브라더스의 파산, 코로나19 팬데믹을 경험했다. 이 과정에서 미래를 정확히 '예측'한다는 건 불가능에 가깝다는 걸 깨달았다. 성공적인 투자는 시장에 맞서 싸워 이기는 것이 아니라 시장을 이해하고 적응하는 과정에서 이뤄낼 수 있다고 생각한다. '예측'에 집착하기보다는 '대응'을 어떻게 해야 할지 알려주는 애널리스트가 되고자 한다.

이지선 애널리스트

모건스탠리 한국 전략/테크/금융팀, NH투자증권 투자전략팀을 거쳤다. 모건스탠리에서 레저/운송 담당 시 해당 팀은 'Institutional Investor All Asia Research Poll'에서 다년간 Top3에 올랐다. 2024년 리서치센터 창립 멤버로 토스증권에 합류했다.

개인 투자자에게 최고의 투자처는 '우량주', '주도주', '1등주'다. 이미 높은 수준의 분석과 정보가 풍부한 회사, 확률적으로 망할 가능성이 낮은 회사를 꾸준히 추적하며 투자한다면 의미 있는 수익을 낼 수 있다고 믿는다. 물론 아무리 좋은 회사와 주식이라도 주가는 출렁일 수 있고, 그 주가가 왜 오르는지, 왜 떨어지는지를 이해하기 위해서는 뉴스와 애널리스트 리포트 행간까지도 읽어야 할 때가 있다. 행간을 대신 읽고 쓴 콘텐츠, 혹은 행간이 없는 리서치 리포트를 개인 투자자와 나누는 데 진심이다.

한상원 애널리스트

신한투자증권, 대신증권 리서치센터 애널리스트로 근무하며 석유화학, 2차전지, 신재생에너지 등 다양한 섹터를 경험했다. 대표 보고서로는 '테슬라의 역설, 정해진 방향성' 등이 있으며, 토스증권 합류 직전인 2021년에는 베스트 리포트 최우수상을 받았다.

경제학을 전공하던 대학 시절 아르바이트로 힘들게 모은 돈을 금융위기로 날린 경험이 있다. 그때부터 '돈을 잃지 않는 것'을 투자 원칙으로 삼았다. 자주 사고파는 트레이딩보다는 긴 호흡의 투자 방식을 선호한다. 시시각각 변하는 주가에 신경을 곤두세우지 않고도 수익을 거둘 수 있다고 생각하기 때문이다. 그리고 일상생활로 바쁜 개인 투자자들에게도 이것이 더욱 효과적인 투자 방식이라고 생각한다.

다녀온 곳들

2024.09~10.

시애틀
Seattle

샌프란시스코
San Francisco

실리콘밸리
· 팰로앨토 Palo Alto
· 마운틴뷰 Mountain View
· 샌타클래라 Santa Clara
· 서니베일 Sunnyvale
· 산호세 San Jose
· 산마테오 San Mateo
· 쿠퍼티노 Cupertino

아마존 풀필먼트 센터

테슬라 드라이빙 센터

애플 파크 비지터 센터

메타 스토어

암바렐라

에바

유니티

사운드하운드 AI

가이드와이어

테슬라 기가팩토리

텍사스 대학 오스틴 캠퍼스
로봇 연구센터

국회의사당

허드슨 연구소

후버 연구소

어번 연구소

미국 기업연구소

코스타

피스컬 노트

레이도스

CACI

2025. 06.

워싱턴 D.C.
Washington, D.C

사우스웨스트 항공사

댈러스
Dallas

2025.06.

2025.06.

오스틴
Austin

휴스턴
Houston

NASA 존슨 우주센터

SLB

2025.06.

차례

PART 0

왜 미국 주식인가

PART 3

다녀왔습니다, 텍사스

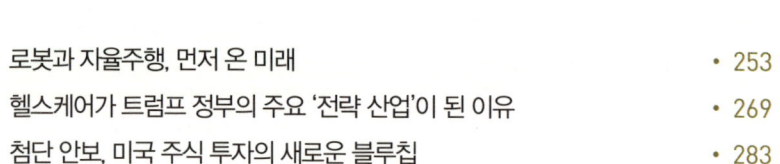

PART 4

미국에서 찾은 주목할 만한 산업

'1 더하기 1은 2다'라고 말하기는 쉽습니다. 하지만 '왜 1 더하기 1이 2인가?'라는 물음에 답하기는 결코 쉽지 않습니다. 이 당연해 보이는 명제의 원리를 설명하기 위해서는 오랫동안 공부한 전문가들도 엄밀한 수학적 증명을 거쳐야 합니다. 우리는 당연해 보이지만 증명하기는 쉽지 않은 이 질문에 답해 보려 합니다. '왜 미국 주식일까요?' 1+1=2의 원리를 이해하면 3+4, 5+7도 쉽게 풀 수 있듯이, 왜 미국 주식에 투자해야 하는지 이해하면 훨씬 더 복잡한 상황에서도 합리적인 투자 판단을 내릴 수 있습니다.

DEPARTURE : KOR

ARRIVAL : USA

GATE : U001

DATE : 2024.08

왜
주식인가

투자를 하는 방법은 다양합니다. 손실 우려가 없는 예·적금도 있고, 부동산도 있고, 요즘은 비트코인이나 금에 투자하는 분들도 있죠. 그래서 "굳이 왜 주식에 투자해야 하지?"라는 근본적인 의문이 들 수 있습니다. **그러나 투자 방법에 따라 '돈이 성장하는 속도 자체가 완전히 다르다'는 사실을 이해하면, 자산 형성 과정에서 주식의 역할이 왜 중요한지 체감할 수 있습니다.**

우선 예·적금은 안정적이지만 성장 속도가 느립니다. 금리가 조금 오른다고 해도 인플레이션을 고려하면 실질적인 자산 증가는 거의 이루어지지 않습니다. 부동산은 그 자체로 가치를 지닌 실물자산이라는 장점이 있지만, 큰 초기 자본이 필요하고 유동성이 낮습니다.

반면, 주식은 기업의 이익과 성장성이 축적되면서 스스로 가치를 키우는 자산입니다. 기업은 매년 제품과 서비스를 만들고 이익을 늘리며 사업을 확장합니다. 이러한 활동이 고스란히 주가에 반영되기 때문에 시간이 흐를수록 복리 효과는 훨씬 더 강하게 작동합니다. 일정 시점을 넘기면 자산 증가 속도는 눈에 띄게 가팔라지며, 그런 이유로 같은 금액을 투자하더라도 언제 시작했는지에 따라 최종 자산 규모가 완전히 다를 수 있죠. 이것이 바로 주식의 강점이며, 돈의 성장 속도가 다른 자산보다 빠르게 가속되는 구조를 가진 자산의 특징입니다.

사람들이 투자를 미루는
진짜 이유

많은 분들이 투자를 꺼리는 가장 큰 이유는 '두려움'입니다. '원금 손실', '손해', '실패' 같은 단어만 들어도 걱정부터 앞서니까요.

그렇다면 반대로, 투자하지 않고 현금을 들고 있으면 안전할까요? 잔고는 그대로일 수 있지만 그 돈의 '가치'는 시간이 갈수록 줄어듭니다. 매년 물가가 오르기 때문이죠.

예를 들어, 매년 물가가 2%씩 오른다고 가정해보겠습니다. 지금 100만 원으로 살 수 있는 물건이 내년엔 98만 원 수준으로 줄어든다는 뜻입니다. 가만히 있어도 자산이 줄어드는 구조 속에서 현금은 더 이상 안전한 자산이 아닙니다. 게다가 금리까지 낮아지는 상황이라면 현금을 들고 있는 사이 기회비용은 더욱 커집니다. 예금 이자율은 물가 상승률을 따라가지 못하고, 그 사이 미국 우량주나 고품질 채권은 더 높은 수익을 내기 때문입니다.

즉, 현금은 시간이 지날수록 가치를 잃는 자산, 주식은 시간이 갈수록 가치를 불리는 자산이라 할 수 있습니다.

결국, 가장 위험한 선택은 아무것도 하지 않는 것입니다. '돈을 잃을까 봐' 투자를 미루는 순간, 우리는 복리의 시간을 스스로 포기하고 있는 셈이니까요.

복리의 힘은
시간이 갈수록 강해진다

이 차이를 더 현실적으로 느끼기 위해 아주 일상적인 예를 들어보겠습니다. 아르바이트를 해서 매달 30만 원을 모은다고 가정해보죠. 우리는 이 돈을 적금에 넣을 수도 있고, 투자 자산에 넣을 수도 있습니다.

연 3.5% 이율의 적금(자유적금형)에 넣으면 10년 후 약 3,600만 원의 원금(누적 투자액)이 약 4,230만 원으로, 630만 원 정도 증가합니다. 반면, 같은 30만 원을 S&P500 지수를 추종하는 ETF에 월 적립식으로 투자하면 장기 평균 수익률 7% 기준으로 약 5,050만 원이 됩니다(S&P500

지수의 과거 30년 평균 수익률을 기준으로 산출한 예시이며, 실제 투자 결과는 시장 상황 및 환율, 세금 등에 따라 달라질 수 있음). 동일한 기간, 동일한 금액인데도 약 820만 원의 차이가 발생하는 거죠.

이 차이는 시간이 지날수록 훨씬 더 커집니다. 같은 방식으로 20년을 이어가면 어떻게 될까요? 적금은 약 1억 500만 원, S&P500 ETF는 약 1억 5,200만 원까지 증가합니다. 무려 4,700만 원 이상의 차이가 발생하죠.

같은 돈을 같은 기간 넣었는데도 이처럼 극적인 차이가 발생하는 이유는 하나입니다. 복리가 강하게 작동하는 자산은 시간이 흐를수록 증가 속도가 기하급수적으로 빨라지지만 복리가 약한 자산은 거의 직선으로 증가하기 때문입니다.

월 30만 원 투자 시 10년·20년 자산 성장 비교

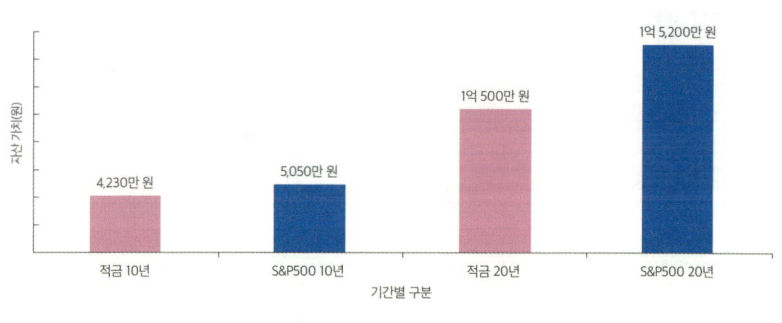

주식투자를 시작해야
하는 이유

결국 핵심은 우리의 투자 포트폴리오에 '성장 속도가 빠른 자산'인 주식을 포함해야 한다는 것입니다. 일찍 시작할수록 돈이 빠르게 성장하는 구간을 오래 확보할 수 있으며, 시간이 지날수록 그 차이는 압도적으로 벌어지게 되죠.

그렇다면 이제 자연스럽게 다음 질문이 떠오를 것입니다.

'수많은 주식 중에서도 왜 미국 주식을 해야 하는가?'

그 답을 이어가 보겠습니다.

DEPARTURE : KOR

ARRIVAL : USA

GATE : U002

DATE : 2024.08

미국 주식은 '좋은 시장'에서 거래된다

미국은 여러모로 투자자가 수익을 내기 유리한 시장입니다. 일단 규모가 커서 좋은 투자처를 찾을 기회가 많죠. 상장기업 수가 약 5,000개이상이고 시가총액은 수십조 달러가 넘습니다. 규모가 큰 만큼 시장에서 거래되는 돈도 상상을 초월합니다. 하루 평균 거래액만도 수백조 원이 넘으니까요. 거래량이 적은 시장에서는 일부 투자자의 대형 거래가주가를 왜곡시킬 위험이 큰데 미국에서는 그럴 위험이 낮습니다. 큰 규모와 풍부한 유동성은 좋은 기업들을 끌어들이고, 이는 다시 시장의 규모를 키워 거래가 활발해지는 선순환을 이루게 되지요.

공정성에 대한 기준 또한 높습니다. 법 집행 권한을 가진 증권거래위원회(이하 SEC)의 관리 감독하에 불공정거래나 내부자거래가 적발되면 매우 엄격하게 처벌합니다. 그러면 기업은 정기적으로 재무 상태를 공개해야 하죠. 한국과는 달리, 자회사 상장이나 기업 분할 과정에서 소액주주의 이익을 침해하는 일도 거의 일어나지 않습니다. 뿐만 아니라 미국 주식시장은 배당, 자사주 매입 등을 통해 기업의 이익을 주주에게 돌려주는 분위기가 만들어져 있습니다.

'좋은 시장'의 기준은 무엇일까?

투자자 입장에서 '좋은 시장'이란 어떤 시장일까요? 보통 다음 네 가지 요건을 갖추었다면 좋은 시장이라고 이야기합니다. **바로 규모가 크고, 거래가 활발하며, 신뢰도가 높고, 주주환원에 적극적인 시장입니다.**

규모가 크다

투자자 입장에서 시장 규모가 크면 투자 선택의 폭이 넓습니다. 다양한 상품을 탐색할 수 있고, 그만큼 좋은 투자처를 찾을 기회도 많아지겠죠. 또한 상장 기업 수가 많아서 주식과 지수를 바탕으로 한 ETF 상품도 다양하게 출시됩니다. 뿐만 아니라 주식이나 채권, 원자재 등 기초자산이 떨어질 것 같을 때는 선물, 옵션 등 주식과 연계된 파생상품을 통해 리스크를 관리할 수도 있습니다.

거래가 활발하다

거래량과 거래대금이 많을 때 '거래가 활발하다' 또는 '유동성이 풍부하다'라고 표현합니다. 시장에 거래하려는 사람이 늘 많아서 원하는 시점에 주식을 현금으로 바꾸기가 쉽다는 뜻입니다. 예를 들어 엔비디아의 경우 하루에 50조 원 이상이 거래되는데, 이는 코스피와 코스닥 거래대금 전체를 합한 것보다 두 배 이상 큰 규모입니다.

시장에 유동성이 풍부하지 않으면 일부 투자자의 대형 거래로 주가가 왜곡될 수 있습니다. 쉽게 말해, 적정 가격이 1만 원임에도 시장의 '큰손'이 5,000원에 대량 매도해버리면 주가가 폭락할 수 있다는 얘기죠. 이런 상황이 발생하면 해당 주식을 보유한 투자자는 가만히 앉아 있다 손해를 보게 됩니다. 반대로 미국처럼 유동성이 풍부한 시장에서

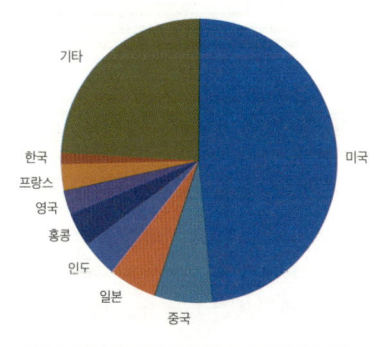

미국 주식시장 전체 시가총액은
전 세계 주식시장 시가총액의 절반에 달한다

출처: 블룸버그Bloomberg, 토스증권

많은 기업이 상장하고 거래도 활발한
미국 주식시장

출처: 블룸버그, 토스증권

는 일부 투자자의 대형 거래가 시장 가격에 미치는 충격이 적습니다. 시장에 참여하는 사람이 많을수록 수요와 공급이 일치하는 지점에서 적정 가격이 형성되기 때문입니다.

신뢰할 수 있다

미국 주식시장의 신뢰도는 세계 어느 시장보다 높습니다. 물론 처음부터 그랬던 건 아닙니다. 1929년에 발생한 대공황 The Great Depression 이후 투자자들의 신뢰도가 바닥으로 떨어지자, 미국 정부는 이를 극복하기 위해 금융시스템 개혁을 추진했습니다. 그 일환으로 1930년대 초중반 증권법과 증권거래법이 제정되었고, 시장을 공정하고 투명한 상태로 관리하기 위해 SEC를 설립했습니다.

SEC는 시장에서 이루어지는 증권 거래를 관리 감독합니다. 내부자 거래나 시장조작 행위와 같이 증권법 위반 사례를 발견하면 직접 소송을 제기하거나 행정 처분을 내릴 수 있죠. 또한 기업들이 재무 상태와 경영 정보를 가감 없이 정기적으로 발표하도록 합니다. 덕분에 미국 주식 투자자들은 투명하게 공개된 기업 정보를 찾아볼 수 있습니다. 그렇다면 시장의 신뢰도를 높이려는 SEC의 이런 노력은 미국 주식시장에 어떤 긍정적인 영향을 미칠까요?

첫째, 재무제표 신뢰도가 높아집니다. 미국 기업의 재무제표 신뢰도는 전 세계 어느 국가와 비교해도 가장 높은 수준입니다. 기본적으로 투명성 기준이 높고, 이 기준이 지켜지는지 SEC가 엄격하게 관리 감독하기 때문이죠. 둘째, 내부자거래에 대한 관리 감독 및 처벌이 엄격해집니다. 내부자거래란 내부자가 기업의 비공개 정보를 이용해 주식 매매로 부당한 이익을 취하는 행위를 뜻합니다. 미국 증권거래법은 내부자거래 행위를 엄격히 금지하고, 적발될 경우 강력하게 처벌하고 있습니다. 셋째, 자회사 분리 상장으로 소액주주의 이익을 침해하지 않습니다. 알짜 자회사들이 분리 상장하면 할수록 모회사의 성장 폭은 줄어들 수밖에 없습니다. 당연히 투자자는 원치 않는 손실을 보게 되겠죠. 미국 주식시장에서는 이런 일이 드뭅니다. 넷째, 기업분할 과정에서 소액주주의 이익 침해가 적습니다. 미국에서도 기업 사정에 따라 분할이 이루어지는 경우가 있지만, 엄격한 공시 의무와 주주총회 승인 요구를 바탕으로 소액주주들에게 피해가 가지 않도록 분할이 진행됩니다.

주주환원 정책에 적극적이다

주주는 기업 자산에 대한 소유권을 가질 뿐 아니라 기업이 창출한 이익을 배분받을 권리도 가지고 있습니다. 기업이 이익을 주주에게 돌려주는 것을 '주주환원'이라고 하는데요. 기업에 투자한 주주들은 주주환원 정책을 통해 기업 성장의 혜택을 공유받습니다.

유독 미국에서 주주환원 정책이 활발한 이유는 기관 투자자 비중이 높기 때문입니다. 특히 퇴직연금을 운용하는 기관 투자자들은 안정적인 현금 유입을 중시하고, 주주에게 이익을 충분히 배분해주느냐가 투자에 있어 중요한 기준이 되기에 주주환원 정책에 신경 쓰는 기업들이 많습니다. 또한 주주 행동주의Shareholder Activism가 활발해 기업이 이익을 충분히 배분하지 않으면 행동주의 단체들이 주주환원 정책을 확대하라고 기업을 압박하기도 하죠. 대표적인 주주환원 정책으로는 배당과 자사주 매입 등이 있습니다. 미국 기업은 배당도 많이 하지만 특히 자사주 매입에 적극적입니다.

미국 주식시장의 자사주 매입과 배당 규모는 꾸준히 늘고 있다(S&P500 기준)

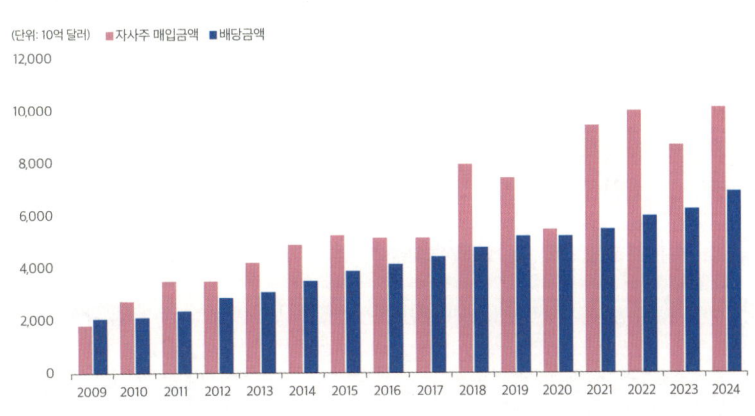

출처: 블룸버그, 토스증권

배당금을 현금으로 받으면 투자자는 현금 비중이 늘어나 포트폴리오를 재구성할 수 있고, 주가가 오르고 있는 추세라면 배당금을 재투자해 복리 효과를 누릴 수 있습니다. 또한 기업이 자사주를 매입해서 소각하면 총 주식 수가 줄어서 한 주당 가치가 높아지는 효과가 생깁니다. 예를 들어 100의 가치가 있는 기업이 100주를 발행하면 한 주당 가치는 1이지만 자사주 10주를 매입해 소각하면 전체 주식 수가 90주로 줄어 한 주당 가치는 1.11(90분의 100)이 되는 거죠. 주식 수가 줄어 EPS(주당순이익)가 커지면 PER(주가수익비율)이 낮아지고, ˙ 그만큼 해당 주식의 매력도가 높아집니다.

자사주 매입은 투자자의 세금 부담을 줄여준다는 점에서도 투자자
에게 유리합니다. 배당금을 받으면 배당소득세 15.4%를 내야 하고, 이
자와 배당소득을 합쳐 연 2,000만 원을 넘으면 금융소득종합과세 대상
이 됩니다. 소득에 따라 세율이 최대 49.5%까지 높아질 수 있죠. 반면

최근 5년간 주주환원 정책을 적극적으로 펴온 종목들로 구성된 '모닝스타Morningstar 배당 및
자사주매입 지수'는 S&P500 지수보다 수익률이 높았다

출처: 블룸버그, 토스증권

자사주 매입은 주가 상승으로 이어져 매매차익의 형태로 투자자에게 이익을 줍니다. 해외 주식투자를 통해 매매차익이 발생할 경우, 250만 원의 이익까지는 세금을 내지 않고 추가 이익에 대해서만 22%(국세 20%, 지방소득세 2%)의 세율이 적용되기 때문에 훨씬 세금 부담이 적습니다.

미국 주식시장은 세계 어느 주식시장보다 큰 규모를 갖추고 있습니다. 2025년 12월 기준 뉴욕증권거래소NYSE에 상장된 기업은 약 2,800개이고, 시가총액 총합은 40조 달러가 넘습니다. 나스닥에 상장된 상위 10개 기업의 시가총액은 코스피 전체 상장사 시가총액 합계액의 10배 수준이죠. 그런 의미에서 보면 규모가 크고 주주 친화적인 정책을 유지하고 있는 미국 시장에 투자하지 않는 것은 혁신의 중심에서 성장할 기회를 놓치는 일일뿐더러 장기적으로 자산 증식의 기회를 포기하는 것과 다름없습니다.

● 리스크-리워드 개념으로 본 미국 주식시장

1. S&P500은 중·저위험-중·고수익, 나스닥은 고위험-고수익
리스크-리워드Risk-Reward는 투자 시 위험(변동성)과 보상(수익) 사이의 관계를 설명하는 개념이다. 일반적으로 수익률이 높으면 변동성도 높다. 만약 수익률이 높은데 변동성이 낮다면 이상적인 투자처라 할 수 있다. 1996년부터 2024년까지 장기적으로 살펴본 결과, S&P500 지수가 전 세계 주식시장 대비 유일하게 평균 이하의 변동성과 평균 이상의 수익률을 동시에 기록했다. 참고로 나스닥 지수의 경우 수익률은 비교군 중 가장 높았지만 변동성 또한 평균 이상이었다. 그러므로 위험을 최소화하면서 수익을 내고 싶다면 S&P500에 투자하는 것이 이상적인 전략이다.

2. S&P500 지수와 나스닥 지수를 구성하는 종목들의 차이

S&P500이 산업 전반을 아우르는 대형 기업들로 구성되어 있다면, 나스닥은 IT, 인터넷, 반도체, 생명공학과 같은 혁신 기술 기반 기업들의 비중이 높다. S&P500은 시가총액의 크기에 따라 가중치를 두고 지수를 만들기 때문에 시가총액이 큰 기업의 주가 움직임이 지수 성과에 더 큰 영향을 미친다. 반면 나스닥은 시가총액 규모상 중·소형주로 분류되는 신생기업이나 성장 잠재력을 가진 기업이 포함되어 있다.

S&P500처럼 수익률이 높으면서 변동성이 낮은 투자처는 그리 많지 않다(MSCI Country Index 기준)

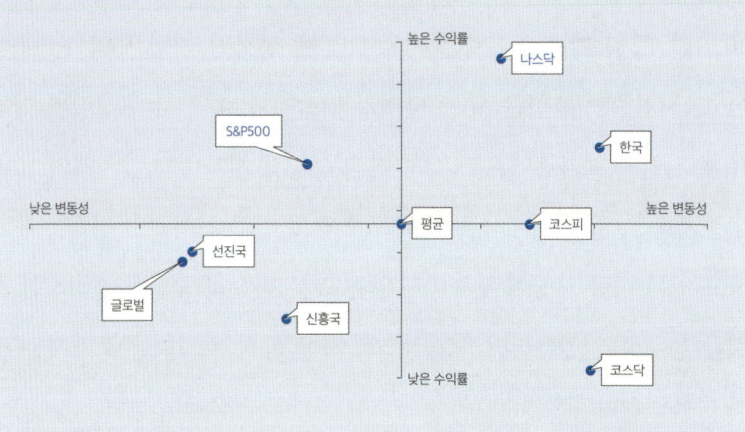

출처: 블룸버그, 토스증권

DEPARTURE : KOR

ARRIVAL : USA

GATE : U003

DATE : 2024.08

미국에는
'좋은 기업'들이 많다

투자자 입장에서 '좋은 기업'이란 무엇일까요? 바로 주가가 올라서 투자이익을 안겨주는 기업과 배당을 많이 주는 기업이겠죠. 그런 의미에서 미국에는 좋은 기업이 많습니다. 지난 30년간 미국 기업들의 실적은 여섯 배, 주가는 아홉 배 이상 성장했습니다. 특히 금융위기와 코로나19 이후 미국 선호 현상이 심화하면서 선진국 및 신흥국과의 '멀티플'multiple 격차가 더욱 벌어졌습니다. 멀티플이 높아졌다는 건, 쉽게 말해 미국 기업의 주가가 다른 국가 기업의 주가보다 실적 대비 더 높은 가치를 인정받았다는 얘기죠.

또한 미국 기업들은 늘어난 이익을 배당의 형태로 주주들에게 돌려줍니다. 미국 기업들은 한 주당 배당금 규모가 크고, 지난 10여 년간 배당금 규모가 꾸준히 성장하고 있습니다. 이 같은 배당 성장은 순이익 성장을 동반하고 있다는 점에서 더욱 긍정적입니다. 매출과 효율성 어떤 기준으로 꼽아도 전 세계 우수 기업 10개 중에 절반 이상을 미국 기업들이 차지하고 있죠. 지금부터는 미국 기업이 투자처로 왜 좋은지에 대해 구체적으로 살펴보겠습니다.

주가가 상승한다: 좋은 실적, 높은 멀티플

주가를 달리 표현하면 '실적과 멀티플을 곱한 값'입니다. 즉, 실적이 좋고 높은 멀티플을 부여받는 주식이라면 시장은 이 주식의 적정가치를 높게 평가합니다. 만약 현재 주식 가격이 적정가치보다 낮다면 주가가 상승할 가능성이 높겠죠. 그렇다면 '실적이 좋다', '멀티플이 높다'는 말은 정확히 어떤 의미일까요?

실적이 좋다: 매출이 높고 비용 관리가 잘되며 금융 비용과 세금이 적다

일반적으로 좋은 실적은 기업이 안정적으로 이익을 창출하고 있으며, 이러한 이익이 지속적으로 이어질 것이라는 신호로 여겨집니다. 좀 더 구체적으로 실적이 좋은지 여부를 판단하려면 매출이 높은지, 비용

관리가 잘 되고 있는지, 금융 비용이 적은지, 세금을 얼마나 내는지 등을 따져봐야 합니다.

멀티플이 높다: 성장 가능성이 높다, 기업/시장 리스크가 낮다, 특별한 경쟁 우위가 있다

실적 외에 주가에 영향을 미치는 요소가 하나 더 있습니다. 바로 멀티플입니다. 같은 실적을 가진 두 기업이라도 한 기업의 성장 가능성이 더 높거나, 리스크가 낮거나, 특별한 경쟁우위를 가졌다고 평가되면 해당 기업에 더 높은 멀티플을 부여합니다. 그러므로 실적이 좋지 않더라도 시장에서 높은 멀티플을 부여받으면 실적이 비슷한 타 기업에 비해 주가가 높을 수 있으며, 실적이 좋더라도 시장에서 낮은 멀티플을 받으면 주가가 비교적 낮게 형성될 수 있습니다.

미국 기업들의 '실적×멀티플' 값은?

미국 증시에 상장한 기업들 중에는 실적과 멀티플이 동반 상승해 주가가 오른 기업들이 많습니다. 선진국과 신흥국 주식시장보다 미국 주식시장의 '지수/실적/멀티플 성장률'이 더 높았거든요. 지난 20년간의 데이터를 봤을 때 미국은 주가 4.3배 상승, 실적은 세 배 이상 증가했습니다. 이에 반해 신흥국들은 주가 1.5배 상승, 실적은 1.2배 오르는 데 그쳤습니다. 신흥국의 경제성장률이 더 높으니 기업들도 그만큼 실적 성장 폭이 클 것 같지만 실제로는 미국 기업들의 성장 폭이 훨씬 컸던 것입니다.

지난 30년 동안 미국 주식시장은 지수 아홉 배, 실적 여섯 배 이상 성장했다(MSCI USA Index 기준)

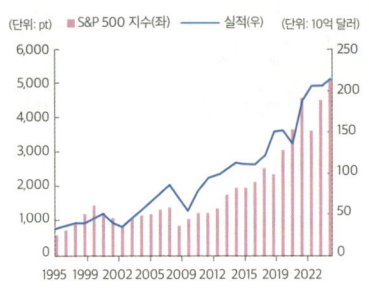

미국 주식 선호 현상, 다른 지역 대비 멀티플 프리미엄이 더욱 뚜렷해졌다(MSCI Country Index 기준)

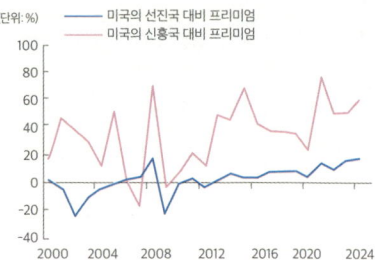

출처: 블룸버그, 토스증권

출처: 블룸버그, 토스증권

배당을 지급한다:
우량 기업만이 할 수 있는 것

배당은 기업이 벌어들인 이익의 일부를 주주들과 나누는 것을 의미합니다. 배당은 기업 입장에서는 주주와의 관계를 유지하는 중요한 수단이고, 투자자 입장에서는 주가 변동과 부관하게 얻을 수 있는 안정적인 수익입니다. 일반적으로는 현금으로 지급하지만 때에 따라 주식 배당 형태로 지급하기도 하는데요. 투자자는 이 배당금을 재투자해 복리 효과를 누릴 수도 있고 추후 투자에 필요한 현금흐름을 안정적으로 확보할 수도 있습니다. 이처럼 배당은 장기적 투자 성과에 긍정적인 역할을 합니다.

배당은 주로 우량 기업들이 한다

배당을 꾸준히 할 뿐 아니라 배당 규모를 늘려가는 회사는 우량한 기업이라고 판단할 수 있습니다. 안정적인 이익 창출 능력, 강력한 현금흐름, 보수적인 재무 관리 역량을 가진 기업들만이 배당을 할 여력이 있기 때문입니다. 또한 사업적으로 뒷받침되어야 합니다. 기업의 역사가 오래되고, 주요 성장 단계를 거쳐 설비투자 또는 연구 개발비 지출이 현금흐름 대비 적고, 불경기를 버틸 수 있는 기초체력을 갖춘 회사만이 배당금을 늘릴 수 있지요.

배당금은 투자 수익률을 높인다

S&P 조사에 따르면, 역사적으로 배당수익은 S&P500 지수 총 수익률의 약 32%를 차지합니다. 해당 조사에서는 장기적인 배당 재투자가 수익률에 미치는 영향을 알아보기 위해 약 90년간의 데이터를 분석했습니다. S&P500 지수는 1930년부터 2023년까지 200배 이상 증가했는데, 같은 기간 배당금을 S&P500 지수에 재투자했다면 약 7,000배까지 증가 폭이 커지는 것으로 나타났습니다. 90년이라는 시간은 너무 현실적이지 않다고요? 그럼 현실적인 투자 기간을 감안해 이를 10년으로 줄여서 다시 비교해보면 어떨까요? 10년간 배당금을 재투자할 경우 1.5배 정도 높은 수익을 얻을 수 있는 것으로 나타났습니다.

꾸준히 늘어나고 있는 미국 기업들의 주당 배당금

게다가 미국 주식시장의 배당금은 지속적으로 성장해오고 있습니다. 지난 10년간 미국의 배당금 증가 폭은 연평균 +5.6%로, 이는 같은 기간 신흥국(+1.2%)과 글로벌(+3.7%) 대비 높은 수치입니다. 미국의 배당금 성장은 순이익 증가가 뒷받침되었다는 점에서 더욱 긍정적입니다. 지난 10년간 미국의 순이익은 연평균 6.2% 증가했는데요. 같은 기간 글로벌 순이익은 4.1% 증가했고 신흥국은 오히려 1.1% 감소했습니다. 미국 기업들이 지속적으로 수익성 성장을 이끄는 동시에 배당금 규모도 꾸준히 키우면서 기업 성장과 주주 이익 환원을 모두 충족시키고 있다는 뜻이죠.

미국은 신흥국이나 글로벌 주식시장 대비 주당 배당금(DPS)이 높다(MSCI Country Index 기준)

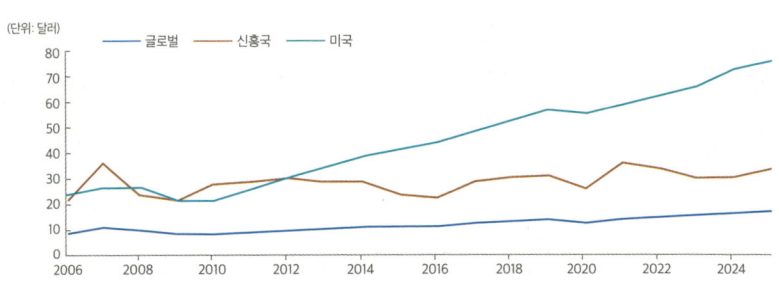

출처: 블룸버그, 토스증권

미국에는 왜 유독
좋은 기업들이 많을까?

물론 투자자에게 좋은 기업이 미국에만 있는 것은 아닙니다. 미국 기업의 비율이 유독 높을 뿐이죠. 실제로 미국 기업들은 전 세계 기업들과 비교해보더라도 압도적인 위치를 점하고 있습니다.

세계 우수 기업 리스트의 절반 이상이 미국 기업

전 세계에서 매출 규모가 가장 큰 500개 기업이 궁금하다면 《포춘》Fortune에서 1990년부터 매년 발표하는 '글로벌 500대 기업'Fortune Global 500을 보면 됩니다. 이 리스트에서 상위 100개 기업 중 약 40%가 미국 기업이며, 최상위 10개 기업 중 여섯 개가 미국 기업입니다. 효율성 지표 중 하나인 ROA(총자산순이익률)를 기준으로 집계한 순위에서도 상위 100개 기업 중 약 54%가 미국 기업입니다.

매출이 가장 높은 전 세계 10개 기업 중 여섯 개가 미국 기업이다

순위	회사명	국가
1	월마트	미국
2	아마존	미국
3	중국국가전망공사State Grid Corporation of China	중국
4	사우디 아람코Saudi Aramco	사우디아라비아
5	중국석유화공그룹공사Sinopec Group	중국
6	중국석유천연가스공사China National Petroleum	중국
7	애플	미국
8	유나이티드헬스 그룹United Health Group	미국
9	버크셔 해서웨이Berkshire Hathaway	미국
10	CVS 헬스CVS Health	미국

출처: 《포춘》(2024), 토스증권

효율성이 가장 높은 전 세계 10개 기업 중 여덟 개가 미국 기업이다

순위	회사명	국가
1	엔비디아	미국
2	애플	미국
3	노보노디스크Novo Nordisk	덴마크
4	존슨 앤 존슨Johnson & Johnson	미국
5	홈디포Home Depot	미국
6	브로드컴Broadcom	미국
7	비자Visa	미국
8	로우스Lowe's	미국
9	알파벳Alphabet	미국
10	사우디 아람코	사우디아라비아

출처:《포춘》(2024), 토스증권

기업 효율성과 주식투자 수익률 모두 미국이 1위

기업의 효율성이 높다는 것은 투자자금 대비 실적이 좋다는 뜻으로, 기업의 효율성 지표인 ROE(자기자본이익률)나 ROA를 통해 파악할 수 있습니다.* 이는 주식시장의 수익률과도 유의미한 상관관계가 있습니다. 최근 5개년간 국가별로 ROE와 ROA 평균치와 주식시장 수익률 평균치를 비교해보니 ROE와 ROA가 높은 시장이 수익률도 상대적으로 높았습니다. 반대로 ROE와 ROA가 낮은 시장은 수익률도 비교적 낮았고요. 대표적으로 ROE와 ROA 수익률이 높은 시장이 바로 미국 주식시장입니다.

기업이 성장하기 좋은 환경을 갖추고 있다

'기업에게 좋은 환경'이란 무엇일까요? 첫째, 압도적인 경제 규모입니다. GDP(국내총생산)는 국가의 경제 규모를 비교하는 대표적인 지표입니다. 그리고 이것이 크다는 것은 기업 성장의 원동력인 높은 수요가 존재한다는 의미죠. 미국은 GDP 순위를 집계한 50년간 항상 1위였고, 앞으로도 그 자리는 바뀌지 않을 가능성이 큽니다.

물론 2023년 기준, 경제 규모 2위인 중국과 5위인 인도는 지난 3년간 각각 5.5%, 8.2% 성장하며 미국의 성장률(3.4%)을 뛰어넘었습니다. 그럼에도 경직된 사회 분위기, 인재 유출 등 여러 가지 이유로 미국과의 격차는 좀처럼 좁혀지지 않고 있습니다. 중국과 인도의 한계는 1인당 GDP에서 더욱 두드러지는데요. 1인당 GDP는 국민 개개인의 생활 수준과 내수 경제 번영도를 파악할 수 있는 지표입니다. 미국의 1인당 GDP는 중국의 일곱 배, 인도의 33배에 달합니다. 즉, 미국은 국가 전체 경제와 개개인의 경제 모두에서 다른 국가를 압도합니다.

둘째, 풍부한 천연자원과 튼튼한 국방력입니다. 미국은 유류와 천연가스, 광물, 농경지, 물 보유량 등 여러 방면에서 세계 최정상급의 천연

자원을 갖추고 있는데요. 이는 식량 부족과 에너지 전쟁 등 생존을 위협하는 상황이 발생했을 때 미국 기업이 직면할 수 있는 근본적인 위험 요소를 줄여줍니다. 또한 미국은 국방비로 연간 약 1,000조 원을 지출합니다. 이는 전 세계에서 가장 높은 수준으로, 튼튼한 국방은 기업 입장에서 그만큼 사업에 수반되는 리스크가 적다는 걸 의미하죠.

셋째, 젊고 우수한 인적 자원을 보유하고 있습니다. 세계에서 이민자가 가장 많이 들어오는 국가는 미국입니다. 2025년 기준으로 약 5,200만 명의 이민자가 미국에 살고 있습니다. 트럼프 정부의 이민 강경책으로 2025년에는 50여 년 만에 처음으로 이민자가 소폭(3% 추정) 줄었지만, 여전히 각국의 인재들이 가장 선호하는 이민 국가는 미국입니다. 인구 유입이 지속됨에 따라 미국은 점점 더 '젊은 나라'가 될 것이 분명해 보이죠. '고령화 사회'를 걱정하는 중국이나 일본, 인재 유출을 걱정하는 인도와는 사정이 다릅니다.

그렇다면 미국 기업들은 앞으로도 '좋은 기업'의 자리를 계속 유지할 수 있을까요? 결론부터 말씀드리면 '그렇다'입니다. **미국은 제4차 산업 혁명과 AI 등 미래의 패러다임을 주도하고 있기 때문입니다.** 스탠퍼드 대학에서 발표한 〈The AI Index 2025〉에 따르면, 지난 10년간 상위 10개 민간기업의 AI 산업 투자 규모는 총 7,000억 달러에 육박합니다. 그런데 그중 미국의 투자 비중이 67%입니다. 학계나 기관에서 쓰이는 주요 AI 모델의 경우, 미국 기업 및 기관이 만든 모델이 65%를 차지하기도 하죠. 이렇듯 AI는 이미 미국의 주류 산업이며 기업들의 적극적인 투자가 이어지고 있는 상황입니다.

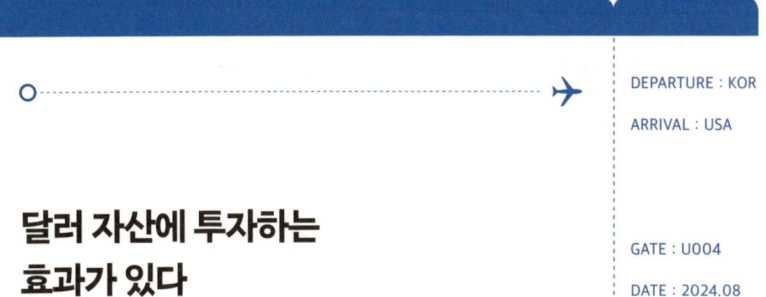

달러 자산에 투자하는 효과가 있다

한국 투자자들의 자산은 대부분 원화에 쏠려 있습니다. 그래서 국내 경기가 안 좋아 원화 가치가 크게 떨어지면 자산가치도 동반 하락하게 되죠. 이때 원화에 쏠려 있는 자산을 달러로 바꿔두면 이러한 리스크를 줄일 수 있습니다. 실제로 지난 20년간의 데이터를 살펴봤더니 코스피에 100% 투자하는 것보다 달러나 S&P500에 나눠 투자했을 때 리스크가 절반으로 줄어들었습니다. 달러는 한국의 투자자산(국내 주식, 부동산 등) 가격과 반대로 움직이는 경향이 있어서 자산배분 효과가 크기 때문입니다.

달러가 원화와 반대로 움직이는 이유는 위기 상황에서 오히려 가치가 오르는 기축통화이기 때문인데요. 국제무역이나 금융거래에서 달러가 차지하는 비중을 고려했을 때 앞으로도 한동안 달러의 기축통화 자리는 유지될 것으로 보입니다.

한국 투자자의 자산은 통화 다변화가 필요하다

한국 투자자들 중에서 해외 주식에 투자하는 사람들의 비중은 얼마나 될까요? 과거에 비해 해외 주식 투자자들이 늘면서 자연스럽게 달러 보유 비중도 늘고 있지만(2019년 436억 달러에서 2025년 2,254억 달러로 증가), 아직 해외 주식 투자자의 수는 2024년 기준으로 710만 명 정도에 불과합니다(출처: 〈매일경제〉, '美로 '주식이민' 700만 명 넘었다', 2024.10.13). 국내 주식 투자자 1,400만 명에 비하면 절반 수준이죠. 그만큼 한국 투자자들의 자산은 원화에 쏠려 있는 편입니다.

투자에서는 다양한 자산군을 보유하는 것이 중요합니다. 무엇이든 '지나친 쏠림'에는 단점이 있기 때문이죠. 특정 투자상품의 비중이 지나치게 높다는 것은 그만큼 특정 위험에 노출될 가능성도 크다는 뜻입니다. 한 가지 투자상품에 올인하는 것이 위험하듯, 한 종류의 통화만 보유하는 것도 위험한 전략이죠. 모든 자산을 원화로만 보유하고 있다면 국내 경기가 안 좋거나 세계 경제 상황이 바뀌어 원화 가치가 크게 떨어질 경우 자산가치 또한 크게 하락할 테니까요. 그러므로 자산배분을 위해서는 '통화 다변화'가 꼭 필요합니다.

어떤 통화가
자산배분에 좋을까

그럼 한국 투자자에게는 어떤 통화가 필요할까요? 이에 대한 답을 얻기 위해서는 분산투자를 할 때와 비슷한 접근이 필요합니다.

원화와 반대로 움직이는 통화를 찾아라

1990년 노벨 경제학상을 수상한 해리 마코위츠Harry Markowitz의 '포트폴리오 이론'Portfolio Theory에 따르면 두 자산의 상관계수가 낮을수록 위험을 줄이는 효과가 커집니다. 즉, 다른 방향으로 움직이는 자산을 동시에 보유함으로써 위험을 낮추는 거죠. 바꿔 말하면, 같은 방향으로 움직이는 자산은 여러 종류를 보유해도 위험을 낮추는 효과가 거의 없다는 의미입니다.

가령 자산을 국내 주식과 부동산으로 나눠 보유하면 자산배분 효과를 얻기 힘듭니다. 다음의 그래프가 잘 보여주듯이 두 자산은 같은 방향으로 움직이기 때문입니다. 가격이 완전히 똑같이 움직일 때 두 자산의 상관계수가 1인데요. 국내 주식과 부동산의 상관계수는 무려 0.93에 이릅니다. 많은 경우 주식이 오를 때 부동산도 오르고, 부동산이 내릴 땐 주식도 떨어진다는 뜻이므로 두 자산은 사실상 같은 위험에 노출되어 있는 셈입니다.

한국의 주식과 주택 가격은 매우 비슷하게 움직인다

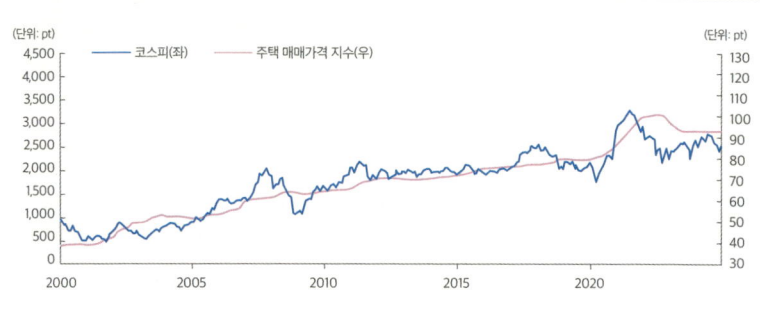

출처: 블룸버그, 퀀티와이즈Quantiwise, 토스증권

그래서 주식에 투자할 때도 같은 산업에 속한 종목들을 여럿 매수한다면 이를 '분산투자'로 보기 어렵습니다. 통화 다변화의 핵심도 이와 같습니다. 그러므로 원화 자산 비중이 높은 한국 투자자들이 자산배분 효과를 누리기 위해서는 원화 자산과 반대로 움직이는, 즉 상관계수가 가장 낮은 통화를 함께 보유해야 합니다.

국내 주식 및 부동산과 반대로 움직이는 달러

한국은행에 따르면 한국 가계의 평균 자산 규모는 약 5억 원으로, 금융자산과 비금융자산의 비중이 각각 23%와 77%라고 합니다. 비금융자산에서는 부동산의 비중이 압도적이고, 금융자산에서는 현금(예금) 바로 다음이 국내 주식입니다. 그러니 국내 주식이나 부동산과의 상관계수가 가장 낮은 통화를 보유하면 당초 우리의 목적이었던 자산배분 효과를 거둘 수 있겠죠? 다음 차트는 국내 주식(코스피 지수) 및 부동산 (주택 매매가격 지수)과 원화 대비 주요국 통화 환율의 상관계수입니다.

국내 주요 자산과 가장 상관계수가 낮은 통화는 달러다

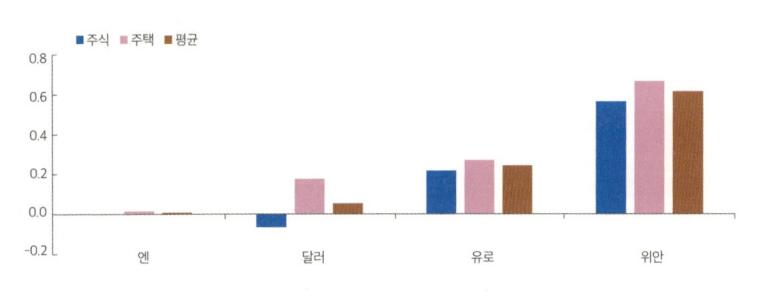

출처: 블룸버그, 토스증권

상관계수가 가장 낮은 조합은 '국내 주식+달러'로, 유일하게 마이너스인 −0.07을 기록했습니다. 즉, 달러는 국내 주식과 반대로 움직인 겁니다. 국내 증시에 투자해본 사람이라면 '국내 주식과 달러가 반대로 움직인다'는 말에 깊이 동감하실 겁니다. 다음의 그래프와 같이 달러 약세(=원화 강세)와 코스피 상승은 종종 함께 나타나는 현상인데요. 외국인 투자자들이 투자이익을 얻기 위해 달러 약세일 때 국내 주식을 더 많이 매수하기 때문입니다.

결론적으로, 자산배분 효과를 얻기 위해서는 달러를 원화와 함께 보유하는 것이 가장 적합합니다. 엔화 역시 국내 주식 및 부동산과의 상관계수가 낮은 것으로 나타났지만 자산배분 효과를 얻기에는 리스크가

코스피와 원/달러 환율은 반대로 움직일 때가 많다

(단위: pt)　━ 코스피(좌)　━ 원/달러 환율(우)　(단위: 원)

출처: 블룸버그, 토스증권

있습니다. 일본의 통화정책이 중대한 전환점을 맞이하고 있기 때문입니다. 그동안 일본은 장기 불황에 대응해 초저금리 정책을 펼쳐왔지만 2025년 들어 금리 인상을 단행하며 통화정책의 구조적 변화를 꾀하고 있습니다. 이에 따라 원/엔 환율 움직임에도 예기치 못한 변수가 생길 가능성이 큽니다.

코스피 vs. 달러
예상 투자 시나리오

만약 앞서 제안한 대로 국내 주식 비중이 높은 한국 투자자가 달러를 함께 보유했다면 실제 수익률은 달라졌을까요? 리스크를 최소화할 수 있었을까요? 과거 데이터를 기반으로 수익률과 리스크를 비교해봤습니다.

같은 투자금을 'only 코스피'에 100% 투자하는 경우와 '코스피+달러'에 절반씩 나눠 투자하는 경우를 비교해봤는데요. 수익률 측면에서는 코스피에만 투자하는 편이 더 나았습니다. 코스피가 2.8배 오르는 동안 '코스피+달러'는 2.2배 상승에 그쳤고요. 연평균 수익률도 'only 코스피'는 4.4%, '코스피+달러'는 3.4%로 'only 코스피' 쪽이 1.0%p 더 높았습니다.

이렇게만 보면 '달러를 같이 보유하는 게 오히려 손해 아냐?' 하는 의구심이 들 수도 있겠네요. 하지만 자산배분으로 얻고자 하는 것이 당장의 높은 수익률이 아니라 '리스크 최소화'라는 점을 잊지 말아야 합니다. 아래 그래프 속 'only 코스피'는 위아래로 크게 출렁이는 반면, '코스피+달러'는 안정적으로 우상향 흐름을 이어갔습니다.

달러를 함께 보유했을 때 자산가치 하락 리스크를 줄일 수 있다

출처: 블룸버그, 토스증권

이번에는 리스크를 비교해보겠습니다. MDD_{Maximum Draw Down}는 전고점 대비 하락률로, 투자자가 겪게 될 위험을 나타내는 대표적인 지표인데요. 'only 코스피'의 경우 MDD가 −53%였습니다. 만약 투자 시작 시점을 잘못 골랐다면 최악의 경우 투자금이 절반 넘게 줄어들 수 있었다는 뜻입니다. '코스피+달러'의 경우 MDD는 −30%까지 낮아집니다. 물론 −30%가 작은 손실이라고 말할 수는 없지만, 'only 코스피'에 비하면 위험을 절반 수준으로 줄일 수 있습니다.

달러는 왜 원화와 반대로 움직일까?

환율이란 각국 통화의 상대적인 가치를 뜻합니다. 즉, 수요와 공급 측면에서 특정 통화가 많이 발행되면 그만큼 그 통화의 가치는 떨어지겠죠. 그런데 여기서 단 하나, 달러만큼은 예외입니다. 왜냐하면 기축통화이기 때문이죠.

2008년 금융위기 당시, 미국의 중앙은행인 연준은 달러를 추가 발행해 경기를 활성화하겠다는 양적완화 정책을 실시했습니다. 2020년 코로나 팬데믹 때는 상황이 진정될 때까지 무제한으로 양적완화 정책을 시행하겠다고 밝히기도 했고요. 실제로 2020년의 달러 발행 규모는 2008년 대비 무려 다섯 배에 달했습니다. 발행량이 크게 늘었으니 달러의 가치는 떨어졌을까요? 아닙니다. 오히려 올랐습니다. 2008년이

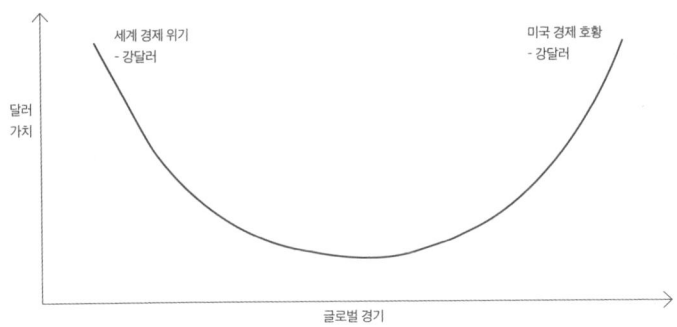

나 2020년은 세계 경제가 위기를 겪던 시기였죠. 세계 경제가 불안한 상황에서는 달러 같은 안전자산에 대한 수요가 높아지기 때문에 발행량이 늘었음에도 달러가 오히려 강세를 보인 것입니다.

이처럼 미국 경제가 좋을 때는 좋아서 달러 가치가 올라가고, 미국 경제가 나쁠 때는 또 나빠서 달러 가치가 올라가는 현상을 '달러 스마일' 이론이라고 부릅니다. 위 그래프가 웃는 입 모양을 닮았죠?

현재의 달러 강세는 금융위기 이후 세계 경제가 아슬아슬 불안한 상황에서 완전히 벗어나지 못했기 때문이라고 해석할 수 있습니다. 실제로 유럽 재정위기, 중국 위안화 위기, 코로나19 위기 등 글로벌 경제의 다양한 불안 요인들이 발생할 때마다 각 나라의 통화가치는 크게 오르내리곤 했습니다. 원화 또한 마찬가지입니다. 다음 차트를 보면 원/달러 환율이 2008년 금융위기 이후 가장 높은 수준이며 환율의 저점 또한 점점 높아지는 추세입니다.

특히 수출 중심의 경제 구조를 가진 한국은 세계 경제 변화에 아주

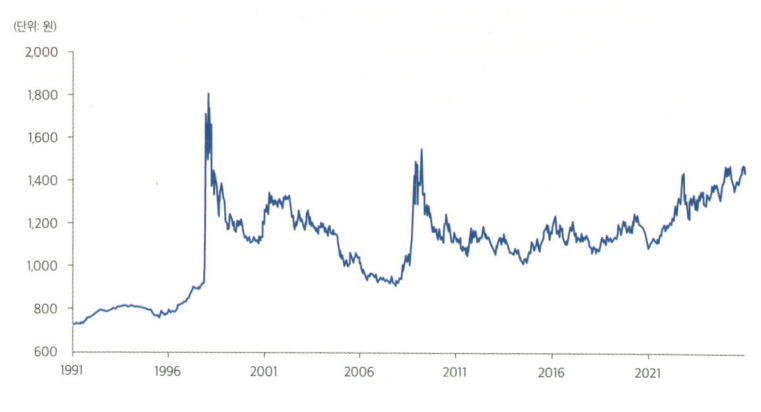

출처: 블룸버그, 토스증권

민감합니다. 국내에 큰 문제가 없더라도 세계 경제에 위기 상황이 발생하면 원화 가치가 급격히 하락하기도 하죠. 그래서 달러와 원화의 상관계수가 낮았던 것입니다. 그러므로 달러를 함께 보유하면 원화 가치 하락으로 인한 리스크를 최소화할 수 있습니다.

달러는 앞으로도
'전 세계 공통'의 화폐일까?

결론부터 말하자면, 달러가 기축통화 자리에서 내려올 가능성은 매우 낮습니다. 기축통화가 되려면 세계 여러 나라가 이미 보유하고 있거나 보유할 만큼 선호하는 화폐여야 합니다. 이를 알 수 있는 대표적인 기준이 바로 외환보유고인데요. 달러는 전 세계 외환보유고에서 약 60%를 차지하며 1위를 기록하고 있습니다. 2위인 유로화나 최근 몇 년간 비중이 급증한 위안화 모두 기축통화 자리를 넘보기엔 달러와의 격차가 큽니다.

달러는 무역뿐 아니라 국제 금융거래에서도 널리 이용되는데요, **전 세계 투자자들이 미국의 기준금리 인상에 주목하는 이유도 미국의 기준금리가 곧 달러의 이율이기 때문입니다.** 미국이 금리를 올리면 오히려 다른 나라들이 더 큰 영향을 받을 만큼 달러는 이미 세계 경제 체제 속에 깊숙이 스며들어 있습니다. 보유량 측면에서나 거래량 측면에서나 여전히 달러의 비중이 압도적이라는 말이죠. 강력한 대안이 등장하기엔 아직 시간이 필요할 것으로 보입니다.

PART 1

다녀왔습니다,
실리콘밸리

'혁신' 하면 가장 먼저 떠오르는 곳이 바로 실리콘밸리입니다. 이곳에서는 다양한 분야에서 앞서나가는 기술이 등장했다가도, 얼마 안 가 경쟁자가 개발한 더 나은 기술에 따라잡히는 일이 빈번하게 일어나죠. 여러 가지 아이디어가 앞서거니 뒤서거니 하는 과정 속에 다양한 투자 기회가 숨어 있습니다. 즉, 실리콘밸리는 수많은 투자 아이디어가 펼쳐져 있는 기회의 땅인 셈입니다.

2024년 9월 말부터 10월 초까지, 저희는 미국 현지에서 빅테크를 비롯한 여러 기술 기업의 관계자들을 만났습니다. 뿐만 아니라 현지 벤처 투자자, 엔지니어 등 각 분야의 전문가들과 인사이트를 교환하는 자리도 가졌습니다. 그 과정에서 사무실 책상에서는 얻을 수 없는 다양한 배움을 얻을 수 있었습니다. 이젠 저희가 배운 것을 투자자 여러분께 전해드릴 차례입니다.

실리콘밸리에서
470킬로미터를 달리며 깨달은 것

실리콘밸리는 행정구역 이름이 아니고 미국 캘리포니아주 샌프란시스코 인근 지역을 뜻합니다. 1970년대 이 지역에서 반도체 기술이 발전했기 때문에 반도체 칩의 핵심 재료인 '실리콘'을 앞에 붙여 실리콘밸리로 불리게 되었죠.

산호세, 팰로앨토, 서니베일, 마운틴뷰, 쿠퍼티노, 멘로파크Menlo Park, 샌타클래라 등이 모두 실리콘밸리에 포함되는데요. 실리콘밸리의 면적은 약 4,800제곱킬로미터로, 서울의 약 여덟 배 수준입니다. 인구는 약 300만 명 정도고요.

오늘날에는 반도체 및 IT 계통 기업들이 모여들면서 첨단 기술의 전진기지가 되었습니다. 또한 다양한 기업들의 복합적인 생산 네트워크이기도 하죠. 실리콘밸리의 경쟁력은 단연 전 세계 IT 산업을 선도하는 최첨단 연구 개발 활동으로, 1인당 특허 수와 엔지니어의 비율뿐 아니라 자본 투자 면에서도 탁월한 위상을 차지하고 있습니다.

탐방한 실리콘밸리 지역

출처: 구글 맵, 토스증권

완전자율주행 택시, '웨이모'를 경험하다

인천공항에서 샌프란시스코공항까지는 11시간이 걸렸습니다. 거기서 다시 차로 거의 1시간을 달려서 첫 번째 숙소가 위치한 실리콘밸리 지역에 도착했습니다. 실리콘밸리 일대를 이동하면서 서울의 여덟 배 크기가 어느 정도인지 몸소 체감할 수 있었습니다. 2주라는 탐방 기간 동안 이용한 우버의 총 이동 거리만도 무려 470킬로미터에 달했으니까요. 서울에서 부산까지의 거리보다도 더 긴 거리죠. 여담이지만, 테슬라 차량이 우버 택시로 많이 사용되고 있더군요. 한국과 달리 미국에서는 테슬라 차량이 대중적으로도 많이 이용되고 있음을 직접 눈으로 확인할 수 있었습니다.

샌프란시스코 내에서 이동할 때는 웨이모Waymo에서 운영 중인 인간 운전자가 없는 완전자율주행 택시를 이용하기도 했습니다. 웨이모는 구글의 자율주행차량 서비스로 2025년 12월 기준, 샌프란시스코를 비롯한 미국 일부 지역(로스앤젤레스, 애틀랜타, 오스틴, 피닉스 등)에서만 시범 운영되고 있습니다. 샌프란시스코 시내에는 생각보다 많은 웨이모 차량이 다니고 있었는데요. 우리가 탄 택시 앞으로 세 대의 웨이모 자율주행차가 나란히 달리는 모습도 볼 수 있었습니다.

샌프란시스코에서 탑승한
웨이모의 자율주행차

웨이모 차량 이용에 필요한 앱, 웨이모 원

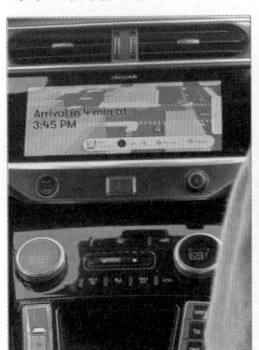
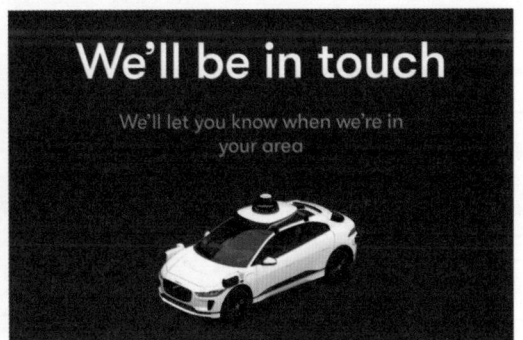

웨이모 이야기를 좀 더 해보자면요. 미국 지역에서만 설치 가능한 웨이모 원Waymo One 앱을 깔고 차량을 호출하면 웨이모 택시가 입력한 장소에 옵니다. 정확히 입력한 그 지점에 서 있어야만 차량에 탑승할 수 있어서 조금 불편하긴 했습니다. 실제로 5~6미터 정도만 떨어져 있어도 아예 문이 열리지 않더라고요. 상황에 따라 유연하게 대처할 수 있는 인간 운전자였다면 아마도 생기지 않았을 일이죠.

물론 차에 탄 후로는 이런 불편을 잊어버릴 정도로 탑승 경험이 좋았습니다. 재규어 SUV 차량 내부는 깨끗하고 쾌적했으며 원하는 음악을 선택해서 들을 수도 있었습니다. 처음엔 살짝 불안해서 손잡이를 꽉 잡고 있었는데 그런 걱정을 할 필요가 없었습니다. 안정적인 코너링과 오차 없이 정확한 제동을 보니 탄성이 절로 나오더군요.

2021년 8월부터 시범 운영을 시작한 웨이모의 대고객 서비스가 좋았는지, 이제는 샌프란시스코 시민들도 운전자 없는 택시 이용을 낯설거나 부담스러워하지 않는 모습을 볼 수 있었습니다. 멀게만 느껴졌던 완전 자율주행의 시대가 가까운 시일 내에 도래하리라는 확신이 든 시간이었죠. 웨이모 택시를 타고 실리콘밸리 구석구석을 누비면서 그 변화를 온몸으로 체감할 수 있었습니다.

실리콘밸리는 어떻게
혁신의 대명사가 되었나

실리콘밸리는 어떻게 세계 첨단 산업의 중심지가 될 수 있었을까요? 힌트를 찾기 위해 우리는 부지런히 발품을 팔았습니다. 현재를 이해하려면 먼저 과거를 알아야겠죠. 스탠퍼드 대학에서 실리콘밸리 탄생의 역사를 되짚어보고, 반도체 산업의 전체 흐름을 한눈에 볼 수 있는 인텔 박물관과 컴퓨터의 역사와 발전 과정이 정리되어 있는 컴퓨터 박물관을 찾았습니다. 컴퓨터 박물관에서는 세계 최초의 컴퓨터인 에니악ENIAC을 직접 보기도 했습니다.

또한 첨단 기술을 개발하고 있는 테크 기업들의 기술 담당자, 산업 전문가와 이야기를 나누었는데요. 특히 엔비디아의 글로벌 AI 책임자, 수십조 원 규모의 기업을 초기부터 눈여겨보고 투자해온 벤처 투자자와의 만남이 기억에 남습니다.

2주간의 탐방을 돌이켜봤을 때, 실리콘밸리가 첨단 산업의 중심지로 올라설 수 있었던 이유는 크게 세 가지로 정리할 수 있습니다. 바로 인재, 자본, 인프라인데요. 지금부터 이에 대해 하나씩 살펴보겠습니다.

뛰어난 인적 자원: 미래를 개척하는 사람들

실리콘밸리 주변에는 스탠퍼드, UC 버클리 등 세계 최고 수준의 대학들이 위치하고 있습니다. 실리콘밸리 중심 지역에서 스탠퍼드 대학까지는 약 10~30킬로미터에 불과하고, UC 버클리도 샌프란시스코 바로 위쪽에 위치해 있어 실리콘밸리와 가깝습니다. 스탠퍼드와 UC 버클리는 2025년 세계대학 평가 순위(QS 세계대학 순위 기준) 10위권에 들었고, 미국 내 종합대학 중에서는 하버드에 이어 각각 2위와 4위를 기록한 최상위권 학교입니다.

이곳의 학생들은 스타트업으로 시작한 회사들이 수십조 원의 가치로 성장하는 모습을 보며 학창시절을 보냅니다. 당연히 학업 과정에서도 창업과 관련된 이야기를 많이 나누고, 졸업할 즈음엔 자연스럽게 실리콘밸리 주변 테크 기업에 취업하거나 창업을 선택하게 됩니다.

실제로 구글 창업자 래리 페이지나 세르게이 브린, 테슬라를 설립한 일론 머스크는 스탠퍼드 대학원을 다녔습니다. 시스코, 페이팔, 야후의 창업자도 스탠퍼드 출신이고요. 그리고 스티브 잡스와 함께 애플을 함께 창업한 스티브 워즈니악과 구글의 전 CEO 에릭 슈미트는 UC 버클리를 다녔습니다. 그 외 스냅, 링크드인, 퀄컴의 창업자 역시 스탠퍼드와 UC 버클리 출신입니다.

이런 성공적인 스토리는 창업을 꿈꾸는 우수한 인재들을 실리콘밸리로 끌어들입니다. 실제로 미국뿐 아니라 전 세계에서 이곳으로 모여들고 있는데요. 미국 밖에서 태어나 실리콘밸리에 거주하는 사람의 비율은 2023년 기준, 40%에 달합니다. 이는 인구 통계 집계를 시작한 이후 가장 높은 수치로, 미국 평균의 세 배 정도입니다. 게다가 이 비율이 꾸준히 증가하고 있어 앞으로도 한동안 많은 인재가 실리콘밸리로 모여들 것으로 보입니다.

실리콘밸리에는 고학력자가 많고 이들 중 상당수는 혁신 기술 관련

산업에 종사합니다. 실리콘밸리에 거주하는 성인 중 4년제 대학 졸업자의 비율은 무려 56%이고, 그중 박사 등 전문 학위가 있는 사람만 따져도 27%에 달합니다. 이는 미국 평균의 두 배에 해당하는 수치로 다른 지역에 비해 월등히 높죠. 대학 졸업자 수는 1970년에 비해 37%p나 증가했고, 2010년 이후로 짧게 잡아도 10%p 이상 늘었습니다.

특히 아시아에서 유입되는 우수 인재들이 실리콘밸리의 큰 동력이 되고 있습니다. 대학에서 컴퓨터 및 엔지니어 학위를 받은 사람의 41%가 아시아계입니다. 백인이 29%이고 히스패닉이 17%라는 걸 고려하면 이는 매우 높은 수치입니다. 또한 여성들의 비중도 꾸준히 늘고 있는데요. 1992년 전체 졸업생의 30%에 불과했던 여성 비율은 2023년 41%까지 높아졌습니다. 보수적인 업종에서는 여전히 아시아계나 여성들이 보이지 않는 차별을 당하곤 합니다. 하지만 실리콘밸리는 비교적 덜 경직된 분위기를 가지고 있죠. 참신한 아이디어 발굴을 위해 개개인의 개성을 존중하고 격의 없이 토론하는 분위기가 형성되어 있습니다.

한마디로 실력이 있다면 국적이나 성별은 중요하지 않은 것이죠. 가족을 돌보면서도 일에 집중할 수 있도록 근무 환경도 잘 갖춰져 있고요. 이런 장점들 덕분에 최근 몇 년간 우수한 인재들이 실리콘밸리로 모이고 있습니다. 실제로 스탠퍼드 캠퍼스에서도 정말 다양한 인종의 남녀 학생들이 곳곳에서 열정 넘치는 토론을 벌이는 모습을 자주 볼 수 있었습니다. 도서관은 지적 호기심 가득한 학생들로 가득했고요. 그들의 에너지를 보면서 실리콘밸리의 원동력이 어디에서 나오는지 체감할 수 있었습니다.

투자 자본: 창조적 모험을 위한 연료

기업이 만들어지고 성장하는 데 있어 자본은 중요한 요소입니다. 실리콘밸리의 투자 자본도 최고 수준이라 할 수 있습니다. 특히 실리콘밸리 지역의 벤처캐피털은 창업 초기 기업에 적극적으로 투자하는 것으로 유명한데요. 이러한 투자는 성공 가능성 있는 기업이 창업 초기 현금을 조달하지 못해 사라져버리는 일을 막는 데 큰 역할을 합니다.

미국 벤처 투자의 절반 가까이는 캘리포니아에서 이루어지고, 그중 75% 이상이 샌프란시스코와 실리콘밸리 지역에서 이뤄집니다. 이 지역이 캘리포니아에서 차지하는 면적이 1.2%, 인구가 9.8%에 불과하다는 걸 생각하면 이는 정말 놀라운 숫자가 아닐 수 없습니다. 코로나19를 거치며 조금 주춤하고 있지만, 벤처캐피털 투자액도 여전히 높습니다. 실리콘밸리와 샌프란시스코 지역의 기업들이 유치한 금액을 모두 합치면 300억 달러(약 40조 원)에 달합니다. 이는 10억 달러 이상의 가치를 지닌 유니콘 기업들이 이 지역에 많기 때문에 가능한 일이기도 한데요. 이 지역에 위치한 276개의 유니콘 기업들은 대규모 투자를 바탕으로 약 1조 달러(약 1,400조 원) 수준의 기업가치를 가진다고 평가받고 있습니다.

벤처캐피털이 투자하는 부문은 단연 첨단 산업 쪽에 집중되어 있습니다. 최근 몇 년간은 특히 AI 기술을 연구하는 테크 기업들에 대한 투자가 꾸준히 이뤄지고 있죠.

현지에서 우리는 실리콘밸리 현지에서 일하는 벤처캐피털 담당자를 만났습니다. 그중에는 다수의 유니콘 기업을 초기에 발굴해 막대한 투자수익을 거둔 인물도 있었는데요. 그의 투자 원칙은 의외로 단순했습니다.

"많은 사람이 매일 사용하고, 없어지면 불편할 만큼 삶에 깊숙이 스며들 수 있는 기술이라고 생각되면 주저 없이 투자합니다."

기업 재무제표에 적힌 숫자를 중요한 판단 근거로 삼는 애널리스트의 눈으로는 알 수 없는 또 다른 인사이트를 얻을 수 있었던 더욱 의미 있는 시간이었습니다.

인프라: 상호 협력을 통해 혁신에 집중할 수 있는 환경

환경이나 인프라라고 하면 기후나 교통망을 먼저 떠올리는 분들이 많을 듯합니다. 물론 그것도 맞는 이야기입니다. 기후나 교통망도 기업 성장에 적지 않은 영향을 미치니까요. 실리콘밸리의 기후와 교통망은 훌륭합니다. 온화하고 습도가 낮아 쾌적하기 때문에 일에 집중하기 좋고, 항공이나 도로 등 주요 교통망이 잘 형성되어 있습니다. 다만 좀 더 중요한 것이 있는데요. 기술, 인력, 자본이 서로 '시너지'를 낼 수 있는 환경이라는 점입니다. 기업은 기술과 인력, 자본 중 어느 한 요소가 있다고 해서 뚝딱 만들어지는 것이 아닙니다. 이들 요소가 상호 유기적으로 결합할 때 완성된 형태의 훌륭한 기업이 탄생할 수 있지요.

실리콘밸리에서 가장 눈에 띄는 특징 중 하나가 바로 네트워킹 문화입니다. 협력을 위해 아이디어를 교환하고 필요한 도움을 주고받으며 서로 알아가는 분위기가 형성되어 있는 거죠. 이러한 네트워킹을 통해 투자 아이디어를 공유할 수 있고, 그걸 계기로 협력 관계를 맺거나 아예 함께 창업에 나서기도 합니다.

예를 들면 컴퓨터와 공학을 전공한 개발자들과 마케팅, 금융, 법률 전문가들이 서로 힘을 합치거나 스탠퍼드 공학도가 창업했을 때 벤처 투자자의 길을 걷게 된 스탠퍼드 경영대학원 출신들이 투자 자본을 제공하는 식입니다. 스탠퍼드와 UC 버클리의 교수들은 엔젤 펀드와 벤처캐피털 투자자금을 유치하거나 대학 연구소를 통한 기술 이전, 실리콘밸리 기업과의 기술 공유 등을 이끌어낼 수 있도록 자리를 마련하기도 합니다.

정부 차원의 정책적 지원 또한 빼놓을 수 없죠. 미국 정부는 실리콘밸리 형성 초기부터 창업 및 투자가 활발히 이뤄질 수 있도록 법과 제도를 마련하는 데 힘썼습니다. 기업 운영 기준법을 통해 스톡옵션 관련 규제를 완화했으며 회계법을 개정해 투자자가 회사의 재무구조를 투명하게 파악할 수 있도록 바꾸었습니다. 또한 지적재산권 보호를 위해 특허 제도를 개정했고 파산법을 마련해 부도난 기업과 기업인이 재기할 수 있는 길을 열어주었죠. 마지막으로 기업 간 자유로운 경쟁을 보장하기 위해 강력한 독점방지법을 제정했습니다. 이러한 법률 제정과 정책적인 지원 또한 지금의 실리콘밸리 생태계를 형성하는 데 큰 역할을 했다고 볼 수 있습니다.

실리콘밸리의 혁신 바퀴는
여전히 역동적으로 굴러가고 있다

코로나19 이후 세계 경제를 좌우할 새로운 키워드로 AI가 떠올랐습니다. 실제로 미국을 방문해보니, 탐방에서 만난 기업 담당자들 모두가 AI 기술을 자신들의 회사에 어떻게 이용하고 있는지 설명하는 데 집중하는 모습이었습니다. 우리가 만난 나스닥 상장 기업 중 반도체 설계 및 영상 솔루션을 제공하는 A사(시가총액 약 3조 3,000억 원)는 AI를 이용해 영상에 나타난 사물이나 사람을 인식한 후 행동을 분석하는 기술을 시현했고, 음성 인식 전문업체인 B사(시가총액 약 2조 5,000억 원)는 독립적인 기술을 기반으로 특화된 대화형 AI를 개발하고 있음을 강조하기도 했습니다.

그럼 지금부터는 실리콘밸리가 어떤 상황인지, 이러한 혁신이 앞으로도 지속될 수 있는지 그리고 탐방 과정에서 어떤 시사점을 얻었는지 직접 보고 느낀 내용을 중심으로 전해드리겠습니다.

실리콘밸리의 혁신 동력은 지속될 수 있을까

실리콘밸리가 예전 같지 않다며 위기설을 말하는 이들이 있습니다. 실제로 일부 기업들은 실리콘밸리와 샌프란시스코 주변의 높은 물가와 규제, 세금에 부담을 느껴 실리콘밸리를 떠나 새로운 지역으로 이동하고 있기도 합니다. 최근 몇 년 사이 오라클, 휴렛팩커드, 테슬라, 팔란티어 등이 텍사스와 콜로라도 지역으로 본사를 이전했습니다.

탐방 기간 중 우리는 현지 네트워킹 모임과 한국인들을 대상으로 한 행사에도 참석했는데요. 그중에는 빅테크 기업에서 일하는 엔지니어뿐만 아니라 스타트업 창업자 및 예비 창업자들, 혹은 취업을 준비하거나 이직 중인 사람들도 있었습니다. 한국에서 AI 분야 박사과정 중이라는 한 학생은 실리콘밸리 기업 취업을 목표로 매년 실리콘밸리에 와서 취업 동향을 파악하고 있다고 했습니다. 하지만 취업 준비가 순조로워 보이지는 않았습니다. 특히 2023년 이후로 일자리 구하기가 더 힘들어졌다고 했는데요, 취업과 이직을 준비하는 이들이 공통적으로 하는 말이기도 했습니다.

실제로 코로나19 직후인 2020년 4월 실리콘밸리 지역의 실업률은 12.2%까지 올랐습니다. 수익모델을 찾지 못한 기업에 대한 투자가 신중해지면서 자금 조달에 어려움을 겪는 기업들이 늘어난 것도 사실이고요. 하지만 기술 주도권을 가진 기업들의 성장세는 여전합니다. 코로나 이후 벤처 투자도 점차 회복세를 보이는 중이고, AI 산업 성장에 대한 기대로 고용이 늘면서 실업률도 2024년 12월 기준 3.7% 수준까지 내려왔습니다.

일부 기업들이 빠져나간다 해도 실리콘밸리에서는 그보다 더 많은 기업이 만들어지고 또 발전하고 있습니다. 지속적인 창업과 투자 그리고 혁신의 바퀴는 여전히 역동적으로 굴러가고 있는 중이죠. 글로벌 인재와 투자 자본 또한 끊임없이 모여들고 있고요. 그러한 점에서 우수한 기술, 자본, 인력이 모인 실리콘밸리의 생태계 구조가 무너지기는 쉽지 않아 보입니다. 실제로 현장에서도 중대한 위험 신호를 감지하긴 어려

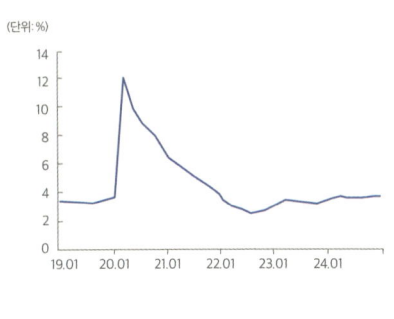

치솟았던 실리콘밸리 지역의 실업률은
점차 안정을 찾고 있다

(단위: %)

출처: 미국 노동통계청US Bureau of Labor Statistics, 토스증권

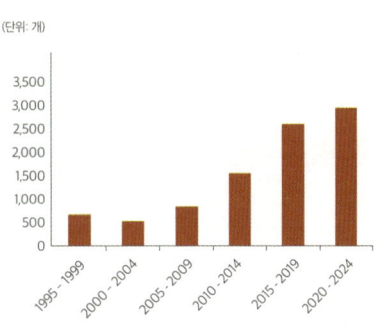

신규 창업하는 스타트업은
계속 늘어나고 있다

(단위: 개)

출처: CB Insights, Silicon Valley Institute, 토스증권

였는데요. 여전히 빠른 변화에 맞춰 더욱 빠르게 대응하고 있었기 때문입니다.

지금 실리콘밸리는 더 빠르게 변하는 중

실리콘밸리 주변에는 전 세계에서 가장 기업가치가 높은 IT 회사들이 모여 있습니다. 실리콘밸리에 애플, 구글, 메타, 엔비디아, 인텔, 넷플릭스, 어도비Adobe의 본사가 있고 샌프란시스코와 시애틀에는 우버, 세일즈포스Salesforce, 에어비앤비, 마이크로소프트, 아마존 본사가 있습니다. 이들 12개 기업의 기업가치를 합하면 무려 2경 3,000조 원이 넘습니다. 이는 코스피에 상장된 모든 기업의 시가총액을 합한 금액의 10배가 넘는 규모죠. 이들 12개 기업이 1년에 벌어들이는 이익만 520조 원이상입니다.

이들 기업은 반도체, 인터넷, 플랫폼, 클라우드, 인공지능, 모빌리티

실리콘밸리 주변 지역 여섯 개 빅테크 기업들(애플, 엔비디아, 마이크로소프트, 구글, 아마존, 메타)의
평균 주가 상승률은 나스닥 지수 상승률을 크게 웃돌았다

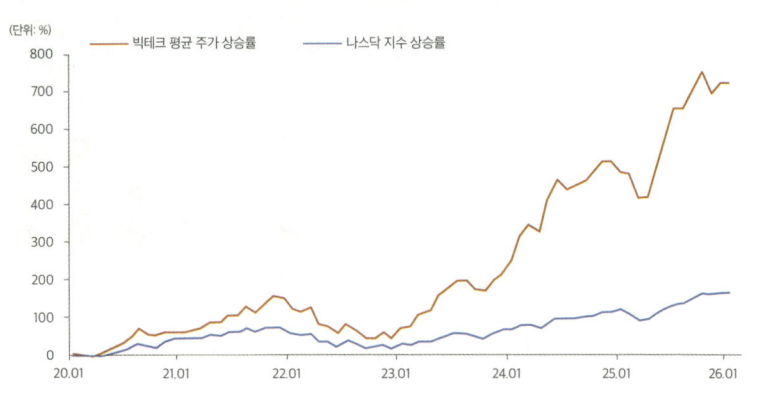

출처: 블룸버그, 토스증권

등 주력 산업 분야는 다르지만 뚜렷한 공통점을 하나 가지고 있습니다.
바로 창의적이고 도전적인 문화를 바탕으로 끊임없이 혁신하고 있다는
점입니다. 그리고 그러한 도전과 혁신은 우리가 흔히 알고 있는 빅테크
기업부터 작은 스타트업까지 실리콘밸리를 지배하는 정신이자 문화라
고 할 수 있습니다.

지금 실리콘밸리 혁신의 중심은 단연 AI입니다. AI 중에서도 챗GPT
같은 생성형 AI가 아주 빠르게 성장하고 있죠. 베인앤컴퍼니Bain&Company
는 생성형 AI 산업이 매년 40% 이상 성장하여 2027년까지 7,800억~
9,900억 달러 규모로 성장하리라 보고 있습니다. 이러한 성장에서 더
주목해야 할 점은 대형 클라우드 서비스 제공자뿐 아니라 주변 생태계
의 변화입니다. AI를 직접 개발하는 것을 넘어 관련 기술을 이용한 연
관 산업의 성장 또한 빠르게 확산되고 있기 때문입니다.

AI 능력을 키우는 데 있어 과거에는 AI를 학습시키는 과정이 중요했다면 최근엔 '추론'의 중요도 또한 커지고 있습니다. 추론이란 AI가 학습한 정보와 지식을 바탕으로 결론을 도출하는 과정을 의미합니다. 추론이 중요해진다는 건 곧 새로운 정보가 유입되었을 때 상황을 판단하고 의사결정을 해서 문제를 해결해 나가는 과정이 중요해지고 있다는 의미이기도 합니다.

실리콘밸리 마운틴뷰에서 오픈 AI의 챗GPT팀 연구원의 이야기를 직접 들을 기회가 있었는데요. 그는 "실리콘밸리에서 AI 기술을 논할 때는 1~2년 전은 물론이고 수개월 전의 기술을 언급하는 것조차 뒤떨어진 일로 받아들여진다."라고 했습니다. 정형화된 기술에 집착해선 안 되고 무엇이든 새로운 것에 유연하게 대처해야만 이곳에서 살아남을 수 있다는 취지의 말이었습니다.

실리콘밸리에서 발견한
미래 투자 아이디어

지금부터는 실리콘밸리에서 직접 보고 듣고 영감을 얻은 첨단 산업의 투자 인사이트를 구체적으로 소개해드리겠습니다. 현재 투자 중인 기업이나 투자를 고려하고 있는 기업이 있다면 아래 열거한 조건들에 얼마나 부합하는지 살펴보시기 바랍니다.

"단지 수개월 전의 기술을 언급하는 것조차
뒤떨어진 일로 받아들여지는 실리콘밸리.
지금 실리콘밸리 혁신의 중심에는 AI가 있습니다."

01

01 아마존 물류시스템의 핵심 거점인 풀필먼트 센터
02 테슬라 드라이빙 센터에는 테슬라 제작 로봇이 전
  시되어 있다
03 실리콘밸리에서 열린 K-Global AI 콘퍼런스
04 AI 콘퍼런스에서 엔비디아 글로벌 AI 총괄 책임자
  의 발표를 들었다

02

03

04

투자는 기술을 '실현시키는' 기업에 하자

애플은 스마트폰을 최초로 만든 회사가 아닙니다. 1990년대 IBM은 이미 지금의 스마트폰과 비슷한 개념의 제품을 개발한 바 있죠. 화면을 터치해서 작동하는 터치스크린을 채택했고 이메일과 팩스를 보내고 받을 수도 있었습니다. 일정 관리와 주소록, 메모 작성 기능이 있어 업무용으로도 활용 가능했고요. 하지만 비싼 가격과 불편한 사용 경험, 부족한 콘텐츠와 인터넷 환경, 소비자의 인지 부족으로 시장에서 사라졌습니다. 이러한 문제점을 해결한 제품이 바로 애플의 아이폰이었던 것이죠. 덕분에 지난 10년간 IBM 주가는 120% 오르는 데 그쳤지만, 애플 주가는 무려 930%나 오르며 한때 전 세계 시가총액 1위 자리를 차지하기도 했습니다.

새로운 비즈니스 모델로 시장을 선점하는 기업에 주목하라

불과 15년 전만 해도 원하는 장소로 빠르게 이동해야 할 때는 택시를 잡아야 했습니다. 차도 근처에서 지나가는 택시를 잡아타는 일은 여러모로 불편한 일이었죠. 여행지나 처음 가본 지역에서 택시를 타면 바가지 요금을 내기도 했습니다. 2010년 샌프란시스코에서 서비스를 런칭한 우버는 핸드폰으로 쾌적한 서비스가 보장된 차량을 호출할 수 있게 했습니다. 우버는 불과 3년 만에 전 세계 주요 도시로 서비스를 확장했고, 지금은 택시 산업을 상당 부분 대체해 나가고 있습니다. 주가는 2019년 5월 주당 45달러에 상장한 이후, 2025년 10월엔 100달러를 돌파했습니다.

빠른 변화와 유연한 대응이 가능한 기업에 투자하라

오늘날 전 세계 OTT 플랫폼의 최강자인 넷플릭스는 사실 DVD 대여 서비스 회사로 시작했습니다. 하지만 인터넷 속도가 빨라지고 대용량 데이터 전송이 가능해지면서 DVD 대여가 아닌 인터넷으로 영화를 보는 것이 더 효과적일 거라는 판단을 했죠. 이에 넷플릭스는 DVD 대여업을 고집하지 않고 발 빠르게 스트리밍 형태의 콘텐츠 제공업으로 비즈니스 모델을 전환했습니다. 하지만 전환 중에도 DVD 시절의 구독 모델은 유지해 안정적인 수익을 꾸준히 창출했죠. 이처럼 넷플릭스는 환경 변화에 따라 바꿔야 할 것과 유지해야 할 것을 잘 구분했습니다. 덕분에 주가는 지난 10년간 일곱 배 이상 올랐고, 나스닥 시가총액 상위 12위권 진입에 성공하였습니다.

상용화와 표준이 될 수 있는 기술에 주목하라

자율주행 기술에는 중요한 역할을 하는 기기가 있습니다. 주변을 인식하기 위한 카메라, 레이더 그리고 라이다LiDAR입니다. 이 중에서도 라이다는 매우 정확한 거리 데이터를 수집할 수 있고, 어두운 환경이나 악천후에서도 작동이 가능해서 2010년대 자율주행차의 필수 부품이 될 거라는 기대를 받았습니다. 실제로 2010년대 초반에는 자동차 회사들이 라이다를 이용한 자율주행 차량을 연구하기도 했습니다.

하지만 앞선 기술인 만큼 가격이 너무 비싸다는 게 문제였습니다. 이에 테슬라 CEO 일론 머스크는 "라이다에 지출하는 비용은 불필요하다."라고 말하면서 라이다 대신 카메라를 채택했죠. 결과적으로 라이다는 10년 넘게 기술 표준으로 자리 잡지 못했고, 그 사이 몇몇 라이다 업체들은 파산하거나 합병으로 사라졌습니다. 이는 기술이 얼마나 혁신적이냐도 중요하지만 그것의 상용화가 투자에 있어서는 무엇보다 중요하다는 점을 상기시켜줍니다.

높은 고객 충성도가 유지되는 기업에 투자하라

애플은 높은 고객 충성도를 가진 대표적인 기업 중 하나입니다. 혁신적인 제품뿐 아니라 뛰어난 사용자 경험이 오늘날 애플의 강력한 브랜드 이미지를 구축했죠. 애플이 구축한 운영체제를 중심으로 아이폰, 아이패드, 맥북이 서로 연결된 생태계는 고객들을 쉽게 떠나지 못하게 만드는 핵심 요소로 작용하고 있습니다. 하지만 높은 고객 충성도에만 만족해서는 안 됩니다. 무엇이 고객의 충성도를 가져왔는지 살펴볼 필요가 있죠. 그래서 잠재적으로 충성도가 훼손될 위험은 없는지 지속적으로 관찰하는 자세가 필요합니다.

미래 핵심 기술을 보유한 기업에 집중하라

'AI 혁명'이라는 말이 지나치지 않을 만큼 AI는 메가 트렌드입니다. 그리고 이 분야에서 가장 핵심적인 부품을 만들고 있는 회사가 바로 엔비디아입니다. AI 혁명 덕분에 엔비디아는 3년 만에 주가가 10배 이상 올랐고 미국 시장에서는 물론이고 전 세계 시가총액 1~2위를 다투는 기업이 되었습니다. 그렇다면 엔비디아의 목표는 단순히 GPU 반도체를 만드는 세계 1위 회사가 되는 것일까요? 그렇지 않습니다. 반도체를 넘어 AI와 메타버스가 결합된 '인공지능 생태계'를 주관하는 기업을 지향하고 있죠. 만약 엔비디아의 계획이 실현되리라는 공감대가 형성 된다면, 더 높은 주가 상승도 충분히 가능할 것으로 보입니다.

투자의 확신을 얻은 기술 1: 자율주행

이번 실리콘밸리 탐방에서는 자율주행 기술의 최전선을 경험할 수 있었습니다. 테슬라의 자율주행차량을 운전하고, 알파벳 웨이모의 무인택시를 타봤으니까요. 테슬라 차량 운전석에 앉아 처음 핸들에서 손을 뗄 때는 '과연 안전할까? 미국까지 와서 사고 내면 어떡하지?' 하는 마음에 솔직히 겁이 났습니다. 하지만 테슬라팩토리 주차장에서 몇 분간 시험 운행을 하면서 시스템에 금세 익숙해졌고, 고속도로에서는 시속 100킬로미터로 달리기도 했습니다. 고속주행 중에도 손과 발이 자유로운 경험을 하면서 자율주행의 매력을 몸소 실감할 수 있었죠.

샌프란시스코에서 웨이모 무인택시를 탔을 때는 더 놀랐습니다. 투명인간이 운전석에 앉아 있기라도 한 듯, 핸들과 페달이 저절로 움직이는 모습을 보니 감탄사가 절로 나왔습니다. 급발진이나 급정거 없이 부드러운 승차감을 제공하면서 안전하게 목적지에 데려다주었습니다.

자율주행은 더 이상 미래의 상상이 아니라 현재 일어나고 있는 일이라는 사실을 실제 차를 타보며 다시 한번 느꼈습니다. AI 기술이 발달할수록 자율주행차 상용화 시기는 앞당겨질 확률이 높고, 그에 따라 교통 체계와 도시계획이 재편될 것입니다. 나아가 사람들이 시간과 공간을 사용하는 방식이 완전히 바뀌는 변화 속에서 다양한 투자 기회 또한 찾을 수 있으리라 봅니다.

그렇다고 차만 타고 온 것은 아닙니다. 자율주행 기술을 선도하는 기업들의 IR팀과 대화를 나누었는데요. 그 과정에서 자율주행 시장의 규모와 잠재력이 매우 크며, 이 큰 시장에서 우위를 차지하기 위해 기술력과 자본을 갖춘 기업들이 치열하게 경쟁을 벌이는 것을 확인할 수 있었습니다.

자동차에 관심이 없더라도 자율주행차 시장은 투자자라면 반드시 주목해야 할 영역입니다. 스마트폰이 그랬듯 앞으로 우리의 생활 방식을 완전히 바꿔놓을 수 있는 산업이기 때문이죠. 지금부터는 실리콘밸리 현지에서 경험한 자율주행의 매력을 전해드리고 자율주행을 이해하기 위해 꼭 알아야 할 기술과 자율주행이 가져올 산업 변화까지 정리해보겠습니다.

자율주행차를 직접 타보고
깨달은 사실들

실리콘밸리 탐방 중 우리는 테슬라가 자율주행 산업 전체를 주도한다는 인상을 받았으며, 웨이모와 테슬라의 차이점도 명확히 이해할 수 있었습니다. 또한 자율주행 기술과 직접적인 연관이 있는 반도체 기업 두 곳을 방문해서 자율주행 기술의 수요와 산업 내 경쟁 구도 등도 파악할 수 있었습니다.

가장 인상적이었던 기업은 단연 테슬라

테슬라는 자율주행 기술뿐 아니라 산업 전체를 주도하고 있다고 해도 과언이 아닙니다. 그 이유는 크게 세 가지로 정리할 수 있습니다. 첫째, 자신감입니다. 테슬라의 FSDFull Self-Driving 기술은 이미 미국 전역에서 상용화된 기술입니다. 실제로 운전석에 앉아보니 따로 경로를 찾을 필요가 없어서 기존의 운전에 비해 긴장감이 훨씬 덜하고 손발도 자유로웠습니다. 시운전에 필요한 조건도 까다롭지 않았습니다. 꼭 미국 면허증이 아니더라도 면허증만 있으면 상관없었고, 운전 경력을 따로 묻지도 않았습니다. 직원이 동행하지도 않고 시간 제한도 없이 일반도로와 고속도로를 모두 주행할 수 있었는데, 그만큼 자사 기술의 안전성에 대해 자신감을 갖고 있다는 점이 느껴졌습니다.

둘째, 친숙함입니다. 미국 탐방에서 만난 우버 드라이버 10명 중 일곱 명이 테슬라 차량을 이용하고 있었는데요. 그들에게 FSD 경험에 대해 묻자 '자주 사용한다', '편리함을 많이 느낀다', '어떨 때는 나보다 운전을 더 잘한다' 등 우호적인 평가가 대부분이었습니다. 미국 현지에서는 특별히 새롭게 느끼지 않을 정도로 자율주행차는 이미 익숙한 일상이 되어버린 듯했습니다. 아직 한국에서는 경험해보지 못한 기술이기에 그 친숙함이 놀라울 뿐이었죠.

셋째, 경쟁 회사들의 인정입니다. 현지에서 만난 자율주행 관련 회사들은 하나같이 테슬라를 '가장 견제되는 기업' 또는 '산업을 주도하는 기업'으로 여기고 있었습니다. 우리가 현지에서 만난 기업들은 대부분 테슬라와 직접적으로 얽혀 있지 않은, 즉 테슬라가 매출을 낸다고 해서 자사가 직접적으로 이득을 얻을 게 없는 곳들이었는데요. 그럼에도 다들 "테슬라의 주도로 자율주행차 시장이 커져야 우리도 그 안에서 먹거리를 찾을 수 있다."라고 생각하고 있었습니다. 그만큼 테슬라가 명실상부 자율주행 기술을 주도하는 기업이라는 걸 재차 확인할 수 있었습니다.

FSD를 이용해 운전하는 모습:
손과 발이 자유롭다

실리콘밸리에서 만난 우버 택시의 대다수가
테슬라 차량이었다

웨이모의 비전은 테슬라와 다르다

알파벳의 자회사인 웨이모는 '레벨 4'의 자율주행 기술을 구현해낸 회사입니다. '레벨 4'란 말 그대로 운전자의 개입 없이 차량이 스스로 판단하고 움직이는, 현존하는 최고 수준의 자율주행 기술을 뜻하죠. 카카오택시처럼 호출 앱 웨이모 원을 이용해 웨이모 택시의 승객이 되어 보았습니다. 사람 없는 택시가 와서 앞에 알아서 서고 목적지까지 데려다주는 경험은 테슬라 자율주행차를 운전하는 것 못지않게 인상적이었습니다.

참고로 테슬라와 웨이모가 제시하는 미래 자율주행의 모습은 약간의 차이가 있습니다. 웨이모는 자율주행 기술을 기반으로, 차를 소유하던 것에서 벗어나 '공유'하는 미래를 꿈꾸고 있습니다. 반면 테슬라는 개인이 자율주행차를 소유하되, 차를 이용하지 않을 때는 스스로 움직이며 우버 차량처럼 나에게 수익을 가져다주는 미래를 상상합니다.

사업 내용에서도 차이가 있는데요. 테슬라는 완성차를 만드는 회사이므로 구현하고 싶은 모습 그대로 자율주행 차량을 제작할 수 있지만, 웨이모는 완성차 회사와의 파트너십을 통해서만 자율주행 기술을 구현할 수 있습니다. 우리가 탄 무인택시는 재규어 차량이었는데요. 2024년 현대차와의 제휴를 발표한 웨이모는 아이오닉 차량을 통해 자율주행 기술을 고도화할 계획입니다. 이러한 자율주행 기술 회사와 완성차 회사 사이의 협업은 반도체 설계업체(팹리스)와 생산업체(파운드리) 사이의 관계를 떠올리게 합니다.

자율주행차용 반도체 설계 기업에 주목해야 한다

자율주행 기술이 구현되려면 다양한 반도체가 필요합니다. [•] 전력용 반도체, 주행용 반도체, 주변 인식용 반도체 등 역할에 따라 여러 종류의 칩이 있습니다. 예를 들어 우리가 방문한 암바렐라와 에바는 주위 풍경을 감지하는 데 필요한 특수 반도체를 설계하는 회사입니다.

> **● 자율주행에서 반도체의 역할**
> 자율주행차에는 카메라, 라이다, 레이더 등 여러 종류의 하드웨어 부품(센서)이 쓰인다. 반도체는 이러한 센서들이 데이터를 처리하고 통신하는 데 필요한 핵심 부품이다. 또한 테슬라 FSD와 같은 자율주행 시스템이 작동하기 위해서는 AI 처리 칩, GPU와 같은 고성능 반도체 칩이 필수다. 테슬라는 자율주행 차량의 계산 작업을 처리하기 위해 자사에서 설계한 고성능 반도체를 사용한다.

두 회사는 같은 분야에 있지만 주력으로 하는 사업이 조금 다른데요. 암바렐라는 주로 자율주행용 AI 반도체와 소프트웨어에 개발에, 에바는 라이다 센서를 중심으로 한 차세대 인식 하드웨어에 강점을 가지고 있습니다. 한마디로 암바렐라가 자율주행차의 두뇌를 담당한다면 에바는 자율주행차의 눈을 담당한다고 볼 수 있는 것이죠.

이렇게 기업 방문을 통해 IR 담당자와 CFO, 그 외 여러 부서 임원들과 얘기를 나누면서 자율주행의 세부 기술 그리고 자율주행 기술의 수요 현황과 산업 내 경쟁 구도 및 미래 발전 가능성 등에 대해 폭넓게 배울 수 있었습니다.

암바렐라와 에바는 어떤 회사인가

구분	암바렐라	에바
주력 사업	'AI Vision Processor'(AI 영상 처리와 관련된 시스템 반도체)	'Perception with 4D 라이다 센서'(거리, 방향, 높이와 속도를 동시에 인지하는 라이다)
장점	• 고성능 저전력 설계(Edge) • 레벨 2에서 레벨 4 수준의 자율주행까지 지원 가능	• 장거리 감지, 고해상도, 저전력, 소형화

자율주행 산업 투자 시
알아야 할 핵심 포인트

우리가 만난 기업들 중에는 테슬라와 협력 관계를 맺지 못한 곳도 있었습니다. 이들은 중국이나 유럽의 자율주행차 기업(완성차)의 파트너로서 성장을 도모하고 있었는데요. 하지만 시장성을 놓고 봤을 때 이들 회사의 약점은 뚜렷했습니다. 첫째, 중국과 유럽은 미국에 비해 상용화가 뒤처져 있습니다. 둘째, 테슬라와 알파벳 등 선두주자들의 자체 반도체 개발 역량이 우수해서 그 틈을 비집고 들어가기가 어렵다는 점입니다.

그런데 역으로, 상용화가 많이 진행된 미국에서 시장점유율이 높은 회사, 자체 개발 역량이 우수한 선두주자들도 여전히 필요로 하는 반도체를 공급하는 회사라면 시장에서 경쟁력이 있을 것입니다. 예를 들어 테슬라가 '레벨 2 시장'(부분 자율주행 기술이 적용된 차량 시장)에서 50%(2024년 기준) 수준의 점유율을 차지하고 있다는 걸 미팅을 통해 확인할 수 있었는데요. 테슬라는 자율주행 기술을 구현하는 데 있어 가장 중요한 시스템 반도체를 자체적으로 설계하여 사용하고 있습니다. 또한 주요 자율주행차 회사들이 필요로 하는 GPU를 공급하고 있는 엔비디아의 경쟁력도 새삼 실감할 수 있었습니다.

자율주행차의 등장이
갖는 의미

이 산업의 시장성과 투자 가치를 구체적으로 살펴보기 전에 원론적인 이야기를 먼저 해보겠습니다. 우리는 왜 자율주행차에 주목해야 하는 걸까요? 자율주행차를 통해 우리는 어떤 불편을 해소할 수 있을까요? 이 두 가지 물음에 답하기 위해서는 자율주행차의 등장이 갖는 의미에 대해 좀 더 자세히 알아볼 필요가 있습니다.

5,000년 탈것의 역사, 드디어 운전자가 자유로워진다

사람의 이동을 돕는 '탈것의 역사'는 무려 5,000여 년에 달합니다. 수레와 말이 끄는 마차, 기차 등을 지나 지금의 자율주행까지 이어져왔는데요. 탈것의 필수 요소 두 가지는 '동력'과 '운전자'입니다. 동력의 원천은 인간과 동물에서부터 증기, 내연기관, 전기, 수소, 신재생 에너지에 이르기까지 거듭 변화해왔습니다.

반면 그 오랜 시간 '운전자'에는 변화가 없었죠. 그러나 이제 자율주행의 시대가 시작되면서 드디어 운전자가 사라지고 승객만 남는 '혁명적 전환'이 일어나고 있습니다. 즉, 자율주행은 탈것의 역사에서 오랫동안 운전자에게 부과되던 불편함을 해소해주는 기술인 것입니다.

운전자의 피로 해소와 판단 오류를 제거해준다

자율주행이 해소해줄 불편은 크게 두 가지입니다. 첫째, 운전자의 피로를 크게 감소시킵니다. 운전자는 장거리 주행이나 차가 막힐 때 특히 심한 스트레스를 받곤 하는데요. 자율주행차는 자동으로 경로 설정, 속도 조절, 장애물 회피 등을 수행하므로 운전자의 정신적 부담이 줄어듭니다. 덕분에 운전자는 이동하는 동안 휴식, 업무, 기타 활동에 집중할 수 있는 여분의 시간을 얻게 됩니다.

둘째, 운전자의 판단 오류로 인한 사고 위험을 최소화합니다. 많은 교통사고가 운전자의 피로, 졸음, 주의력 분산 등으로 발생한다는 사실은 이미 잘 알려져 있죠. 자율주행 시스템은 일관된 주행 패턴과 정확한 판단으로 안전성을 높입니다. 또한 긴급 상황에서도 인간보다 신속한 반응이 가능해 사고 방지 효과가 큽니다. 특히 노인 인구가 늘어날수록 이러한 효과는 더욱 커질 것으로 기대됩니다. 결론적으로 자율주행차는 운전자에게 신체적·정신적 자유를 제공하며, 동시에 교통사고 피해를 예방해 안전성을 높여줄 거라는 기대를 받고 있습니다.

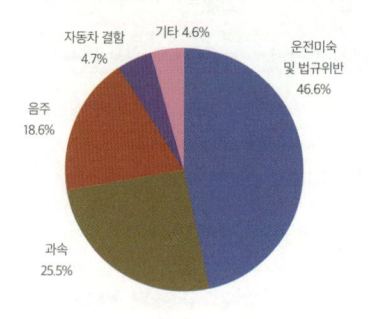

교통사고의 원인은 대부분
차량 결함보다는 운전자의 실수에서 비롯된다

기타 4.6%

자동차 결함
4.7%

운전미숙
및 법규위반
46.6%

음주
18.6%

과속
25.5%

출처: 도로교통공단, 토스증권

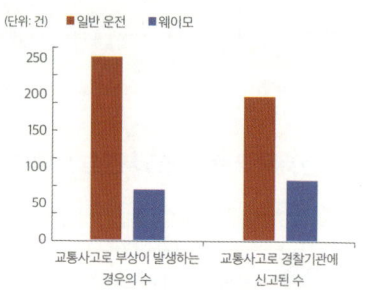

웨이모는 자율주행이 사고를 줄여준다고 본다
(2,500만 마일당 사고 발생 건수)

(단위: 건) ■ 일반 운전 ■ 웨이모

교통사고로 부상이 발생하는
경우의 수

교통사고로 경찰기관에
신고된 수

출처: 블룸버그(2024), 토스증권

자율주행의 상용화와 함께
미래를 바꿀 기술들

자율주행 기술의 핵심 요소 세 가지는 인지, 판단, 제어입니다. 인지 단계에서는 카메라, 라이다, 레이더와 같은 센서가 주위 환경에 대한 정보를 수집하고 분석합니다. 쉽게 말해 신호등이 무슨 색인지 인지하는 단계죠. 판단 단계에서는 인식 정보를 바탕으로 무엇을 할지 결정합니다. 즉, 신호등이 빨간불일 때는 멈춰야 한다고 판단합니다. 마지막으로 브레이크를 밟아 차량을 정지시키는 것이 제어입니다. 자율주행에서는 이 3단계가 연속적, 반복적으로 이루어지는데요. 이제부터 각 기술에 대해 좀 더 구체적으로 살펴보겠습니다.

인지: 주변 정보를 수집하는 기술

자율주행 기술에서 말하는 인지는 주변 차량과 차선을 인지하는 것, 근처의 차량 혹은 사람과의 거리를 측정하는 것, 다른 차량의 속도를 추정하는 것 등을 의미합니다. 자율주행차에서 인지 역할을 하는 하드웨어(부품)는 사람의 감각기관과 유사한 역할을 하기에 센서(감지기)라고도 불리는데, 주요 인지 방법에 따라 다양한 하드웨어가 있습니다.

예를 들어 카메라는 색상이나 글자 같은 시각적 정보에 특화되어 있습니다. 다만 주위가 어둡거나 기상환경이 좋지 않으면 활용도가 떨어집니다. 반면 라이다는 정밀도가 높아 정확한 식별이 가능하지만 가격이 비싸고요. 레이더는 카메라와 라이다가 가진 단점을 보완할 수 있습니다. 기상환경의 영향을 덜 받고 가격 또한 라이다의 10% 수준이죠. 다만 정밀도가 낮은 것이 단점입니다. 각 하드웨어의 특성을 정리하면 아래와 같습니다.

센서는 차량의 다양한 위치에 배치됩니다. 차량의 인지 능력을 높이기 위해 가장 적합하다고 판단하는 센서 하나만 사용하기도 하고(단일

자율주행차 부품들의 인지 방법과 사람의 감각 기관 비교

자율주행차	사람	하는 역할
카메라	시각	차선, 보행자, 표지판 등의 시각적 정보를 수집
라이다	시각+촉각	레이저를 사용해 주변의 3D 형상과 거리를 측정
레이더	청각+촉각	전자기파를 사용해 주변의 속도와 거리를 측정
초음파	청각+촉각	근거리의 장애물을 감지
GPS	방향 감각	차량의 위치 정보 제공

차량에 배치되는 센서 위치

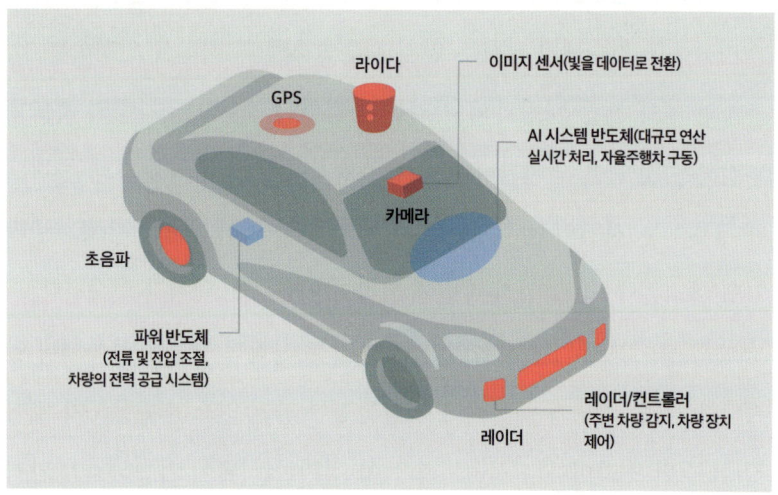

센서), 여러 종류의 센서를 같이 쓰기도 합니다(복합 센서).

테슬라는 단일 센서로, 카메라를 주력으로 삼습니다. 자율주행 개발 초반에는 레이더와 초음파 센서(청각+촉각)를 사용했지만, 2021년 이후 북미 지역에서 판매되는 모델 3와 모델 Y에서는 레이더 센서를 제거하기 시작했습니다. 현재는 카메라 단일 센서(시각) 기반 시스템으로 모두 전환한 상태인데요. 인간 운전자도 눈으로 도로 상황을 인식하는 만큼 자율주행차도 시각 센서를 쓰는 게 자연스럽다는 입장입니다. 테슬라 차량에는 여덟 대의 카메라가 장착되어 있고, 이는 360도 시야를 제공하는 것으로 알려져 있습니다.

반면 웨이모는 라이다, 레이더, 카메라를 복합적으로 사용합니다. 웨이모 6세대는 카메라 13개와 라이다 네 개를 사용하면서 레이더 센서도 함께 쓰는 것으로 알려져 있습니다. 웨이모(레벨 4)가 테슬라(레벨

2)에 비해 더 높은 수준의 자율주행을 지향하는 만큼 다양한 종류의 센서가 필요하기 때문입니다. 그래서인지 테슬라 차량을 탈 때만 해도 카메라 탑재 유무가 의식되지 않았는데, 웨이모 차량을 탈 때는 확실히 '뭔가 많이 달려 있구나'라는 생각이 들 정도로 차이가 컸습니다.

테슬라 차량: 카메라가 눈에 잘 띄지 않는다

웨이모 차량: 여러 가지 센서가 달려 있다

판단: 주어진 환경에서 적절한 행동을 선택하는 기술

자율주행의 판단 기술은 인간의 두뇌가 하는 일과 비슷한데요. '판단 기술'이라고 하면 앞서 말씀드린 인지 기술을 구현해 데이터를 모으는 하드웨어(카메라, 라이다, 레이더 등)와 데이터 처리를 위한 소프트웨어를 합쳐놓은 시스템을 의미합니다.

판단 기술을 개발하는 주요 기업으로는 엔비디아, 퀄컴, 모빌아이, 테슬라 등이 있습니다. 엔비디아가 반도체 칩을 설계하고 생산해 완성차에 공급한다면 테슬라는 자사 완성차에 사용할 칩을 자체적으로 생산합니다. 판단 기술은 크게 ADAS와 FSD로 나뉩니다. 쉽게 말해 ADAS가 정해진 규칙대로Rule-Based 운전하는 기술이라면, FSD는 수집한 데이터대로Data Driven 운전하는 기술입니다.•

● 자율주행 판단 기술의 주요 시스템

ADAS Advanced Driver Assistance System
자율주행의 초기 단계로, 특정 주행 상황에서만 운전자를 지원하는 시스템. 주행 중에 차선을 밟지 않도록 돕는다거나, 자동으로 긴급 제동을 거는 등의 기능이 포함된다. 운전자의 보조 역할이 목표이기 때문에 차량 통제권은 운전자에게 있다.

FSD Full Self Driving
ADAS에 비해 발전된 자율주행 시스템. 두 가지 키워드로 요약하자면 '실시간'과 '스스로 분석'이다. 테슬라 차량이 복잡한 도로를 주행할 때 스스로 판단하고 행동하는 기능이 바로 FSD 다. 따라서 FSD는 레벨 4~5 수준의 자율주행을 목표로 한다.

● 자율주행 기술의 레벨별 차이

레벨 0(완전 수동운전)에서 레벨 5(완전 자율주행)까지 총 6단계로 구분된다. 미국과 중국 일부 도시에서는 제한적으로 레벨 4를 허용하고 있지만 한국, 일본, 싱가포르 등에서는 레벨 4가 허용되지 않는다. 이처럼 자율주행 기술의 허용 및 상용화 정도는 국가와 지역에 따라 차이가 있다.

레벨 0	레벨 1	레벨 2	레벨 3	레벨 4	레벨 5
완전 수동운전	한 가지 기능 자동화	두 가지 이상 기능 자동화	조건부 자율주행	고도 자율주행	완전 자율주행
	차선만 조절	차선, 속도 동시 조절	특정 상황에서 차량이 주행	특정 조건에서 완전 자율주행	
		테슬라 오토파일럿, GM 슈퍼 크루즈		웨이모	
운전자가 항상 제어 및 개입			일부 상황에서 운전자 개입		운전자 없음
운전자 사고 책임			제조사에 사고 책임 전가 가능성		

출처: 국제자동차기술자협회SAE International, 토스증권

제어: 판단 단계에서 결정한 내용을 차량 동작으로 이행하는 기술

제어는 인간의 신체에 비유하면 손발이나 팔다리를 움직이는 것입니다. 실제로 브레이크를 작동시켜 속도를 줄이거나 멈추고(종방향 제어), 경로 계획에 따라 핸들을 돌리는 것(횡방향 제어) 등이 제어에 해당합니다.

자율주행 기술이 불러올
변화와 시장성

자율주행차가 상용화되면 어떤 산업 그리고 기업들이 수혜를 받게 될까요? 가장 먼저 자율주행차를 제조하는 자동차 회사와 자율주행차에 들어가는 부품을 만들어 공급하는 반도체 회사일 것입니다. 하지만 자율주행은 자동차 산업을 넘어 사람들의 일상적인 시간 및 공간 활용에까지 근본적인 변화를 가져올 수 있는 기술입니다. 그만큼 다양한 산업이 재편되리라 보는데요. 자율주행차가 어떤 산업에 영향을 미칠지, 그 과정에서 어떤 투자 기회를 찾을 수 있을지 살펴보겠습니다.

산업의 변화

향후 자동차 제조업에도 소프트웨어 중심의 수익모델이 등장할 것으로 보입니다. 그동안 자동차 제조업체는 하드웨어가 중심이었습니다. 그러나 자율주행차는 기본적인 주행 프로그램은 물론이고 유지 및 보수, 구독형 서비스까지 소프트웨어 중심의 혁신을 제조업체에 요구하고 있죠. 이미 테슬라, 웨이모, GM 같은 기업들은 하드웨어를 미리 설치하고 소프트웨어 업그레이드로 자율주행 기능을 활성화하는 방식을 채택하고 있습니다.

또한 차량 공유가 확산되면서 자동차에 대한 구매 수요가 감소하리라 예상됩니다. 자율주행차가 상용화되고 우버, 리프트의 모빌리티 서비스가 24시간 운영되면 개인 차량을 소유할 필요성이 줄어듭니다. 따라서 필요할 때만 차량을 이용하는 공유경제 모델이 확대될 것입니다.

보험업에서는 자동차보험의 주요 수요층에 재편이 이루어질 전망입니다. 자율주행차가 도입되어 운전자의 책임이 줄어들면 개인 운전자 중심의 보험 수요는 줄어들게 되겠죠. 반면에 자율주행차 시스템의 오류에 따른 사고 발생 가능성이 높아지므로 제조회사가 드는 보험의 중요성이 더 커질 것으로 보입니다.

운송 및 물류업은 어떨까요? 자율주행차와 자율주행 드론이 물류업에서 본격적으로 활용되면 최종 배송 비용이 줄고, 창고 내 자동화가 이루어지면서 안전과 효율성이 향상됩니다. 무인 운송 서비스와 같이 새로운 사업자가 등장할 수도 있겠죠. 자율주행차가 상용화되면 무인 택시나 무인버스가 운송 서비스의 상당 부분을 차지하리라 전망됩니다. 운송업 비용 구조에서 인건비가 차지하는 비중은 30~50%에 달합니다. 무인 운송을 채택하면 인건비를 절감할 수 있고, 사고나 범죄 발생에 따른 비용도 줄일 수 있죠. 결론적으로 승객에게 더 저렴한 요금으로 서비스를 제공할 수 있게 됩니다.

모바일 미디어, 엔터테인먼트 등 이동형 산업은 지금보다 더 성장할 것입니다. 자율주행차 내부에서 스트리밍, 게임, VR/AR 콘텐츠 소비가 늘어날 수 있을 테니까요. 또한 이동 중 원격 근무가 가능해짐에 따라 클라우드 기반 생산성 도구의 수요도 확대될 것입니다.

교통과 인프라의 변화

교통 및 인프라 분야에서 가장 눈여겨봐야 할 점은 바로 연료 소비 및 가스 배출량의 감소입니다. 자율주행차는 차량 간 연결을 통해 도로의 효율성을 높이고 교통 혼잡을 완화할 수 있습니다. 교통 흐름이 최적화되는 만큼 급정거, 끼어들기, 교통 체증이 줄어들어 연료 소비와 가스 배출을 줄일 수 있을 것으로 보입니다. 또한 자율주행차 보급으로 도심 내 주차 공간의 필요성이 줄어들면 이곳을 공원이나 상업 공간 또는 주거 공간으로 재개발할 수도 있습니다.

노동시장의 변화

자율주행차의 도입으로 택시, 버스, 화물 운전기사 등 기존 직업의 수요는 줄어들 것입니다. 하지만 자율주행차의 운행 고도화 및 사고 예방을 위한 데이터 분석이 중요해질 것으로 보입니다. 전통적인 차량 정비 업무 역시 변화해 센서 교정, 소프트웨어 점검 등을 담당하는 자율주행차 유지보수 전문가가 새로운 직업으로 등장할 수 있습니다.

자율주행 기술이
극복해야 할 리스크들

아무리 혁신적인 기술이라고 해도 기술적 안전성과 정보보안 등의 문제가 해결되지 않는다면 결코 상용화될 수 없겠지요. 자율주행 기술 역시 지금보다 더 높은 레벨의 상용화를 위해서는 기술, 책임, 정보보안 그리고 제도 리스크를 극복해나가야 합니다.

기술 리스크

자율주행 기술의 가장 큰 리스크는 주행 중 사고와 안정성 문제입니다. 인지, 판단, 제어와 같은 자율주행차의 기능이나 AI의 데이터 학습 능력이 완벽하지 않아 불안하다는 지적이죠. 이에 대해 테슬라와 웨이모 두 회사는 사고 관련 데이터와 연구 논문을 꾸준히 발표하면서 자율주행이 사고를 줄여주는 안전한 기술임을 증명하기 위해 노력하고 있습니다.

책임 리스크

자율주행차가 사고를 일으킬 경우 누구에게 책임을 물을지에 대한 법적 체계는 아직 확립되지 않았습니다. 이 말인즉, 제조사, 소프트웨어 개발사, 차량 소유자 사이에서 책임 소재를 놓고 갈등이 생길 수 있다는 얘기죠. 이는 자율주행차 상용화를 위해 반드시 해결해야 할 쟁점입니다.

정보보안 리스크

오늘날은 산업 전반에 걸쳐 보인 문제가 핵심 변수라 해도 과언이 아닌데요. 자율주행 역시 보안이 안전이자 산업 경쟁력에 해당합니다. 특히 차량은 실시간 데이터에 따라 운행되기 때문에 위치 정보를 비롯해서 누적된 이동 패턴과 영상 정보 등 개인 정보가 침해당하면 사생활 침해를 비롯한 심각한 리스크로 이어질 수 있습니다.

제도 리스크

과학자들은 자율주행 기술 자체만 놓고 보면 사실상 이미 레벨 5에 이르렀다고 이야기합니다. 문제는 사회가 이 기술을 받아들일 수 있느냐입니다. 운전자가 없다는 것에 아직 거부감을 느끼는 소비자들이 적지 않고, 규제기관들 역시 기술의 안전성이 충분히 입증되어 대중의 신뢰를 얻기 전까지는 결정을 늦출 확률이 높습니다. 이처럼 제도적 준비가 철저히 뒷받침되지 않으면 사실상 상용화가 어렵고, 기업 입장에서는 비용이 커질 수 있습니다.

그런 까닭에 2025년 12월 현재, 미국에서는 자율주행 관련 규제 완화에 대해 트럼프 정부가 지속적으로 힘을 싣고 있는 모양새입니다. 연방기관인 도로교통안전국NHTSA은 연방 안전기준FMVSS을 운전대나 페달이 없는 자율주행차까지 고려하여 수정하려는 중이고, 테스트 및 상용목적으로 자율주행차를 운행할 수 있는 프로그램을 확대하기도 했죠. 연방 차원에서의 움직임을 통해 미국은 자율주행 세상에 한 발짝 더 가까워지고 있는 상황입니다.

투자의 확신을 얻은 기술 2: 메타버스

가상현실VR 기기가 처음 나왔을 때를 기억하시나요? 고글 형태의 기기를 착용하면 현실을 벗어나 새로운 세상으로 갈 수 있다는 광고는 많은 사람의 마음을 사로잡았습니다. 비싼 가격이었지만 얼리어답디들의 지갑을 열기에는 충분했죠. 하지만 뚜껑을 열어보니 현실은 무척 달랐습니다. 광고처럼 새로운 세상으로 갈 수도 없었을뿐더러, 무엇보다 낮은 해상도에 따른 어지러움과 두통이 문제가 되었습니다.

그렇게 잠시 암흑기에 빠졌던 VR 산업은 2021년을 기점으로 메타버스 산업의 성장성에 대한 시장의 기대감이 급격히 커지면서 다시금 혁신의 주인공으로 떠올랐습니다. 그만큼 관련 기술도 진보했고요. 이번 실리콘밸리 탐방에서 애플과 메타를 방문해 최신 VR 제품들을 직접 착용해보았는데요. 전원을 켜는 순간 감탄사가 절로 나왔습니다. 애플 비전프로Vision Pro의 공룡 콘텐츠는 30년 전 영화 〈쥐라기 공원〉을 처음 봤을 때의 감동을 떠올리게 했습니다. 화면 속 공룡이 너무 선명해 정말 눈앞에 와 있는 듯한 느낌을 받았거든요. 농구 콘텐츠도 바로 눈앞에서 덩크슛을 넣는 것처럼 생생했습니다. 가벼운 무게와 착용감에서 오는 편의성도 몇 년 전 과거 제품과는 비교할 수 없는 수준이었습니다.

애플 외에도 가상현실 제품을 만드는 기업, 가상현실 콘텐츠 및 소프트웨어를 개발하는 기업 IR팀과 대화를 나누면서 가까운 미래에 메타버스가 만들어갈 세상에 대해 생각해볼 수 있었는데요. 메타버스 기술이 어떻게 진화할지, 타 산업에는 어떤 영향을 미칠지 등에 대한 인사이트도 함께 얻을 수 있는 시간이었습니다.

메타버스 기술 발전이 기대만큼 빠르지 않다는 우려의 목소리도 분명 있습니다. 하지만 실리콘밸리를 직접 돌아보면서, 장기적 관점에서는 메타버스가 세상의 변화를 주도할 산업이라는 생각을 갖게 되었습니다. 그만큼 투자 기회도 많아질 테고요. 지금부터는 메타버스의 개념을 비롯해 메타버스 산업의 현주소, 그리고 그것이 미래 산업에 미칠 영향에 대해 구체적으로 설명해드리겠습니다.

메타버스란
무엇인가

메타버스Metaverse는 '메타'Meta와 '유니버스'Universe의 합성어입니다. '현실을 초월한 현실'과 '다른 차원의 세계'라는 뜻으로 해석할 수 있죠. 더 쉽게 이해하려면 디지털과 현실의 공간이 결합된 세계 또는 온라인에서 펼쳐지는 가상세계로 생각하시면 됩니다. 메타버스에서는 가상의 경험을 실제처럼 느낄 수 있고 이를 타인에게 공유할 수도 있습니다. 가상공간에서 친구와 대화를 하고 게임을 즐기거나 공연을 보는 것 또한 가능합니다.

이러한 가상공간을 만드는 기술은 VR과 AR, 그리고 MR로 나눠볼 수 있습니다. 먼저 VR Virtual Reality은 '가상현실'을 의미합니다. 가상의 3D 환경에 사용자가 몰입하게 만드는 기술로, VR 기기를 착용하면 현실 세계와 분리된 가상 환경으로 들어간 듯한 경험을 하게 됩니다. 예를 들어 고글 하나만 쓰고도 절벽을 걷거나 롤러코스터를 타는 경험을 할 수 있지요.

AR Augment Reality은 '증강현실'을 의미합니다. 현실 세계에 디지털 정보가 더해지는 방식으로, 실제 공간에 가상의 요소가 겹쳐 보이는 경우가 대부분입니다. 우리가 잘 아는 지도 길 찾기, 게임 '포켓몬 Go' 등에 이 기술이 적용되었습니다.

MR Mixed Reality은 '혼합현실'을 의미합니다. 가상과 현실이 상호작용하며 결합된 상태라 할 수 있는데요. VR과 AR의 혼합이지만 AR의 진화된 형태로도 볼 수 있습니다. 가상의 대상을 현실의 환경에서 볼 수 있고, 상호 소통할 수도 있습니다.

그렇다면 메타버스에는 어떤 기술이 필요할까요? 메타버스는 가상 공간에서 다양한 활동을 하는 통합적 디지털 환경입니다. 따라서 여러 산업의 융합이 필수인데요. 메타버스 산업이 커지려면 아래 표에 나오는 기술들이 상호 보완적으로 발전해야 합니다. 아울러 메타버스는 개방형 기술과의 협업을 기반으로 할 때 더욱 확장될 것입니다.

메타버스에 필요한 주요 기술 네 가지

기술	목적과 역할
네트워킹 Networking	• 초고속 데이터 전송: 고화질 그래픽과 3D 모델의 실시간 상호작용을 위해 필요하다 • 분산 네트워크: 수많은 사람의 동시 접속을 수용한다 • 에지 컴퓨팅Edge Computing: 데이터가 생성되는 사용자 근처에서 데이터를 처리한다
컴퓨팅 Computing	• 복잡한 연산 처리(고성능 GPU): 방대한 데이터를 실시간으로 처리한다 • 고화질 그래픽: 몰입감 높은 환경을 구현한다
가상세계 엔진 Virtual World Engine	• 디지털 트윈: 현실 세계의 데이터를 가상에 반영한다 • 3D 모델링(렌더링): 가상세계에서 시각적인 요소를 3D 형태로 표현한다 • 모션 캡처: 손짓과 몸짓, 표정 등을 정확하게 반영한다 • 햅틱 기술: 사물을 만질 때 진동이나 저항을 통해 촉감을 제공한다
블록체인 Blockchain	• 분산형 구조: 디지털 자산 소유자를 확인하고 안전한 자산 이동을 돕는다

이는 과거 PC 및 스마트폰 산업의 성장 방식과 뚜렷한 차이를 보여주는데요. 윈도우를 보유한 마이크로소프트와 안드로이드를 보유한 구글을 떠올리면 쉽게 이해할 수 있습니다. 이들은 자신들만의 고유한

OS를 중심으로 하드웨어, 소프트웨어, 앱 등을 연결해서 시장 지배력을 강화했었죠. 하지만 메타버스 산업은 다양한 기업과 플랫폼이 같은 언어와 같은 시스템을 사용하는 게 좋습니다. 현실과 가상·증강·혼합 장치를 통합적으로 연결하고, 이 안에 각기 서로 다른 형태의 콘텐츠와 앱을 담아내야 하기 때문이죠.

따라서 각 회사의 독립적이고 폐쇄적인 OS 환경보다는 여러 기기와 서비스가 쉽게 연동되는 오픈소스 형태로 기술이 발전할 가능성이 높고, 이미 그런 방향으로 진행되고 있습니다.

누구나 쓸 수 있도록 공개된 오픈소스 환경에서는 콘텐츠 제작 개발자가 더욱 창의성을 발휘할 수 있습니다. 또한 기업들은 OS 주도권을 갖기 위한 경쟁보다 협업을 통한 '생태계 구축'에 주력하게 되죠. 독점과 경쟁이 아닌 상호 협력이 중시되면 이것이 곧 메타버스 산업의 빠른 성장과 기술 혁신으로 이어질 수 있습니다.

물론 아무리 그렇더라도 메타버스 기술 표준화는 필요합니다. 시장 참여자들의 공통 규칙이 있어야 통합 시스템이 효율적으로 작동할 수 있기 때문입니다. 당연히 기업들은 자사에 유리한 쪽으로 표준화하고자 애쓰겠지요. 지금은 iOS와 안드로이드가 대결하는 스마트폰 경쟁 구도처럼 애플과 그 외 기업(메타, 마이크로소프트 등)들이 경쟁하는 구도가 형성되어 있습니다.

메타버스 표준 비교

구분	주요 내용	참여 기업
메타버스 표준 포럼 Metaverse Standards Forum	• 메타버스의 호환성 확보를 위한 개방형 기술 표준 개발 • 다양한 플랫폼 간 호환성 증대와 산업 전반의 협력 촉진 • 기업 간 이해관계 조율이 어려워 표준 제정 과정이 복잡	메타, 마이크로소프트, 엔비디아, 퀄컴, 어도비, 소니 등
애플	• 애플 하드웨어와 소프트웨어 통합을 통한 독자 생태계 구축 • HW/SW 최적화, 일관된 사용자 경험, 보안 및 품질 관리 편리 • 폐쇄적 생태계로 타 플랫폼과 호환성 문제, 확장성 제한적	애플

어떤 기업들이
메타버스에 주목하고 있을까

그렇다면 어떤 기업들이 메타버스 산업에 주목하고 있을까요? 가장 먼저 메타를 꼽을 수 있습니다. 페이스북이라는 기존 이름을 버리고 사명을 바꿀 만큼 이들은 메타버스 사업에 매우 적극적입니다. 사명 변경이후 VR 게임 개발사, 플랫폼, 기기 제작업체들을 인수합병하는 전략을 펼치며 사업을 확장해왔는데요. 2023년에는 VR 기기인 메타퀘스트 3를 출시하기도 했습니다. 메타 내 메타버스 사업을 담당하는 리얼리티랩Reality Lab은 가상현실 기기 제작은 물론, 플랫폼과 생태계 구축을 주도하고 있고요. 2024년 9월에는 AR 스마트 안경인 오라이언Orion을 공개하기도 했습니다.

엔비디아 역시 여기서 빠질 수 없습니다. 엔비디아는 GPU 산업의 절대 강자입니다. 사실 GPU는 AI 산업뿐 아니라 메타버스 서비스 구현에도 매우 중요한 요소인데요. 선명도 높은 그래픽을 구현하는 데 고성능 GPU가 필수적이기 때문입니다. 또한 엔비디아는 플랫폼을 제공하는 형태로도 메타버스 산업에 참여하고 있습니다. 대표적으로 3D 디자인 및 시뮬레이션을 위한 협업 플랫폼인 옴니버스Omniverse가 있습니다. 이 플랫폼을 이용하면 가상공간에서도 실제처럼 각종 실험을 하고 시뮬레이션이 가능합니다.

마이크로소프트는 2019년 혼합현실 기기 홀로렌즈 2HoloLens 2를 출시했고 가상현실 플랫폼인 메쉬Mesh도 제공하고 있습니다. 메쉬는 기업용 커뮤니케이션 서비스 팀즈Teams와 연결해 가상공간에서 아바타로 회의를 하고 교육을 받을 수 있게 도와주는 플랫폼입니다. 이뿐만 아니라 마이크로소프트는 2014년 마인크래프트 제작사 모장Mojang을 인수한 후 메타버스 게임 개발에도 매진하고 있습니다.

알파벳(구글)은 2011년 구글 글래스를 출시한 후, 구글 지도 위에 실제 모습이 표시되게 하는 등 증강현실 부문에서 많은 시도를 했습니다. 구글 역시 자체 개발과 M&A를 통한 사업 확장을 병행하고 있는데요. 2020년에 스마트 안경업체 노스North를 인수했고, 2022년엔 가상현실 기기 화면 구현에 필요한 마이크로 LED 전문기업 랙시엄Raxium을 인수했습니다. 또한 AR 코어AR Core라는 개발 도구를 제공함으로써 개발자들이 AR 앱을 쉽게 만들 수 있도록 지원하고 있습니다.

애플은 메타버스 산업에서도 하드웨어와 소프트웨어를 통합한 애플

만의 독자 생태계 구축을 꿈꾸고 있습니다. 2024년에는 비전프로를 출시하면서 가상현실 기기 시장에도 본격 참여하는 모습입니다. 애플은 콘텐츠 제작과 확산에도 힘을 쏟고 있는데요. AR 키트와 같은 개발 도구를 통해 개발자들이 AR과 VR 콘텐츠를 제작할 수 있도록 돕고 있습니다.

메타와 애플에서 메타버스를 체험하다

앞서 이야기했듯이 우리는 이번에 메타와 애플을 방문했는데요. 이 두 회사에서 경험한 메타버스 기술은 기대 이상이었습니다. 메타 건물에 위치한 체험장에는 가상현실 기기 메타퀘스트가 종류별로 비치되어 있었습니다. 메타퀘스트 3를 쓰자 곧바로 놀라운 가상세계가 눈앞에 펼쳐졌습니다. 가상세계에서 절벽 위를 아슬아슬 조심스레 걷기도 하고, 팔을 휘저어 날아오는 블록을 부수기도 했는데요. 벽면에 도배된 광고 카피('Play together, Fun together, Feel together')처럼 메타의 VR 콘텐츠는 함께 소통하거나 몸을 움직이는 것들이 많았습니다.

레이밴Ray-Ban과 협업해 만든 선글라스 모양의 기기 '레이밴 메타 스마트 글래스'도 체험해봤습니다. 외관뿐 아니라 착용감 또한 선글라스와 구분이 어려울 정도로 비슷했습니다. 음악을 듣거나 눈앞에 보이는 모습 그대로 촬영하는 기능도 신기했지만 가장 흥미로웠던 기능은 번역과 통역이었습니다. 기기를 쓴 채 외국어를 읽거나 들으면 원하는 언어로 자동 번역(통역)이 되었습니다.

애플의 VR 기기 비전프로는 의자에 앉아서 체험했습니다. 메타 제품과 달리 사용에 앞서 몇 분간 여러 가지 사전 작업을 해야 했는데요.

먼저 사용자의 눈과 손의 움직임을 추적하기 위해 애플 ID로 로그인 후 눈의 위치, 손 움직임, 얼굴 형태 등 사용자의 신체 특징을 입력했습니다. 이 때문인지 메타 제품보다 더 섬세하고 정확하게 작동한다는 느낌을 받았습니다. 특정 지점을 바라보면 스크린이 뜨고 손가락을 살짝 움직이면 클릭이 되었습니다. 특히 정확도가 놀라웠는데, 여러 가지 콘텐츠를 체험하는 동안 별도의 컨트롤러 없이 손가락만으로 화면을 편하게 움직일 수 있었습니다.

두 제품 모두 고글 형태의 외관과 4K급의 고화질 화면으로 높은 몰입감을 느낄 수 있었습니다. 머리와 몸의 움직임을 정확히 인식해서 이를 가상 환경에 동일하게 구현해냈다는 점이 무척 놀랍더군요. 목과 얼굴에 가는 부담을 최소화하기 위해 디자인과 무게 분산에 신경을 많이 썼는지 착용감도 크게 불편하지 않았습니다.

메타버스 세상에 대한 메타와 애플의 다른 생각

체험을 하면서 두 기업이 메타버스를 어떻게 바라보고 있는지도 알 수 있었는데요. 메타의 기기와 콘텐츠는 소통 및 엔터테인먼트에 무게를 두는 반면, 애플은 일상에서 행하는 작업의 효율 및 생산성을 높이는 데 집중한다는 느낌을 받았습니다. 이 같은 차이는 두 회사가 가진 정체성과도 연관이 있는데요. 메타는 소셜 네트워크 서비스인 페이스북에서 시작해 인스타그램Instagram과 왓츠앱WhatsApp 등을 인수한 기업입니다. 이들은 회사 이름을 메타로 변경할 정도로 메타버스 성장 가능성을 높게 평가하고 있습니다. 즉, 사람들 사이의 연결과 소통이 현실을 넘어 가상공간에서도 이루어지리라 보고 있는 것이죠.

애플은 애플의 생태계라 할 수 있는 iOS를 중심으로 현실과 연결된 가상공간을 구현하고 있었는데요. 예를 들어 애플 VR/AR 기기인 비전 프로를 착용하고 애플 노트북을 연결하면 눈앞에 화면을 띄워놓고 작업할 수 있습니다. 문서 화면은 왼쪽, 멀티미디어 화면은 오른쪽에 띄우는 멀티태스킹 작업도 가능하게 되어 있죠. 애플은 가상현실뿐 아니라 실제 생활을 보완하는 증강현실에도 힘을 쏟는 모습이었습니다.

가장 주목할 만한 기술, 디지털 트윈

메타버스 산업에서 가장 핵심적이고 중요한 기술을 딱 하나만 고르라면 '디지털 트윈'Digital Twin을 꼽을 수 있습니다. 디지털 트윈은 현실의 물건이나 시스템을 가상세계에 복제하는 기술을 의미합니다.

메타버스에서는 현실의 모든 부분을 가상공간으로 옮겨야 하기 때문에 디지털 트윈은 없어서는 안 될 기술입니다. 가상세계가 현실처럼 느껴지려면 시각, 청각, 후각, 촉각 등 여러 측면에서 진짜 현실과 매우 가깝게 구현되어야 하며, 이를 위해서는 데이터 또한 실시간으로 반영되어야 합니다. 예를 들어 가상세계에서 자동차를 운전하려면 실제 모습과 최대한 비슷한 형태의 가상 자동차를 만들어야겠죠. 또한 이 자동차는 현실과 최대한 비슷하게 조작되고 움직여야 합니다. 이를 가능하

"메타와 애플의 VR은 모두 뛰어난 몰입감을 제공하지만,
메타는 소통·엔터테인먼트에,
애플은 생산성·일상 활용에 더 초점을 맞춥니다."

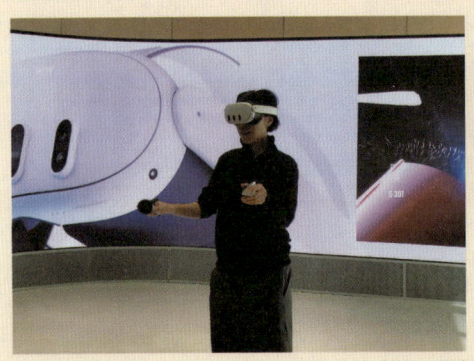

01 출처: 메타, 토스증권

01 가상현실 기기 메타퀘스트 3를 사용하고 있다
02 메타 직원과 제품 사용법에 대해 이야기하고 있다
03 애플의 가상현실 기기 비전프로
04 애플의 비전프로를 체험하고 있는 모습

04

03 출처: 애플, 토스증권

게 하는 기술이 바로 디지털 트윈입니다.

많은 기업이 디지털 트윈을 이용해 가상공간에 현실 같은 모습을 만들어놓고, 여기서 다양한 시뮬레이션을 시도하고 있는데요. 지멘스Siemens의 제조 및 공정 시뮬레이션을 지원하는 테크노매트릭스Techno-matrix, IBM의 물리적 자산관리를 지원하는 맥시모 애플리케이션 스위트Maximo Application Suite, 마이크로소프트의 시뮬레이션 결과 분석을 지원하는 애저 디지털 트윈Azure Digital Twins이 여기에 해당됩니다.

여기서도 특히 눈에 띄는 기업은 엔비디아입니다. 엔비디아는 디지털 트윈 개발에 필요한 플랫폼을 제공하는데요. 바로 앞서 이야기한 '옴니버스'입니다. 옴니버스 덕분에 개발자들은 가상공간에서 실시간으로 소통하면서 작업할 수 있습니다. 또한 엔비디아의 최신 그래픽 기술을 활용해 거의 현실에 가까운 수준의 그래픽도 구현할 수 있죠. 옴니버스를 통해 가상공간에서 시뮬레이션이 가능해지고, 기술이 점점 고도화되는 것입니다.

실제로 지멘스와 BMW 등은 엔비디아의 옴니버스를 통해 생산라인

옴니버스로 지멘스의 생산라인 공정을
실제에 가깝게 구현할 수 있다

출처: 엔비디아, 지멘스, 토스증권

옴니버스로 현대중공업의 선박 설계를
시뮬레이션할 수 있다

출처: 엔비디아, 현대중공업, 토스증권

설계와 구축을 시뮬레이션한 바 있습니다. 현대중공업은 선박 및 해양 구조물 설계를 가상공간에서 시뮬레이션함으로써 공정의 효율성을 높이기도 했습니다.

현실을 가상세계로 옮겨오는 기업, 유니티

메타버스가 보편화되려면 기기 보급이 늘어야 합니다. 그리고 기기가 많이 팔리기 위해서는 기기로 플레이할 수 있는 콘텐츠가 많이 만들어져야겠죠. 그래서 이번 출장에서 VR/AR 3D 콘텐츠 제작 툴을 제공하는 기업, 유니티도 방문했습니다. 유니티는 3D 콘텐츠, 게임개발 플랫폼 기업으로 많이 알려져 있지만 영화, 자동차, 건축, 제조 등 다양한 분야로 영역을 확대하고 있습니다.

그중에서도 BMW와 맺은 협업이 가장 주목할 만합니다. BMW는 자율주행 테스트의 95%를 유니티 기반 가상현실 공간에서 하고 있는데요. 가상현실을 이용하면 실제 도로에 버금가는 다양한 상황 설정이 가능하고 데이터 수집도 용이하다는 장점이 있습니다. 또한 자동차 외

유니티를 방문해서 핵심 관계자와 미팅을 했다

출처: 유니티, 토스증권

전시된 제품을 스마트폰에 장착하면 3D 경험을 할 수 있다

출처: 유니티, 토스증권

에 건축과 제조업 분야에서도 가상공간에서의 설계 및 시뮬레이션을 통해 제품 개발 주기를 단축하거나 생산 효율성을 높이는 작업을 활발히 진행하고 있습니다.

유니티 관계자와 이야기를 나누면서 유니티뿐 아니라 다수의 기업이 메타버스 시장 확대에 대비해 콘텐츠와 플랫폼뿐 아니라 여러 앱을 준비 중임을 확인할 수 있었습니다.

당장의 수익보다는
긴 호흡으로 봐야 할 메타버스 시장

몇 년 전, 메타버스 세상이 금방 올 것 같던 시기도 있었습니다. 구글은 안경처럼 생긴 구글 글래스를 출시했고 페이스북은 메타로 사명을 변경하며 강력한 의지를 보여줬죠. 2021년엔 메타버스에 대한 기대감으로 일부 기업들의 주가가 급등하기도 했습니다. 하지만 이후 시장의 관심이 줄어들면서 메타버스 산업은 정체기에 빠졌습니다. 기업들이 가상현실 기기를 내놓아도 소비자들은 외면했습니다. 가격은 비싼 반면, 이용할 수 있는 콘텐츠는 부족했고 기술에 대한 기대치는 계속해서 높아졌기 때문입니다.

2024년 3분기 메타의 메타버스 사업부 리얼리티랩의 영업손실은 44억 달러(약 6조 원)이며, 2020년 4분기 이후 4년간 누적 손실은 580억 달러(약 80조 원)에 달합니다. 메타는 메타버스 투자에 따른 비용 증가 때문에

2022년 말 창사 이래 처음으로 전체 직원의 10%에 달하는 1만여 명을 해고했고, 2023년에도 1만 명 이상의 구조조정을 단행했죠. 리얼리티 랩 프로젝트들도 축소 또는 중단되고 있습니다.

애플도 비전프로를 출시했지만 사업을 확장시키진 않은 상태고, 구글과 마이크로소프트도 증강현실 기기의 대중화에 실패한 후 차기 제품 출시를 잠정 중단하는 등 전략을 재조정하고 있습니다.

분명 오늘날 메타버스 산업은 힘든 시기를 보내고 있습니다. 1~2년 안에 큰 성과가 나오기 힘들 가능성도 크고요. 하지만 메타버스는 시간과 공간, 물리적 한계를 초월할 수 있는 세상을 만들어내는 기술이자 산업입니다. 정보통신산업진흥원NIPA은 글로벌 메타버스 시장이 2024년 1,289억 달러에서 연평균 38%씩 성장해 2033년엔 2조 3,679억 달러(약 3,300조 원)에 이를 것으로 전망하고 있습니다.

메타버스 시장 규모 전망

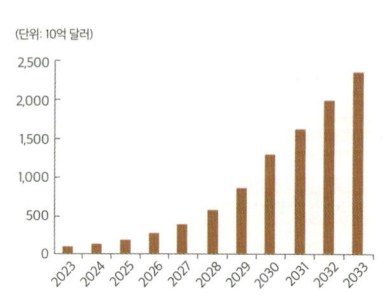

(단위: 10억 달러)

출처: 정보통신산업진흥원, 토스증권

디지털 트윈 시장 규모 전망

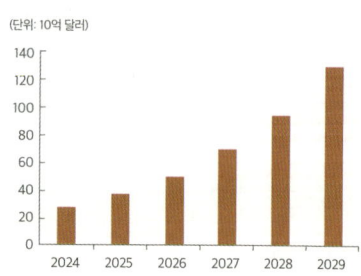

(단위: 10억 달러)

출처: 모르도르 인텔리전스Mordor Intelligence, 토스증권

투자 측면에서 볼 때 메타버스 산업은 조금 긴 호흡으로 바라볼 필요가 있습니다. 가상현실 기기의 부품이나 완성품 및 콘텐츠를 만드는 업체에도 관심을 가져야겠지만, 가장 주목해야 하는 부분은 메타버스 생태계 구축을 과연 어떤 기업이 주도하느냐입니다. 그 주인공은 엔비디아가 될 수도, 혹은 새로운 표준화를 만들어내는 또 다른 빅테크 기업이 될 수도 있을 것입니다.

변화가 일어나는 곳에는 늘 기회가 있다

메타버스 산업의 발전은 가상현실 기기를 만들거나 부품을 공급하는 기업 외에도 여러 기업들에게 성장의 기회를 열어줍니다. 메타버스는 개개인이 시간과 공간을 활용하는 방식에 근본적인 변화를 가져오는 기술이기 때문입니다. 변화가 나타나는 곳에는 언제나 투자 기회도 함께 따라오는 법입니다. 그렇다면 구체적으로 어떤 분야를 주목하면 좋을까요?

제조업

메타버스에서는 가상현실 제작 플랫폼을 통해 가상세계에서 다양한 실험과 시뮬레이션을 할 수 있습니다. 가상의 공간에서 제품을 만들고 시범 운영도 할 수 있는 거죠. 실제 공장을 건설하기 전에 공정 최적화를 해보고, 미리 결함을 발견할 수도 있습니다. 예를 들어 BMW는 엔비디아의 가상현실 제작 플랫폼인 옴니버스를 활용해 자동차 충돌 테스트를 하고, 공장 생산라인을 시뮬레이션합니다. 이처럼 메타버스 기술 덕분에 제조업 효율화가 이루어지면 공정 기간 또한 크게 단축될 것입니다.

게임

메타버스 산업의 발전은 게임 속에서 경제 활동을 가능하게 해줍니다. 게임을 하며 돈을 버는 'P2E'Play to Earn뿐 아니라 게임 내 콘텐츠를 제작해 돈을 버는 'C2E'Create to Earn 시장의 확대를 기대할 수 있는 것이죠. 예를 들어 게임회사 로블록스Roblox는 플랫폼 내에서 사용자가 아바타 의상, 액세서리, 도구 같은 콘텐츠를 제작하면 가상화폐 '로벅스'를 지급하는데요. 이는 게임이 단순한 여가활동을 넘어 수익을 얻는 수단이 될 수 있음을 의미합니다.

엔터테인먼트

메타버스를 통해 아티스트의 공연을 전 세계 팬들이 동시에 보는 것은 물론 바로 앞에서 관람하는 듯한 시각적 효과도 체험할 수 있습니다. 또한 조금 더 먼 미래에는 주인공과 상호작용하면서 스토리를 만들어나가는 인터랙티브 스토리텔링도 가능해지리라 봅니다. 이미 충분한 콘텐츠를 확보하고 있는 기업들은 확장성을 바탕으로 더 많은 기회를 잡을 전망입니다. IP를 가상공간으로 확장시키면 사용자들이 캐릭터와 직접 소통할 수 있고, 그 과정에서 수익을 만들어낼 수 있기 때문입니다.

교육

미래에는 시공간을 초월한 교육이 가능해질 것입니다. 역사 시간에 타임머신을 타고 과거로 가서 교과서 속 사건을 눈앞에서 체험하고, 과학 시간에는 가상공간에서 비용 및 위험 부담 없이 실험을 할 수 있을 테죠. 가상 교실에서는 전 세계 학생들과 언어의 장벽 없이 대화가 가능합니다. 전통 교육 자료가 아니라 게임을 활용한 학습이나 콘텐츠 요소가 들어간 교육 자료도 크게 늘어나리라 봅니다.

블록체인과 NFT

메타버스 세상 속에서는 블록체인 기반의 가상화폐가 주요 통화가 될 것입니다. 디지털 자산은 NFT 같은 블록체인 기술로 소유권을 인증받을 수 있습니다. 보안성 및 투명성이 높은 블록체인을 통해 디지털 자산이 안전하게 관리되므로 사용자들은 가상화폐로 상품과 서비스를 구매하고 교환할 것입니다.

메타버스 산업에서 VR 기기는 시작일 뿐입니다. 향후 메타버스가 다양한 산업 분야에 몰고 올 변화는 무궁무진합니다. 물론 최근에는 주요 관련 기업들이 프로젝트를 축소하거나 신제품 출시를 늦추는 등 전략을 재조정했습니다만, 장기적 측면에서 볼 때 물리적 한계를 초월하는 메타버스는 여전히 매력적인 투자 기회라 할 수 있습니다.

가상현실 기기나 콘텐츠를 만드는 기업들이 많지만 투자자 입장에서는 특히 메타버스 생태계 구축을 어떤 기업이 주도하는지 주의 깊게 살펴볼 필요가 있습니다. 메타버스가 대중화되면 단순히 기기 하나가 잘 팔리는 것을 넘어 제조업, 엔터테인먼트, 게임, 교육, 블록체인 등 다양한 산업에 영향을 미칠 테고, 그럴수록 주도권을 쥔 기업이 압도적인 우위를 확보하는 구조로 발전할 가능성이 크기 때문입니다. 그러므로 눈앞의 성과에만 집중하기보다 장기적으로 플랫폼을 구축하며 영향력을 확대할 수 있는 기업을 중심으로 투자 전략을 세우는 것이 현명한 선택이 될 것입니다.

투자의 확신을 얻은 기술 3: 소프트웨어

오늘날 기업들이 소프트웨어를 활용하는 이유는 인력과 자원의 효율성을 극대화하기 위해서입니다. 즉, 구성원들이 가장 잘할 수 있는 업무에 집중할 수 있도록 도와주기 위함이죠. 게다가 최근의 소프트웨어는 업무 효율성을 최대치로 끌어올리는 데 최적화되어 있습니다.

과거에는 소프트웨어를 쓰려면 컴퓨터에 CD나 디스켓을 넣고 설치해야 했지만 요즘은 웹에서 바로 사용할 수 있습니다. 이런 소프트웨어들을 'SaaS'Software as a Service라고 부르는데요. 회사에서 주로 사용하는 슬랙, 노션 그리고 AI 툴로 유명한 챗GPT, 퍼플렉시티도 SaaS의 일종입니다. 최근에는 어도비의 일러스트레이터와 마이크로소프트 오피스의 오피스 도구들도 '구매 후 설치해 사용'하는 기존 모델에서 '구독 후 웹에서 사용'하는 모델로 전환하고 있습니다.

이제는 소프트웨어 없이 일한다는 건 상상도 할 수도 없습니다. 그렇다면 이것을 개발하는 기업들은 어떤 변화, 어떤 미래를 상상하고 있을까요? 그 궁금증을 풀기 위해 우리는 실리콘밸리에서 기술력으로 승부하는 여러 소프트웨어 회사들을 만났습니다. 관계자들과의 대화를 통해 그들의 기술과 사업 역량을 이해하는 한편, 소프트웨어 회사들이 서로 영향을 주고받으며 조금씩 그 모습이 바뀌어가고 있는 IT 생태계에 대해서도 같이 고민해볼 수 있는 시간이었습니다. 이를 통해 미국 소프트웨어 기업들이 시장에 미치는 영향력에 대해서도 파악할 수 있었습니다. 특히 주목해야 할 키워드는 '클라우드 서비스'와 '고성능 반도체'였습니다.

소프트웨어 기업의 핵심 파트너, 클라우드 업체

이번 탐방에서는 사운드하운드 AI, 유니티, 가이드와이어 등을 방문했는데요. 이들은 각각 음성·대화형 AI, 3D 콘텐츠 제작 및 수익화 솔루션, 손해보험업 특화 솔루션이 핵심 사업인 소프트웨어 기업입니다.

이들 소프트웨어 기업과의 대화에서 반복적으로 등장했던 키워드는 바로 '클라우드'입니다. 클라우드는 컴퓨터를 작동하게 하는 구성 요소를 제공하거나 데이터를 처리, 분석, 저장하는 웹상의 가상공간입니다. 세 기업 모두 연구 개발비(R&D), 인건비, 기본적인 운영 비용을 제외하면 비용의 상당 부분을 클라우드 서비스에 지출하고 있다는 점이 특징적이었습니다. 관계자들은 공통적으로 클라우드 비용이 비즈니스를 운영하기 위한 필수 비용임을 강조했는데요. 클라우드 비용을 감당하려면 소프트웨어 이용료도 올라갈 수밖에 없지만 그만큼 기술력이 차별화되어 있기 때문에 고객들이 비싼 가격을 내더라도 해당 소프트웨어를 계속 쓴다는 얘기였습니다.

과거 소프트웨어 업계는 '온프레미스'On-premise(소프트웨어나 설비를 기업이 자체적으로 보유한 사무실이나 전산실에 직접 설치하고 운영하는 방식) 또는 설치형 소프트웨어를 주된 비즈니스 모델로 채택해왔습니다. 약 20년 전만 해도 소프트웨어를 CD로 구매해 컴퓨터에 설치했고, 업데이트가 필요할 때마다 새로운 버전을 구입해야 했죠. 이후 인터넷이 발전하면서 소프트웨어 회사 웹페이지에서 프로그램을 다운로드하여 설치하는 방식으로 변화했으며, 최근 5~10년 사이에는 구독형 웹 기반 또는 클라우드 기반 소프트웨어 모델이 빠르게 확산되었습니다.

이러한 변화는 기술과 통신의 발전 그리고 기업들이 자신이 잘하는 분야에 집중하려는 일종의 분업 과정에서 일어났습니다. 이때 등장한 새로운 강자가 바로 클라우드 제공업체입니다. 소프트웨어 기업의 고객사들이 더는 소프트웨어를 직접 개발하지 않고 구입해 쓰는 것처럼 웹 기반 모델로 전환한 소프트웨어 기업들도 막대한 클라우드 컴퓨팅 비용과 데이터 저장 및 처리 비용을 클라우드 제공업체에 지불하게 된 것입니다.

가장 많이 언급된 기업: 아마존, MS, 오라클

소프트웨어 기업들과의 미팅에서 가장 많이 이름이 거론된 기업은 단연 아마존, 마이크로소프트, 오라클이었습니다. 모두 세계적으로 이름난 기업들이고 클라우드 서비스마다 각자의 강점이 조금씩 다르지만, 이들은 스타트업부터 대기업에 이르기까지 모든 기업이 각자의 니즈에 맞는 서비스를 선택할 수 있도록 다양한 선택지를 제공한다는 공통점을 가지고 있습니다.

빅테크 기업들이 클라우드 비즈니스를 하는 이유

다들 아시다시피 이 기업들이 처음부터 클라우드 비즈니스에 뛰어들지는 않았습니다. 이들은 전자상거래(아마존), 검색(구글), 기업용 소프트웨어(마이크로소프트, IBM, 오라클)로 문을 연 회사들이죠. 다시 말해 기존 비즈니스 모델에 클라우드를 덧붙이거나 아예 클라우드 회사로 전환한 회사들입니다. 다시 말해 미국을 대표하는 테크 기업들이 전략적으로 클라우드 사업을 선택했다는 의미인데요. 그만큼 IT 산업의 미래 성장 가능성이 크고, 클라우드 사업이 기존 고객들에게도 새로운 가치를 제공할 수 있는 분야라고 판단했음을 알 수 있습니다.

물론 클라우드 사업이 실적에 기여하는 정도는 기업마다 조금씩 다릅니다. 예를 들어 아마존의 클라우드 서비스인 AWS는 아마존 영업이익의 1등 공신으로 알려져 있습니다. 마이크로소프트도 클라우드 서비스인 애저가 포함된 인텔리전트 클라우드Intelligent Cloud가 주요 매출원으로 자리 잡았고요. 구글도 다양한 사업을 하고 있지만 클라우드 부문의 비중이 점점 유의미해지고 있습니다. 특히 2023년 흑자 전환에 성공한 후로 지속적으로 성장하는 추세입니다.

클라우드와 소프트웨어, 반도체는
언제나 함께 움직인다

엔비디아는 고성능 반도체를 설계하고 판매하는 기업입니다. 그렇다면 엔비디아가 만드는 고성능 반도체는 누가 사갈까요? 그중 하나가 바로 클라우드 사업자입니다. 지금부터는 소프트웨어 기업부터 반도체 기업까지 이들을 하나로 잇는 연결 고리에 대해 설명해드리겠습니다.

소프트웨어 기업에게 AI와 머신러닝은 핵심 경쟁력인데요. 이 기능을 제공하려면 고성능 클라우드 인프라가 필수입니다. 예를 들어 추천 및 큐레이션 기능을 제공하려면 여러 사용자의 행동을 실시간으로 분석해야 하고, 챗봇 기능을 제공하려면 대화형 혹은 음성 AI 기술이 필요하죠. 고성능 클라우드 인프라 없이는 이러한 기능을 실시간으로 지원하기가 힘듭니다.

여기서 클라우드 인프라란 앞서 언급한 아마존, 마이크로소프트, 구글 등이 제공하는 클라우드 서비스를 뜻합니다. 클라우드 사업자는 고객인 소프트웨어 기업에 AI나 고성능 컴퓨팅HPC, High-Performance Computing 서비스를 제공하기 위해 다수의 GPU가 들어간 서버를 활용하는데요. 이를 위해 클라우드 사업자들에게는 엔비디아의 GPU가 필요합니다.

원래 데이터센터는 소프트웨어 기업들이 관리하는 경우가 많았습니다. 하지만 AI와 머신러닝 등으로 대용량 데이터를 처리하게 되면서 소프트웨어 기업들이 서비스와 기술력 그리고 고객관리에 인력과 투자를 집중하고, 그 외 나머지 부분은 대형 클라우드 사업자에게 맡기는 추세가 가속화되고 있습니다. 확장성이 뛰어난 대규모 데이터센터를 하이퍼스케일Hyperscale이라고 부르는데요, 전 세계 약 600개에 달하는 하이퍼스케일 중 절반을 아마존, 마이크로소프트, 구글이 운영한다는 조사 결과도 있습니다.

또한 처리할 데이터가 늘고 연산이 복잡해질수록 더 많은 서버와 반

소프트웨어 기업, 클라우드 기업, 반도체 기업은 긴밀하게 연결되어 있다

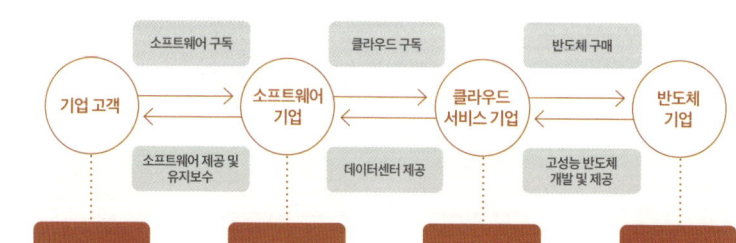

도체가 필요한데요. 데이터센터 공간을 무한정 확장할 수 없기에 고성능(소형, 저전력) 반도체가 필요해집니다. 그런 이유로 엔비디아가 개발하는 고성능 반도체에 대한 수요가 점점 더 증가하고 있는 것입니다.

하나의 회사만 보지 말고
산업 전체를 보라

앞서 클라우드 파트너에 대한 설명 외에 소프트웨어 회사들과의 미팅에서 주목할 만한 내용은 바로 '활발한 M&A'였습니다. 대부분의 회사가 이미 M&A를 진행했거나 진행할 의지가 있었는데요. 이미 고객을 충분히 확보해 해당 분야에서 두각을 나타내고 있는 소프트웨어 기업의 경우, 더 큰 회사들이 M&A 대상으로 눈여겨보고 있겠다는 생각도 들었습니다. 한 기업 관계자는 경쟁력을 높이기 위해 빅테크 기업이 손대지 않은 영역에 집중해서 사업을 키우고 있다는 말도 남겼습니다.

소프트웨어 산업은 비교적 적은 자산을 투입해 큰 수익을 낼 수 있는 비즈니스로 알려져 있습니다. 수익화가 빠른 만큼 벌어들인 돈을 어떻게 쓰느냐가 중요할 텐데요. **소프트웨어 기업은 자산 규모가 작은 만큼 배당을 하기보다는 M&A와 같은 투자를 통해 덩치를 불리는 경우가 많습니다. 따라서 소프트웨어 기업들을 분석할 땐 M&A 상황을 업데이트하는 것도 매우 중요합니다.**

산업의 흐름은 M&A에서 드러난다

이해를 돕기 위해 직접 관계자들을 만나고 온 사운드하운드 AI와 유니티의 M&A 사례를 비교해보겠습니다. 사운드하운드 AI는 음성 인식 및 대화형 AI 기술을 기반으로 한 솔루션 회사인데요. 2024년 두 건의 인수합병을 발표했습니다. 인수 대상은 기업용 대화형 AI 솔루션 업체인 아멜리아 AIAmelia AI와 레스토랑 주문 플랫폼 올셋Allset이었습니다. 아멜리아 AI 인수는 고객군을 넓히기 위한 전략이고, 올셋 인수는 음성 주문 상거래 생태계를 더 강화하기 위한 전략임을 알 수 있습니다.

앞서 소개한 바 있는 유니티는 게임 및 3D 콘텐츠뿐만 아니라 건축, 의료 등 3D 기술이 필요한 여러 분야로 영역을 확장하고 있는 기업입니다. 유니티는 2022년 아이언소스IronSource와 대형 합병을 진행한 바 있습니다. 아이언소스는 모바일 콘텐츠 제작자가 앱 내 광고를 통해 수익을 창출하고 성과 분석을 할 수 있게 돕는 플랫폼인데요. 두 회사는 합병을 통해 콘텐츠 제작부터 운영, 관리, 수익화 등을 처음부터 끝까지 아우르는 솔루션을 구축하게 되었죠.

그런데 M&A 발표 후 시장의 즉각적인 반응은 살짝 달랐습니다. 사운드하운드 AI의 아멜리아 AI 인수는 투자자들에게 긍정적으로 받아들여졌습니다. 그 결과 인수합병 발표 후 주가가 하루 만에 20% 이상 상승하기도 했죠. 인수 금액이 사운드하운드 AI 전체 자산의 절반에 달할 정도로 컸기 때문에 단기적인 재무 부담으로 작용할 수 있지만, 장기적으로는 시장점유율 확대와 수익성 향상에 의미 있는 기여를 할 것이라는 기대감이 컸던 것입니다. 실제로 회사 관계자와 이야기해보니

아멜리아 AI가 인수 전에 이미 조직을 재정비한 상태였기 때문에 합병 후 비용을 줄일 수 있었다고 합니다.

반면 유니티와 아이언소스의 합병에 대해서는 혼재된 반응이 있었습니다. 이는 2022년 합병 직후 주가 하락으로 나타났습니다. 시장은 이들의 합병 전략과 아이디어는 긍정적으로 받아들였지만, 단기간에 성과를 내기는 힘들겠다고 판단한 것이지요. 실제로 합병 2년이 지난 2024년까지도 유니티는 합병 당시에 목표했던 이익 수준에 도달하지 못했습니다.

미팅을 하면서 유니티 관계자로부터 합병 이후의 과정에 대한 설명을 충분히 들을 수 있었는데요. 우선 사내 문화가 달라(회사 국적, 개발 인력 vs. 광고 인력) 맞춰가는 일에 시간과 에너지가 필요했다고 합니다. 이에 따라 신제품 개발이 늦어지면서 시장점유율도 떨어지게 된 것이지요. 다만 대대적인 임원진 재배치로 조직을 재정비하고, 시장에 즉각적으로 반응하며 성장 전략을 수정하는 긍정적인 면모는 합병의 우려를 조금씩 불식시키고 있었습니다.

M&A 이벤트에 대한 시장의 반응은 언제나 그렇듯 반드시 좋지도 나쁘지도 않고, 인수합병 이후의 실적 개선 혹은 퀀텀 점프는 계획대로 진행되지 않을 수 있습니다. 그럼에도 M&A는 시장에서 중장기적으로 성장하기 위해 회사들이 자주 택하는 전략입니다. 투자자인 우리는 이 과정에서 놀랍게 탈바꿈할 회사도 나올 수 있다는 점을 항상 기억해야 할 것입니다.

소프트웨어 산업의 양날의 검,
수익성과 리스크 그리고 생존 전략

성공적인 소프트웨어는 적은 투자 비용으로도 큰 수익을 창출할 수 있기에 투자 대비 수익률이 높은 사업으로 평가받습니다. 특히 물리적 자산이 적고 고정비가 낮아 높은 마진을 실현할 가능성이 크다는 점에서 매력적이죠. 그래서 소프트웨어 산업은 솔루션 하나로 전 세계를 사로잡을 수 있는 잠재력을 가진 비즈니스 모델이라 할 수 있습니다.

그러나 소프트웨어 산업은 기술 의존도가 높다는 특징 때문에 몇 가지 중대한 리스크도 동반합니다. 첫째, 경쟁자가 등장하거나 기술의 취약점이 드러날 경우 시장에서 빠르게 도태될 가능성이 큽니다. 기술 트렌드의 변화와 경쟁 심화가 소프트웨어 회사의 주가뿐 아니라 존폐에도 영향을 줄 수 있죠. 또한 소프트웨어 특성상 물리적 자산이 적기 때문에 수익 창출이 지속되지 않으면 회사와 주식의 가치가 급격히 하락할 수 있습니다. 자본 부족, 기술 경쟁 실패, 고객 기반 확장 실패 등은 모두 사업의 지속 가능성을 크게 위협하는 리스크입니다.

이러한 이유로 기업을 대상으로 하는 구독 기반 소프트웨어 비즈니스는 안정적이고 반복적인 수익 구조를 가져갈 수 있기 때문에 많은 소프트웨어 회사들이 이미 전환을 마쳤거나 지속적으로 전환을 시도하고 있는 중입니다. 결론적으로 투자자라면 미국 소프트웨어 회사 중에서도 지속 가능한 수익 모델과 강력한 기술 경쟁력을 보유한 회사를 선택하는 것이 중요하다고 할 수 있겠습니다. 물론 이런 회사를 찾는 것은 쉽지 않은 일입니다. 시장에서 검증된 시가총액 상위 종목이나 해당 생태계의 기틀이 되는 데이터센터 및 반도체 부문에서 앞서 나가는 회사에 투자를 집중하는 것도 좋은 방법입니다.

2025년 말 기준으로 소프트웨어와 클라우드 산업은 2024년과 비교했을 때, AI를 중심으로 규모와 구조 모든 면에서 뚜렷한 변화를 겪었습니다. 2024년이 생성형 AI의 가능성을 확인하거나 파일럿 프로젝트를 검증하는 단계였다면, 2025년은 AI가 실제 매출을 창출할 뿐만 아니라 미래의 수익과 제품 로드맵의 최우선 순위가 된 시기였습니다.

이제 앞으로의 소프트웨어는 단순한 '도구'의 개념을 넘어 특정 업무를 자동으로 분석하고 판단하며 실행까지 하는 '에이전트' 단계로 들어설 예정입니다. 이미 많은 관련 기업들이 생산성 향상을 핵심 가치로 내세운 프리미엄 요금제나 애드온Add-on 서비스 등을 통해 구독 평균 단가를 높이고자 하고 있죠.

이렇게 주요 SaaS 기업들이 생성형 AI와 에이전트 기능을 핵심 제품에 내재화하며 경쟁력을 강화하는 동안, 폭발적으로 늘어난 데이터 사용량과 AI 연산 수요는 클라우드 인프라 투자를 더욱 가속화시키고 있습니다. 그 결과 대규모 전력과 인프라를 신속하게 확보할 수 있는 하이퍼스케일러 중심의 시장 구조가 한층 더 공고히 자리 잡게 되었습니다.

투자자인 우리는 아마존(AWS), 마이크로소프트(애저), 구글(구글 클라우드)과 같은 주요 빅테크 기업이 여전히 에너지 확보와 데이터센터 증설에 공격적으로 투자 중이라는 점에 주목해야 할 것입니다.

트럼프 2기 행정부 출범 후, 정치가 시장에 미치는 영향력은 한층 더 강해졌습니다. 미국 행정부와 의회의 결정, 규제기관의 정책 변화, 재정정책과 대외정책의 방향성 같은 이슈들이 글로벌 금융시장에 더욱 직접적인 영향을 미치고 있습니다. 트럼프의 한마디에 시장이 요동치는 일도 더 이상 낯설지 않습니다. 이것이 미국 정치의 중심지 워싱턴 D.C.를 택한 이유입니다.

이번 방문에서는 현지 기업 관계자뿐 아니라, 다양한 연구기관과 싱크탱크 관계자들과 정책 방향과 정치적 이슈에 대해 심도 깊은 이야기를 나눴습니다. 숫자만으로는 파악하기 어려웠던 흐름들을 조금 더 선명하게 이해하고, 정책과 시장을 연결해 '투자의 힌트'를 얻을 수 있는 의미 있는 시간이었습니다. 우리의 경험이 여러분의 투자 여정에도 소중한 길잡이가 되고, 새로운 시각을 더해주기를 기대합니다.

DEPARTURE : ICN

ARRIVAL : IAD

GATE : W001

DATE : 2025.06

MAGA는
단순한 정치 슬로건이 아니다

워싱턴 D.C. 출장기에서는 가장 먼저 미국 우선주의의 역사적 기원과 이후 변화부터 살펴보고자 합니다. 오늘날 세계 경제는 고금리와 공급망 재편, AI 기술 패권 경쟁이 동시에 진행되는 복합 위기 국면을 맞은 상태입니다. 이런 상황에서 미국은 자국 산업 보호를 더욱 강화하며 동맹국들에게도 미국의 이익만을 우선으로 두는 조건을 요구하고 있습니다.

트럼프 정부 취임 후 이런 '미국 우선주의'는 더욱 강해지고 있는 중입니다. 이 가치관이 앞으로도 지속될까요? 그렇다면 투자자인 우리는 여기에 어떻게 대응해야 할까요? 미국 우선주의가 장기화된다면 대응 전략 역시 장기적인 관점에서 마련되어야 합니다. 특히 산업 구조에 미칠 중장기적인 영향까지 고려해 기회와 리스크를 함께 바라보는 균형 잡힌 시각이 그 어느 때보다 중요할 것입니다.

미국의 '자국 우선주의'는 계속될까

워싱턴 D.C.는 미국 정치의 중심지입니다. 우리는 이번 출장에서 백악관과 국회의사당뿐 아니라 허드슨 연구소Hudson Institute, 미국기업연구소AEI, American Enterprise Institute(이하 AEI) 같은 정책 연구소까지 워싱턴의 핵심 기관들을 두루 돌아보고 왔습니다.

탐방을 하면서 느낀 건 'America First'(미국 먼저)라는 구호가 여기저기서 자주 보인다는 점이었습니다. 백악관 방문자센터 앞 노점에도 'MAGAMake America Great Again'(다시 미국을 위대하게), 'The Great America'(위대한 미국)가 적힌 모자와 티셔츠가 눈에 잘 띄는 곳에 진열되어 있었습니다. 이 문구들은 트럼프 대통령을 상징하는 슬로건인데요. 공통적으로 '미국 우선주의'를 내포하고 있습니다. 실제로 트럼프 2기 정부 출범 직후 높은 관세와 제조업 부흥 등 자국의 이익을 최우선으로 여기는 경제 정책들이 시행되었고, 이는 주식시장을 크게 흔든 요인이었죠.

이번 출장을 통해 우리가 가졌던 가장 중요한 질문은 이것입니다.

'과연 미국 우선주의는 계속될까? MAGA는 트럼프가 퇴임하면 함께 사라질 구호일까?' 결론부터 말씀드리자면, **미국의 자국 우선주의는 트럼프 대통령의 임기가 끝나도 지속될 가능성이 큽니다.** 지금부터는 왜 미국 우선주의가 지속되리라고 생각하는지, 그럴 경우 투자자인 우리는 어떻게 대응해야 하는지에 대해 하나씩 차근차근 말씀드리겠습니다.

미국의 역사만큼 긴
'미국 중심'의 역사

다들 아시겠지만 워싱턴 D.C.라는 지명은 초대 대통령이자 건국 영웅인 조지 워싱턴의 이름에서 따왔습니다. 그만큼 워싱턴 D.C.는 유구한 역사를 가진 도시입니다. 우리는 워싱턴에 도착한 다음날 숙소에서 가까운 워싱턴 기념탑을 찾았는데요. 기념탑을 둘러싼 50개의 성조기를 보고 있자니 건국 당시 13개였던 주가 50개가 된 지금까지 200년 넘게 지속되어온 미국 정치의 위엄을 느낄 수 있었습니다.

미국은 시작부터 '자국 우선주의'였다

미국 정치의 역사는 기념탑뿐 아니라 문서로도 남겨져 있습니다. 워싱턴 D.C. 국립문서관과 국회의사당 도서관에는 미국 정치의 중요한 순간들을 기록한 문서들이 보존되어 있었는데요. 문서들을 훑어보면서 트럼프의 자국 우선주의는 건국 초기의 미국 대통령들에게 뿌리를 두고 있음을 알 수 있었습니다.

초대 대통령 조지 워싱턴은 고별사에서 "외국과의 영속적 동맹을 경계하라!"라고 말했습니다. 또한 제5대 대통령 제임스 먼로가 1823년 발표한 '먼로 독트린'Monroe Doctrine에는 고립주의적 자국 우선주의를 공식화하는 표현이 담겨 있기도 하죠. 그는 "외국의 체제 확장 시도는 우리의 평화와 안전에 위협이 된다."라고 강조했습니다. 그리고 이 말은 이후 미국 외교정책의 핵심 원칙으로 자리 잡았습니다. 다시 말해 미국은 건국 초기부터 국제사회에서의 역할보다는 자국의 영토, 이익, 주권 수호에 더 큰 비중을 두어왔던 것입니다.

국회의사당 건축물이 보여준 미국의 가치관

국회의사당을 방문할 때는 의회 전문 해설관과 동행했는데요. 이 건축물에 미국의 정치 철학과 국가 정체성을 어떻게 녹여냈는지 들을 수 있었습니다. 의사당 돔 천장에는 '워싱턴의 신격화'가 그려져 있습니다. 초대 대통령 조지 워싱턴을 신성한 존재로 묘사한 것인데요. 자유의 여신과 승리의 여신 사이에 앉아 있는 조지 워싱턴의 모습에서 미국 건국을 그만큼 특별한 사명을 지닌 일로 여긴다는 인상을 받았습니다.

돔 내부를 둘러싼 벽화와 조각들에는 독립선언, 서부 개척, 남북전쟁 등 역사적 순간들이 담겨 있습니다. 외부 간섭 없이 스스로 길을 개척해온 미국의 역사를 보여주는 사건들이죠. 특히 서부 개척 시대의 영토 확장 서사를 영웅적으로 표현하며 정당성을 부여하는 모습이 인상적이었습니다. 실제로 가서 본 국회의사당 건물에서도 외부 확장과 내

"국회의사당의 건축물과 예술 작품들은
자국의 정체성과 영토 확장을 정당화해온
미국 중심의 가치관을 상징적으로 보여줍니다."

01

02

01 워싱턴 기념탑과 그 주변을 둘러싸고 있는 50개의 성조기
02 미국 국회의사당 전경
03 국회의사당 돔 내부에는 미국 정체성을 나타내는 벽화와 조각이 있다
04 국회의사당 돔 내부 천장에 그려진 조지 워싱턴 대통령 신격화
05 미국 건국 자료를 포함해 주요 역사, 정치 서적 등이 있는 국회의사당 도서관

04

03

05

부 결속을 동시에 강조하는 미국 중심의 가치관을 느낄 수 있었습니다.

MAGA는
'트럼프 오리지널'이 아니다

MAGA는 트럼프 대통령의 전유물처럼 여겨지고 있습니다. 하지만 사실 'America First'와 'MAGA'는 트럼프가 만든 구호가 아닙니다. 미국 정가에서는 오래전부터 활용된 용어로, 1964년 대통령 선거 당시 공화당 후보였던 배리 골드워터Barry Goldwater가 대선 캠페인에 썼고, 로널드 레이건 또한 선거에서 이 문구를 공식 슬로건으로 채택한 바 있습니다. 현대에 들어 트럼프가 다시 이 구호를 전면에 내세우면서 MAGA는 선거 슬로건을 넘어 하나의 정치적 정체성으로 자리 잡게 되었습니다.

1940년대 이미 존재했던 America First

1930~40년대는 미국의 고립주의가 강화되던 시기였습니다. 대표적인 예시로 '스무트-홀리 관세법'Smoot-Hawley Tariff Act을 들 수 있는데요. 1930년 제31대 허버트 후버 대통령 정부 때 제정된 이 법은 자국 산업 보호를 명분으로 수입품에 고율 관세를 부과하는 제도였습니다. 이러한 제도의 탄생 배경에는 1929년 발생한 경제 위기와 대공황이 있었습니다. 실업률 급등, 은행 파산, 중산층 붕괴 속에서 국민들은 다른 어떤 것보다 자국 경제의 회복을 요구했습니다. 그리고 이는 자연스럽게 고

립주의와 미국 우선주의의 확산으로 이어지게 되었죠.

그러한 분위기 속에서 탄생한 단체가 미국우선위원회America First Committee(이하 AFC)입니다. 1940년대 AFC는 아이비리그 출신 지식인을 비롯해 총 80만 명이 넘는 회원을 두고 전국에 450개 이상의 지부를 설치하며 상당한 정치적 영향력을 행사했는데요. 이때 이들이 내세운 구호가 바로 'America First'였습니다.

'America First'는 당시의 대중 정서를 반영하는 상징적인 표현이었고, 이는 정부의 결정에도 영향을 미쳤습니다. 실제로 제2차 세계대전 발발 직후 루즈벨트 대통령은 유럽 지원을 검토했지만 AFC가 주도한 'America First' 운동과 의회 반대로 공식 군사 개입을 유보하기도 했지요.

진주만 공습으로 미국이 전쟁에 참여함에 따라 AFC는 해체되었으나 전쟁 이후의 반공주의나 이민 제한, 방위비 감축 등의 조치는 AFC 단체의 이념과 이어져 있습니다. 트럼프 대통령의 'America First'도 마찬가지인데요. 미국 정치 문화 속에 남아 있던 미국 우선주의가 트럼프 대통령을 통해 재생산되었다고 할 수 있습니다.

미국의 위대함을 되찾고자 한 레이건

앞서 이야기했듯이 제40대 대통령 로널드 레이건 또한 국방을 강화하고 보수적 가치를 회복해 미국의 위대함을 되찾자며 MAGA라는 구호를 전면에 내세웠습니다.

레이건 대통령 재임 직전인 1970년대 후반, 미국의 자신감은 크게 위축된 상태였습니다. 베트남전에서 사실상 패배한 데다 소련이 대외

팽창 전략을 펼치던 시기였거든요. 미국의 경제 또한 고물가와 저성장에 시달리면서 제조업 경쟁력이 약화되고 있었습니다. 레이건은 이러한 위기를 돌파하고자 MAGA를 제시했다고 볼 수 있습니다.

트럼프가 MAGA를 들고 나온 지금도 미국의 분위기는 비슷합니다. 중국이 무섭게 추격해오고, 기업들의 해외 이전으로 미국 제조업 일자리는 감소했으며, 불법 이민자와 인종 문제가 불거지며 보수층 중심으로 위기의식이 커지고 있는 상태죠. 게다가 물가는 치솟고 글로벌 공급망은 붕괴되었으며 기술 패권 경쟁은 점점 치열해지고 있습니다.

이러한 상황에서 미국은 다시 자국 산업을 보호하는 전략을 꺼내 든 것입니다. 즉, 트럼프 행정부의 '미국 우선주의'는 과거에 이미 제시됐던 MAGA의 현대적 반복인 셈이죠. 이러한 구호는 단순한 경제정책이라기보다는 국가 정체성과 안보, 문화까지 다양한 의미를 포괄하고 있다고 봐야 합니다.

1970~80년대 레이건 대통령 재임 시기에
사용된 MAGA 캠페인 로고

출처: 위키미디어

트럼프 대통령 재임 시기에 쓰이고 있는
MAGA 캠페인 로고

출처: 스미소니언 연구소Smithsonian Institution

바이든 정부의 자국 우선주의는
트럼프와 무엇이 달랐나

사실 트럼프 2기 정부가 출범하기 전에도 미국 우선주의는 다시 고개를 들고 있었습니다. 바로 제46대 대통령 바이든 정부 이야기입니다.

바이든 대통령은 민주당 출신이고 겉으로는 국제 협력과 동맹 복원을 내세웠기 때문에 트럼프 정부와의 차이점이 부각되곤 했는데요. 사실 바이든 정부 때 시행된 정책 중에는 미국 우선주의에 기반한 정책들도 많습니다.

대표적인 것이 '인플레이션 감축법'IRA, Inflation Reduction Act과 '미국 반도체 및 과학법'(일명 '칩스법'CHIPS Act, 반도체 산업에 대한 재정지원이 주요 내용)인데요. 둘 다 보조금과 투자 인센티브를 활용해 미국 중심의 산업 블록을 형성하고 제조업 부흥과 공급망 재편을 추진한 정책에 속합니다. 미국산 부품 사용 및 현지 생산 조립을 보조금 지급 조건으로 내건 인플레이션 감축법을 통해서는 해외 기업의 미국 투자를 유도했고, 미국 반도체 및 과학법을 통해서는 중국 투자를 제한하고 미국과 동맹국 중심의 안보 기반 공급망을 더욱 공고히 하고자 했습니다.

바이든 정부가 미국 우선주의에 기반한 정책을 편 것 역시 위기에 대응하기 위해서입니다. 특히 중국을 견제하겠다는 의도가 눈에 띄었는데요. 미국 제조업이 약화된 사이 중국이 어느새 제조업 강국이 되었기 때문이죠. 이로 인해 향후 중국이 희토류와 반도체 등 기술에 필요한 핵심 자원을 패권 경쟁의 무기로 활용할 거라는 문제의식이 생겨났을 것으로 보입니다.

그 결과 인플레이션 감축법과 반도체 지원법 등으로 사실상의 '무역장벽'을 세운 거죠. 그래서 워싱턴 D.C. 현지에서는 바이든 정부의 정책을 '바이든 버전의 MAGA'라고 부르기도 합니다. 표면적으로는 협력을 주장했지만 미국 산업과 기술 주권을 강화하려는 전략적 보호주의가 내포되어 있어 실질적인 내용은 현 트럼프 정부의 보호무역주의와 크게 다르지 않았기 때문입니다.

'미국 우선주의'가 가져올 영향과 투자자 대응 전략

지금까지 미국 우선주의는 단순히 트럼프의 '취향'이 아니라 미국 정치역사의 오랜 '전통'이었음을 살펴봤습니다. 따라서 미국 우선주의는 한동안 지속될 확률이 높은데요. 그렇다면 투자자인 우리는 여기에 어떻게 대응하면 좋을까요?

미국 우선주의는 미국뿐 아니라 전 세계 산업 전반에 영향을 미치고, 글로벌 공급망과 투자금의 배분 등 다양한 분야에 영향을 미칩니다. 물론 주식시장도 그 영향을 받을 수밖에 없겠죠. 따라서 투자자는 중장기적으로 미국 우선주의를 염두에 두고 전략을 짤 필요가 있습니다. 미국 정부의 정책 방향성을 미리 읽고 어떤 산업이 정책에 민감하게 반응할지를 평가하면 거기에 맞는 유망한 산업을 찾아낼 수 있으니까요. 특히 반도체, 자동차, 에너지 등 전략 산업의 경우, 미국 정부의 정책 방향에 따라 국가 간, 그리고 기업 간 성과 격차가 더 뚜렷해질 수 있습니다.

지금부터는 투자 전략 수립에 도움이 되도록 주요 산업별로 미국 우선주의가 가져올 변화를 설명해보겠습니다.

1. 반도체: 미국 중심의 포트폴리오 유효

미국의 대표 전략 산업이자 글로벌 기술 패권의 핵심입니다. 미국 정부는 보조금 및 세제 혜택, 자국산 구매 우대 정책 등을 통해 자국 기업의 경쟁력을 강화할 것으로 예상됩니다. 미국 기업, 혹은 미국 내 생산·판매 비중이 높은 기업 중심의 포트폴리오 재편이 유효할 것으로 보입니다.

- 수혜 가능 기업: 인텔, 마이크론 테크놀로지Micron Technology
- 리스크 요인: 엔비디아, AMD 등 중국에 반도체를 수출하는 기업은 규제 강화로 중국 매출 일부를 미국 정부에 납부해야 할 수 있습니다. 이런 구조가 지속된다면 장기적으로는 수익성이 낮아질 수 있어 주의가 필요합니다.

2. 자동차: 전통 제조사 단기 수혜 가능

미국의 제조업 보호 및 육성 정책에 따라 미국 자동차 제조사들이 수혜를 받을 가능성이 큽니다. 특히 연비 규제와 전기차 전환 관련 정책이 완화되면서 전통적인 자동차 제조사들이 단기적으로는 유리할 것으로 보입니다.

- 수혜 가능 기업: 포드, GM
- 투자 포인트: 미국 내수 비중이 높고, 현지 생산시설을 보유한 부품업체에 주목 하세요. 내연기관 및 트럭(수출보다 미국 내수 시장 판매를 위한 차량) 판매 비중이 높은 기업들이 유리합니다.
- 리스크 요인: 미국 외 지역의 생산 시설 비중이 큰 기업은 경쟁력이 떨어질 수 있습니다.

3. 전기차: 단기 둔화, 장기 성장 지속

보조금 축소와 인프라 예산 삭감으로 전기차 산업의 단기 성장은 둔화될 수 있습니다. 특히 중국 전기차는 높은 관세로 인해 미국 시장 진출이 어려울 전망입니다. 다만, 대표적인 전기차 기업인 테슬라는 상대적으로 충격이 작을 것으로 보입니다. 판매처를 전 세계 곳곳에 다양하게 두고 있어 미국 정책 영향을 덜 받기도 하고, 관세로 인해 미국 수입차 가격이 오르면 오히려 이익 면에서는 유리할 수 있기 때문이죠.

전기차 산업의 장기 성장 가능성은 여전히 뚜렷합니다. 내연기관차에서 전기차로 바뀌는 흐름은 피할 수 없는 변화이니까요. 경쟁력 있는 기업 중심의 저가 매수 전략이 유효합니다.

4. 2차전지: 한국 · 일본 기업 반사이익 주목

전기차 판매가 둔화되면 배터리 출하량에도 직격탄이 될 수밖에 없습니다. 이 때문에 2차전지 산업 전반의 성장세 역시 한동안은 위축될 가능성이 있습니다. 다만, 장기적 관점에서는 여전히 유효한 투자처입니다. 아래 두 가지 포인트에서 투자 기회를 찾아보셔도 좋겠습니다.

- 중국산 배터리에 높은 관세가 부과된다면, 한국 및 일본 업체들이 반사이익을 얻을 수 있습니다.
- 테슬라가 배터리 외부 조달 비중을 줄이고 내재화 전략을 강화하겠다고 밝힌 만큼, 관련 업체에도 주목할 만합니다.

5. 에너지: LNG 기업 중 선별 투자

미국은 자국의 에너지 공급 확대와 수출 확대를 통해 글로벌 에너지 의존도를 낮추려는 전략을 추진하고 있습니다. 이에 따라 LNG를 비롯한 전통 에너지 기업들이 수혜 입을 가능성이 큽니다. 특히 아래 두 가지 유형에 속한 기업들이 주목할 만합니다.

- 수직계열화된 에너지 기업: 석유 채굴부터 정제, 유통까지 모두 담당하는 기업입니다. 이들은 에너지 가격 변동에 취약한 일부 업체(예: 생산 전문 기업)와 달리, 여러 사업 부문의 균형으로 상대적으로 안정적인 수익 구조를 유지할 수 있다는 강점이 있습니다.
- 에너지 인프라 기업: 파이프라인, LNG 터미널 등 생산 및 수출 관련 인프라를 제공하는 기업입니다. 마찬가지로 에너지 가격의 영향을 덜 받고, 거래량이 늘면 이득을 보게 되는 구조입니다.

6. 방위산업: 미국도, 미국 외 기업도 긍정적

방위산업 또한 빼놓을 수 없는 수혜 산업입니다. 특히 미국뿐 아니라 미국 외 경쟁력 있는 기업들도 혜택을 받을 것으로 보입니다. 미국이 자국의 힘을 키우기 위해 국방 예산을 늘리는 동시에, 동맹국 지원을 축소할 수 있기 때문입니다.

이에 따라 동맹국들의 방위 자립 수요가 늘어나며, 글로벌 전반의 국방 예산이 확대될 수 있습니다. 동맹국들이 미국과의 불확실한 관계에 대비하기 위해 유럽산 전투기, 한국산 전차 등 '미국이 아닌' 대안을 확보하려는 움직임도 나타날 수 있습니다. 이 밖에 사이버 보안, 드론 등 확장된 범위의 방위 기업도 주목할 만합니다.

지금까지 MAGA로 대표되는 미국 우선주의에 대해 살펴보았습니다. 역사를 돌아봤을 때 미국 우선주의는 국가적 위기 때마다 반복적으로 나타나는 반응이라 할 수 있습니다. 따라서 미국 정부가 지금이 위기라고 판단하는 한, 다시 말해 고물가와 공급망 재편 및 기술 패권 경쟁이 계속되는 한 미국은 산업 및 무역정책에서 자국 중심 기조를 더욱 강화할 가능성이 큽니다.

따라서 투자자들도 이러한 정책 기조가 유지되리라는 걸 염두에 두고 리스크를 관리할 필요가 있습니다. 미국 우선주의가 불러올 새로운 경제 환경 속에서 발 빠르게 적응해 나갈 수 있는 기업들에 대한 선별적 투자가 필요한 시점입니다.

21세기 미국의
대 중국 전략이 의미하는 것

앞에서 살펴보았듯이 트럼프의 대중對中 전략 또한 MAGA에 그 뿌리를 두고 있습니다. 그러다 보니 미중 갈등은 단기간에 해소될 이벤트라기보다는 오랫동안 이어질 구조적인 문제로 보는 게 더 적절합니다. 당장의 관세 분쟁 외에도 미국과 중국은 여러 방면에서 서로를 견제하고 있기 때문입니다. 따라서 중장기적 흐름 속에서 기회와 리스크를 함께 바라보는 균형 잡힌 시각이 그 어느 때보다 중요하다고 하겠습니다.

토론 주제는
중국, 중국, 또 중국

미국은 세계에서 가장 많은 싱크탱크를 보유한 나라입니다. 특히 워싱턴 D.C.에는 공화당과 민주당에 정책 자문을 제공하는 기관부터 당파와 무관한 독립적인 연구소까지 다양한 싱크탱크가 자리 잡고 있지요.

인상 깊었던 점은 누구나 참석할 수 있는 세미나 및 공개 행사가 수시로 열린다는 점이었습니다. 평일 낮 시간에도 많은 사람이 모여 치열하게 토론하는 모습에서 정책에 대한 높은 사회적 관심이 느껴졌습니다. 특히 학자나 전직 고위 관료들이 거침없이 정부 정책에 대해 비판하는 모습을 보며 미국의 활발하고 개방적인 정책 토론 문화를 체감했습니다.

정책 토론에서 유독 자주 등장하는 키워드는 다름 아닌 '중국'이었습니다. 현지인들은 중국과의 구도가 경제, 외교, 안보 등 다방면에서 가장 중요한 변수라고 여기고 있었습니다. 중국의 연구 개발 이슈부터 홍콩 문제와 협력 가능성까지 주제의 폭도 넓었습니다.

또한 전혀 예상하지 못했던 분야에서 중국이 언급되기도 했습니다. 트럼프 2기 정부의 헬스케어 정책을 조망해보고자 '새로운 정부에서의 보건 정책' 세션에 참석했는데요. 예상과 달리 세션이 시작되고 30분 동안 집중적으로 논의된 주제가 '중국과의 관계 속에서 미국 헬스케어 산업이 직면한 문제점과 과제'였습니다.

중국 이야기를 계속해서 듣다 보니 궁금해졌습니다. **미국은 왜 이렇**

게까지 중국을 견제할까요? 그리고 이러한 집중 견제는 어떤 결과로 이어질까요? 지금부터는 미국이 왜 이토록 중국을 견제하는지, 소련과 일본을 견제했던 과거와는 어떤 차이가 있는지, 미중 갈등이 지속될 경우 개인 투자자인 우리는 여기에 어떻게 대응해야 하는지에 대해 하나씩 차근차근 말씀드리겠습니다.

미국과 중국을 둘러싼
네 가지 경쟁 구도

트럼프 2기 정부의 대외정책에서 가장 두드러지는 키워드는 '관세'입니다. 중국과 여러 차례 보복관세를 주고받으며 관세율이 100%를 넘어설 만큼 갈등이 격화됐는데요. 따라서 무역 분쟁이 곧 미중 갈등의 전부로 인식되기도 합니다.

하지만 이번 출장에서 여러 현지 전문가를 만나 보니 관세는 빙산의 일각에 불과했습니다. 미국은 국가체제, 금융 자본시장, 기술 패권, 공급망 확보 등 훨씬 더 다양한 방면에서 중국을 견제하고 있었습니다. 이는 곧 중국의 부상을 억제하기 위해서는 그만큼 복합적인 전략이 필요하다는 뜻이기도 합니다.

국가체제: 중국식 현대화 모델의 위험성

미국은 중국을 글로벌 자유주의 질서를 위협하는 존재로 여기고 있었습니다. 후버 연구소에서 우리가 만난 연구원 조셉 토리지안은 시진핑 주석이 '중국식 현대화 모델'을 채택한 이유가 부친의 숙청 경험과 문화대혁명을 반면교사 삼았기 때문이라고 말했습니다. 공산당 이념에 디지털 통제를 융합한 이 모델이 장기 집권을 정당화하는 데 활용되고 있다는 설명이었죠.

미국이 특히 경계하는 부분은 이러한 체제가 중국 외 다른 나라로 확산되는 것입니다. 실제로 중국은 우간다, 짐바브웨 같은 아프리카 국가 기업에 AI 기반 감시 카메라나 안면인식 군중 분석 시스템 등 감시 인프라를 수출했습니다. 또한 '인터넷 통제는 각국 정부의 권리'라는 의미를 담은 '사이버 주권'Cyber Sovereignty을 적극 주장하기도 합니다. 이를 두고 허드슨 연구소 연구원 토마스 벤슨은 중국이 전 세계로 확산될 기술 기반 전체주의 모델을 선도하고 있다며 우려했습니다. 문제가 있는 중국 기술 기업들이 서구의 감시를 피해가며 기술 기반 권위주의 모델을 수출하는 도구가 되고 있기 때문입니다.

금융 자본: 홍콩을 통한 자본의 유입

미국은 중국으로 금융 자본이 유입되는 상황에 대해서도 강한 경계심을 갖고 있었습니다. 벤슨은 특히 미국과 유럽의 자본이 홍콩 증시를 통해 제재 대상이 되는 중국 기업들로 흘러갈 수 있음을 지적했습니다. 실제로 제재 대상이 된 중국 기업들 중 65%가 홍콩 증시에서 거래될 수 있는데요. 이로 인해 미국 정부의 제재 목록에 오른 중국 기업들이 홍콩을 통해 글로벌 금융시장에서 자금을 조달하는 구조가 형성되고 있습니다.

가령, 미국은 인권 문제를 이유로 신장 위구르 지역을 제재하고 있습니다. 해당 지역에서 생산되는 제품은 모두 강제 노동의 결과물로 간주해 수입을 금지하는 것이지요. 하지만 이들 기업도 금융시장을 통해 미국으로부터 자금을 조달할 수 있습니다. 당연히 제재의 효과는 약해질 수밖에 없겠죠. 이러한 이유로 벤슨은 중국을 효과적으로 제재하기 위해서는 수출입 외에 금융시장까지 아우를 수 있는 통합 시스템 마련이 필요하다고 주장했습니다.

기술 패권: 미래 산업의 주도권 싸움

인공지능, 클라우드, 반도체, 로봇, 위성, 바이오 등은 국가 경쟁력의 핵심으로 여겨집니다. 이들 기술은 향후 경제 성장뿐 아니라 안보, 인프라, 정보 등 국가 전반의 기반이 되는 요소들인데요. 미래 산업의 주도권 또한 이들 기술을 중심으로 재편된다고 해도 과언이 아닙니다.

이 때문에 미국은 중국의 기술 발전을 경계하고 있습니다. 대표적으로 AI 산업의 핵심인 GPU가 중국으로 수출되는 것에 제한을 두고 있죠. 싱크탱크 AEI에서 만난 에릭 하건은 헬스케어 산업에서도 중국은 위협적인 존재이며, 중국과의 경쟁을 산업 차원이 아닌 기술 패권 전쟁으로 인식해야 한다고 주장하기도 했습니다.

이러한 우려가 2025년 초, 일시적이지만 현실로 나타나기도 했죠. 바로 중국의 AI 스타트업 딥시크DeepSeek가 등장하면서 엔비디아 등 관련 기업의 주가가 크게 하락한 일입니다. 이후 주가는 회복되었지만 중

"중국은 경제와 안보를 넘어 헬스케어 등
전 분야에 걸쳐 미국의 국가 전략을 좌우하는
가장 압도적이고 핵심적인 변수로 다뤄지고 있습니다."

01

02

01 싱크탱크 후버 연구소
02 후버 연구소 주최 세미나 현장
03, 04 어번 연구소 주최 세미나 참석
05 허드슨 연구소 방문

03

04

05

국의 기술 발전이 미국의 AI 및 반도체 산업에 타격을 줄 수 있다는 우려가 다시 한번 전면에 부각되었습니다. 이처럼 미국은 미래 기술을 선도하는 동시에 중국의 기술 발전을 견제하는 방식으로 기술 패권 경쟁에 임하고 있습니다.

공급망 확보: 미국 중심의 공급망 재편

미국은 지난 2020년 발생한 코로나19로 공급망의 취약성을 절감했습니다. 당시 미국은 면봉이나 시약 같은 기본적인 의료 물품조차 중국에 의존해야 했거든요. 이렇다 보니 에릭 하건은 중국이 헬스케어 산업의 글로벌 공급망을 전략적으로 장악하려 하고 있다며 이를 위협으로 인식해야 한다고 경고하기도 했습니다.

쓰라린 경험을 하면서 미국은 공급망 확보를 위한 자구책 마련에 들어갔습니다. 이후 헬스케어 산업뿐 아니라 반도체, 에너지, 클라우드 등 핵심 산업 전반에 걸쳐 공급망 국내화를 추진하고 있죠. 바이든 정부가 친환경 에너지 및 전기차 산업과 관련된 법안인 인플레이션 감축법과 반도체 산업에 대규모 보조금을 지원하는 칩스법 등 미국 내 에너지·반도체 생산 기업에 보조금을 주는 정책을 폈던 것도 모두 공급망 국내화의 일환이었습니다.

법안 내용을 자세히 살펴보면 중국을 견제하려는 의도가 노골적으로 드러납니다. 칩스법에는 '미국에서 보조금을 받는 기업은 중국 내 첨단 반도체 투자를 금지한다'는 가드레일(안전장치) 조항이 포함되어 있습니다. 인플레이션 감축법 또한 '중국에서 생산된 소재 및 부품을 사용할 경우 보조금 대상에서 제외한다'는 조건을 담고 있습니다.

트럼프 정부 역시 고율 관세를 무기로 '관세를 피하려면 미국 내에서 생산하라'는 입장을 내세우고 있습니다. 정권이 바뀐 후에도 이러한 흐름이 이어진다는 말은 이것이 단순한 산업 정책이 아님을 의미합니다. 즉, 중국을 견제하는 동시에 미국 중심으로 글로벌 공급망을 재편하려는 전략적 움직임으로 해석할 수 있다는 얘기죠.

경제 분쟁을 넘어
체제와 기술의 대결로

미국과 중국의 대결 구도는 여러 분야에 걸쳐서 이어지고 있습니다. 미중 갈등이 처음 크게 불거진 2018년이나 트럼프가 '미국 해방의 날'을 선언한 2025년이나 겉으로는 관세 분쟁의 모양을 띠고 있는데요. 하지만 앞서 살펴본 갈등의 면면을 뜯어보면 단순히 경제 분쟁으로만 볼 수는 없습니다. 그보다는 체제, 기술, 안보 등 종합적인 대결 양상으로 이해해야 합니다.

미국은 과거에도 특정 국가를 견제한 적이 있습니다. 바로 소련과 일본입니다. 냉전 시기 경쟁자였던 소련은 미국의 견제를 받으며 결국 1991년 붕괴했고, 1980년대에 수출 주도 성장으로 호황을 누렸던 일본 또한 미국의 견제로 '잃어버린 20년'을 맞이했습니다. 중국이 세계 2위의 경제 대국이라는 점, 그런 중국을 미국이 다방면으로 압박하고 있다는 점은 과거 소련과 일본을 견제했던 미국의 모습을 연상시킵니다.

냉전시대의 경쟁자였던 소련

제2차 세계대전 이후 국제 질서가 재편되는 과정에서 소련은 미국, 영국과 함께 빅3 국가 중 하나로 자리매김했습니다. 전후 사회 재건 및 산업화 과정을 거치면서 경제 규모가 빠르게 커진 덕분이었죠. 그렇게 소련은 미국에 이어 세계 2위의 GDP를 가진 경제 대국으로 성장합니다.

미국은 빠르게 영향력을 키워가는 소련이 달갑지 않았습니다. 이념적 방향성이 전혀 달랐기 때문입니다. 미국은 자유주의, 민주주의, 시장경제 기반의 질서를 추구한 반면, 소련은 일당독재, 국가 통제, 계획경제를 중심으로 하는 공산주의 체제를 추구했습니다. 전혀 다른 두 체제는 공존이 불가능했고, 그렇게 우리가 익히 아는 냉전시대가 시작되었죠. 미국 입장에서는 소련을 견제해야 할 이유가 충분했던 것입니다.

소련 견제의 시발점은 한 통의 편지였습니다. 소련 주재 미국 대사관에서 근무하던 조지 캐넌George Kenan은 1946년 미국 국무부에 장문의 서한을 보냅니다. 서한의 요지는 이렇습니다. "자본주의에 적대적인 소련은 공산주의 확산을 꿈꾸고 있고, 이를 억제하려면 '봉쇄정책'을 펴야 한다." 여기서 봉쇄정책이란 군사적 충돌이 아니라 정치적, 외교적, 경제적 수단을 통해 소련의 영향력이 확대되지 않도록 저지하는 것을 의미합니다.

캐넌의 제안은 미국 외교정책의 중심 기조로 채택되었습니다. 1948년

외교 저널에 가명으로 소련 관련 글을 발표하기도 했던 조지 캐넌

Author of the 8,000-word telegram

부터 시작된 '마셜 플랜'Marshall Plan은 유럽 국가들의 경제 재건을 지원하고 외교적 연대를 강화해 공산주의 확산을 저지하려는 계획이었습니다. 그래서 그리스나 과거 터키(현 튀르키예)와 같이 공산화 위기에 놓인 국가들에게는 직접적인 원조를 제공하기도 했죠.

나토NATO가 창설된 시기도 이즈음인 1949년이었습니다. 미국은 서유럽 국가들과 군사적 집단안보 체제를 형성했고, 이는 소련 견제 전략의 핵심 축이 되었습니다. 미국이 한국 전쟁이나 베트남 전쟁에 개입한 것도 아시아 지역에서의 공산주의 확산을 막으려는 목적이 있었죠.

소련과의 체제 경쟁은 기술 분야로도 확장되었습니다. 그런 의미에서 우주 기술 경쟁은 단순히 과학기술 개발이 아니라 체제의 우월성을 보여줄 수 있는 상징이었습니다. 1957년 소련이 세계 최초의 인공위성인 '스푸트니크 1호'를 발사하면서 우주 기술 경쟁이 본격화되었는데

요. 이에 자극을 받은 미국이 1958년 인공위성 익스플로러 1호를 발사하고 NASA를 설립하는 등 우주산업에 적극적으로 뛰어들었죠. 동시에 동맹국들과 함께 COCOM(대공산권 수출 통제 위원회)을 조직해 소련을 포함한 공산권 국가로의 첨단 기술 및 장비 수출을 제한했습니다.

1969년 아폴로 11호에 탄 닐 암스트롱이 인류 최초로 달에 발을 디디면서 미국은 우주 기술 경쟁에서 상징적인 승리를 거두었습니다. 미국의 기술적 우위는 소련의 이념적 정당성을 약화시켰고, 기술 경쟁을 위한 과잉 투자는 소련 경제에 악영향을 미쳤습니다. 그렇게 미국은 지금까지 1위 국가로 건재한 반면에 소련은 해체되는 결과를 맞았죠. 이때부터 기술 경쟁이 곧 체제 경쟁의 승패를 좌우한다는 인식이 굳어졌다고 볼 수 있습니다.

수출 주도 성장으로 미국을 위협했던 일본

일본은 과거 정부 주도하에 수출 중심의 경제 성장 전략을 채택했던 대표적인 나라입니다. 그 결과 일본은 저렴한 노동력, 품질 개선 운동, 제조 공정 혁신 등을 통해 '싸고 질 좋은 제품'을 만드는 나라로 자리매김했습니다. 특히 반도체, 전자, 자동차 산업 등에서 높은 기술력으로 세계 시장을 주도했습니다.

미국 입장에서는 세계 2위의 경제 대국으로 성장한 일본을 견제해야만 했습니다. 당시 일본은 1968년에 독일을 제친 데 이어 1980년대 후반에는 소련을 제치고 미국을 바짝 추격하기 시작했거든요. 뿐만 아니라 글로벌 반도체 생산량 1위를 차지하는 등 미국의 기술 패권을 위협하는 존재로 떠오른 상황이었습니다. 이 과정에서 일본의 대미 수출이 성장하면서 미국과 일본 사이의 무역 불균형도 심화되었는데요. 1985년에는 미국의 무역적자에서 일본이 차지하는 비중이 40%에 육박하기도 했습니다.

미국의 일본 견제가 노골적으로 드러난 대표적인 사건이 바로 '플라자 합의'입니다. G5(미국, 일본, 서독, 프랑스, 영국) 재무장관들이 뉴욕 플라자 호텔에 모여 미국 달러화 가치를 낮추는 데 합의한 것이죠. 이 합의의 목적은 무역 불균형 해소였습니다.

합의 후 특히 일본 엔화의 강세가 크게 나타났습니다. 당시 250엔 수준이었던 엔/달러 환율은 약 3년 만에 절반 수준인 120엔까지 떨어지게 되었죠. 엔/달러 환율 하락은 일본 기업들의 수출 경쟁력 하락을 의미하기 때문에 수출 중심이었던 당시 일본 경제에는 치명적이었습니다.

이에 일본 정부는 금리를 낮추며 경기 부양에 나섰습니다. 덕분에 높은 경제성장률을 유지할 수 있었지만 금리 인하의 부작용이 더 컸습니다. 부동산과 주식 등 자산 가격이 급격히 오르면서 이것이 1990년대 초반 버블 붕괴로 이어지게 되었던 것이죠. 그렇게 일본 경제의 '잃어버린 20년'이 시작되었습니다.

기술 측면에서 미국이 일본을 가장 강하게 견제했던 분야는 반도체였습니다. 반도체는 AI와 함께 '산업의 쌀'로 불릴 만큼 핵심적인 기술인데요. 당시에도 반도체는 컴퓨터, 통신, 항공우주 등 국가 안보와 직결되는 첨단 산업에서 중요한 역할을 했습니다. 문제는 일본 기업이 글로벌 반도체 시장을 장악하면서 미국 기업들이 위축됐다는 점입니다. 기술 패권에서 뒤처지고 있다는 위기감이 높아짐에 따라 미국은 일본의 반도체 산업을 직접적으로 견제하기 시작했습니다.

대표적인 사례가 1986년 '미일 반도체 협정'입니다. 미국의 불만은 일본 반도체 기업들이 미국 시장에서 가격을 덤핑(비정상적으로 낮은 가격에 판매하는 것)해 이득을 보는 반면, 미국 기업들은 일본 시장에 진입하지 못한다는 것이었습니다. 그래서 '가격 덤핑을 감시하고, 일본 내 외국 기업 점유율을 20%까지 높인다'라는 내용의 협정을 맺은 것이지요. 사실상 일본에 반도체를 더 많이 팔아 미국 기업의 점유율을 높이겠다는 심산이었습니다.

또한 일본 기업들에게 반도체 가격과 생산 정보를 미국 정부에 보고할 것을 요구했습니다. 일본 기업이 반도체를 생산하고 가격을 책정해 유통하는 전 과정이 미국의 감시하에 놓이게 된 것입니다. 이후 레이건

미국의 견제로 일본의 반도체 시장점유율은 빠르게 하락했다

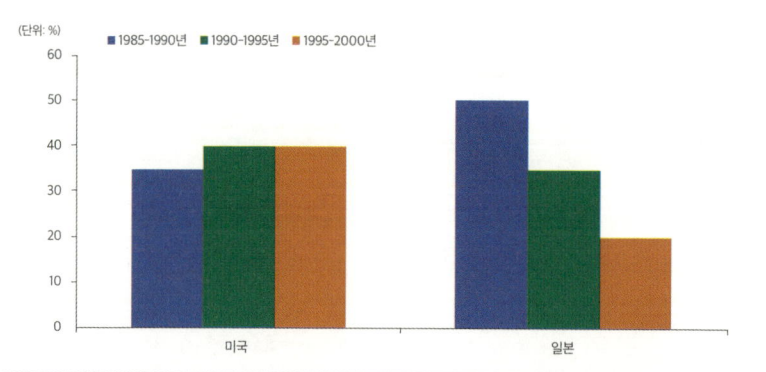

출처: VLSI 리서치VLSI Research, 토스증권

대통령은 일본이 협정을 제대로 이행하지 않고 있다며 100%의 보복관세를 부과하기도 했습니다.

일본 기업들이 규제 대응에 집중하는 사이, 미국 반도체 기업들은 판을 바꿀 시간을 벌었습니다. 메모리 반도체에서 시스템 반도체로 구조 전환을 한 거죠. 이에 더해 한국과 대만 등이 반도체 산업의 신흥 강자로 떠오르면서 일본 반도체 산업의 경쟁력은 크게 약화되었습니다.

중국과의 싸움은
조금 더 복잡하고 어렵다

앞서 살펴봤듯이, 미국이 소련과 일본을 견제한 이유는 당시 두 나라가 미국의 강력한 경쟁자로 부상했기 때문입니다. 이는 중국 역시 마찬가지죠. 2000년대 중국은 값싼 노동력을 바탕으로 '세계의 공장' 역할을 하며 빠르게 성장했습니다. 미국 또한 중국에서 생산된 물건을 사들이는 주요 소비국 중 하나였죠. 그랬던 중국이 이제는 생산기지에 머물지 않고 '중국제조 2025' 같은 정책을 통해 미래 핵심 산업을 육성하고 있습니다. 과거 소련이나 일본처럼 미국이 무시할 수 없는 경쟁자가 된 것입니다.

그런데 미국과 중국의 관계는 앞서 살펴본 소련이나 일본보다 조금 더 복잡합니다. 이념이 다르고 체제 경쟁을 벌이고 있다는 점에서는 분명 소련과 비슷합니다. 하지만 경제적으로 밀접하게 얽혀 있다는 점에서는 과거 우방국이었던 일본과 비슷하죠.

이 때문에 미국은 중국을 전례 없는 '복합 경쟁자'Complex Competitor로 인식하고 있는데요. 체제만 봤을 땐 같이 할 수 없는 상대인데 무역으로 엮여 있어서 완전히 끊어내기도 어려우니, 견제하기가 더 까다로운 것입니다. 게다가 과거 소련과 일본에 비해 현재 중국과 미국의 GDP 비중 격차는 그리 크지 않습니다. 미국이 과거보다 더 강하게 전방위적인 견제를 하는 이유입니다.

미국의 견제가 어려운 또 다른 이유는 중국 역시 과거 사례에서 여러 교훈을 얻었기 때문입니다. 근래의 중국은 소련처럼 무너지지 않기 위해 전면적인 이념 대결과 군비 경쟁은 피하는 모습입니다. 직접적인 이념 전파 대신 기술 수출을 통한 '중국식 현대화'를 유도하고 있죠. 일본처럼 불리한 협상 테이블에 끌려가는 것도 경계합니다.

2000년대 이후 중국 GDP의 미국 대비 변화

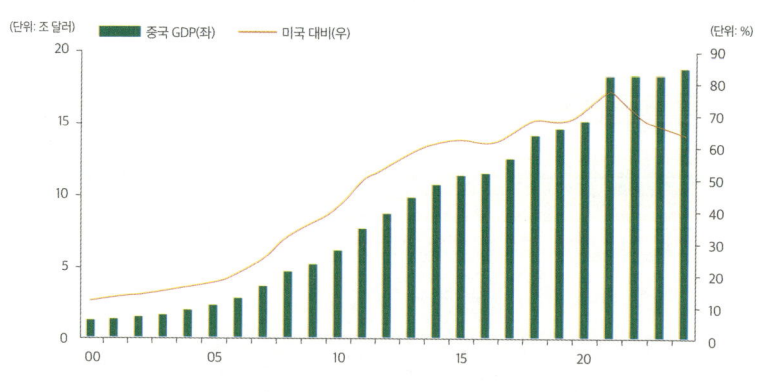

출처: MDP Maddison Project Database, IMF International Monetary Fund, 블룸버그, 토스증권

중국과의 관계는 과거의 소련, 일본보다 더 복잡하다

구분	vs. 소련	vs. 일본	vs. 중국
체제 경쟁	• 소련의 이념 확산을 위협으로 간주 • 봉쇄정책 수립 및 시행	• 동일 체제로 경쟁 관계 아님 • 경제 우위 위협 존재	• 중국의 디지털 권위주의 통치 모델 • 사이버 주권 감시 기술 확산 견제
금융 압박	• 진영 분리로 자본시장 완전 차단 • 대공산권 수출통제위원회 등으로 무역, 금융 봉쇄	• 플라자 합의(엔고) • 금융시장 개방 압박	• 중국 전략 기업 투자 금지 • 블랙리스트 기업 투자 제한
기술 경쟁	• 우주, 미사일, 핵무기 등 분야에서 경쟁 • 미국 NASA 등 설립	• 반도체, 자동차 분야에서 경쟁 • 미일반도체협정 체결	• AI, 반도체, 바이오 등에서 전방위 경쟁 • 핵심 부품 및 기술 수출 통제
공급망 확보	• 공급망 분리 상태 • 우방국과 자급자족형 구조 확보	• 일본 제품 수입 확대 • 협정, 관세 등으로 견제	• 공급망 의존도 높은 수준 • 리쇼어링, 디커플링 시도

대신 중국은 미국의 수출 규제에 맞서 내수를 키우는 '쌍순환 전략'을 채택했습니다. 이 전략의 핵심은 대외 의존도를 낮추고 내수를 확대해 경제의 자립성을 높이는 데 있습니다. 대외 순환(수출, 투자)과 대내 순환(소비, 내수)을 병행하되 내수 중심 성장에 무게를 두는 것이죠. 한때 '세계의 공장'이었던 중국은 이제 내수 확대를 통해 미국에 대응하는 동시에 글로벌 경기 둔화에도 대비하려 하고 있습니다.

미중 갈등에 대처하는
투자자의 자세

두 나라의 복잡한 관계를 고려했을 때 미국과 중국의 갈등이 단기간에 일단락되지는 않을 것입니다. 상황에 따라 갈등이 고조되었다가 완화되기를 반복하는 상황이 이어지겠죠. 투자자라면 기대 요인과 불안 요인 모두를 점검해볼 필요가 있습니다.

그럼에도 길게 봤을 때 조금 더 유리한 쪽은 역시 미국입니다. 물론 경쟁하는 과정에서 엎치락뒤치락하는 모습이 나오겠지만, 장기적인 관점에서 미국이 우위를 이어갈 확률이 높습니다. 글로벌 금융시장에서 중국 기업의 자금 조달이 어려워질 수 있다는 점도 리스크 요인으로 작용하고요. 시시각각 변하는 상황에 대응하기 어려운 투자자라면 장기적으로 우위를 이어갈 미국에 투자의 우선순위를 두는 편이 유리할 것입니다. 다만 어디까지나 우선순위입니다. 대부분의 경우 한쪽으로 쏠리는 투자는 바람직하지 않습니다. 투자 성과는 균형 잡힌 자산배분과 리스크 관리에서 비롯된다는 점을 다시 한번 말씀드립니다.

기대 요인: 기술 기업에게는 기술 패권 경쟁이 곧 기회

미국이 대규모 무역적자보다 더 두려워하는 것이 바로 중국의 빠른 기술 발전입니다. 두 나라 모두 과거의 교훈을 통해 기술 패권을 유지하는 것이 얼마나 중요한 일인지 잘 알고 있기 때문입니다.

두 나라의 기술 패권 경쟁이 치열할수록 산업의 성장 속도는 빨라지게 됩니다. AI, 우주, 로봇 등 기술 패권을 좌우할 분야는 이미 어느 정도 윤곽이 드러나고 있는데요. 바로 여기에 기회가 있습니다. AI만 보더라도 반도체, 소프트웨어, 사이버 보안 등 다양한 분야에서 투자 기회를 찾을 수 있습니다. 대부분 장기적인 성장이 기대되는 분야들입니다. 만약 장기 투자처를 찾는다면 기술 기업들이 훌륭한 선택지가 될 수 있을 것입니다.

불안 요인: 지속되는 갈등은 주식시장의 잠재적인 리스크

미중 갈등은 언제든 다시 격화될 수 있다는 점을 염두에 둘 필요가 있습니다. 2018년 미중 무역 분쟁 때도 그랬듯이 세계 1, 2위 국가의 다툼은 글로벌 증시에 큰 충격을 줄 수 있기 때문입니다. 둘의 경쟁은 앞으로 장기전이 될 가능성이 높습니다. 트럼프의 임기가 끝나도, 집권 정당이 바뀌어도 마찬가지입니다. 두 나라가 협상을 체결하며 잠시 갈등이 완화되는 국면이 나타날 수도 있지만 근본적인 해결이 이뤄지기는 매우 어렵습니다. 따라서 미중 갈등을 사라지지 않을 상수로 받아들이고 이러한 관점에서 투자를 하는 것이 좋겠습니다.

정부 효율화의 시작점,
DOGE

워싱턴 D.C. 출장의 마지막 핵심 이슈는 'DOGE'Department Of Government Efficiency(정부효율부)였습니다. 트럼프 2기 정부 출범과 함께 신설된 DOGE는 밈meme이나 일시적 정치 이벤트 취급을 받기도 했는데요. 현지에서 느끼기로는 기업 경영진, 정부 관료, 언론, 싱크탱크, 의회 등 많은 관계자들이 그 영향력에 상당히 주목하는 모습이었습니다. 하나같이 DOGE를 핵심 변수로 꼽으며 대응 전략을 고심하고 있더군요.

이번 출장에서 우리는 미국 정부와 긴밀히 협력하는 기업 경영진과의 만남을 통해 DOGE에 관한 귀중한 인사이트를 얻을 수 있었습니다. 지금부터 현지에서 보고 들은 그 생생한 내용을 여러분께 전해드리겠습니다.

DOGE는 단순한
밈이 아니다

DOGE는 트럼프 2기 정부 출범과 함께 신설된 정부 조직입니다. 한국에서는 이 조직 설립이 일론 머스크의 아이디어인 것처럼 보도되면서 트럼프와 머스크의 관계에 초점이 맞춰진 기사들이 많이 나왔습니다. 그러다 보니 정작 이 조직이 왜 만들어졌으며 무슨 일을 하는지에 대해서는 충분히 소개되지 못한 측면이 있습니다.

현지 관계자들이 말하는 DOGE는 명확한 목적을 가진 조직이었습니다. 출범 초기부터 일론 머스크가 떠난 지금까지 다양한 산업 및 기업의 비즈니스에 영향을 미치고 있었고요. 실제로 방위산업체, 소프트웨어, 부동산 거래 플랫폼 등 각기 다른 산업에 속한 기업들과 진행한 미팅에서 DOGE가 핵심 변수로 다뤄지곤 했습니다. DOGE에 대해 묻지도 않았는데 먼저 DOGE를 언급하고, 대응 전략을 설명하는 중역들의 모습에서 현지 기관 투자자로부터 이미 관련 질문을 많이 받아왔음을 확인할 수 있었습니다.

현지에서 직접 느낀 대로라면, **DOGE는 트럼프와 머스크의 특수 관계로 생겨난 일시적 해프닝이 아니라 미국 경제 및 개별 산업을 크게 뒤바**

꿀 수 있는 구조적 변화의 시작점입니다. 그러므로 미국 투자의 방향성을 확립하기 위해서는 DOGE가 무슨 일을 하는 조직인지, DOGE가 촉발한 '정부 효율화'가 미국 내 여러 산업에 어떤 변화를 만들고 있는지, 기업들은 이에 어떻게 대응하고 있는지 제대로 파악해야 합니다.

DOGE, 미국식 정부 효율화의 엔진이 되다

DOGE는 미국 정부가 꼭 필요하다고 판단해 신설한 기관이고 달성 목적도 분명합니다. 그리고 이미 소기의 성과를 거두고 있습니다. 그렇다면 정부기관으로서 DOGE는 왜 만들어졌을까요? 그리고 장기적으로는 미국 사회와 경제 전반에 어떤 역할을 해나갈까요?

'효율화'는 이미 진행 중이다

트럼프는 선거 때부터 일론 머스크를 전면에 내세워 '국가 운영의 효율성'을 강조한 바 있습니다. 실제로 당선 후 행정명령을 통해 신설한 조직이 바로 DOGE고요. 당시만 해도 일론 머스크의 요청으로 만들어진 특별 부서라는 점이 많은 주목을 받았습니다만, 지금은 트럼프와 머스크의 관계가 서먹해지고 사실상 트럼프 정부 내에서 머스크의 역할이 없어졌죠. 그럼 머스크가 빠졌으니 DOGE의 역할도 약화됐을까요?

결론부터 말씀드리자면 그렇지 않습니다. DOGE의 목적은 이름 그대로 정부의 효율화입니다. 핵심은 연방정부의 손익계산서를 면밀히 검토해 불필요한 지출은 줄이고 운영의 효율성을 높이는 것이죠. 트럼프 정부는 DOGE를 신설하기 위해 기존에 기술 및 디지털 혁신을 담당하고 있던 부서인 'U.S. Digital Service'를 개편했습니다. 이후 DOGE는 정부 계약과 지출을 모니터링하고 비용 및 지출을 투명하게 공개하는 등 다양한 행정 효율화 정책을 실행 중입니다.

DOGE 공식 홈페이지에 따르면 이미 정부 효율화에 기여하고 있는데요. 가령 자산 매각과 계약 취소 및 재협상, 사기성 지출 정리 및 보조금 취소, 이자 비용 절감 프로그램 조정, 인력 감축 등을 통해 총 2,050억 달러의 절감 효과를 거둔 것으로 자체 추산하고 있습니다. 이를 납세자 1인당으로 환산하면 약 1,273달러가 절약된 셈입니다. 물론 규제 철폐가 마무리되지 않았기 때문에 공식 통계가 나오지는 않았지만, 그럼에도 대규모 재정 절감과 규제 축소라는 측면에서 DOGE는 이미 가시적인 성과를 내고 있다고 평가할 수 있습니다.

SNS처럼 심플하게 꾸며진 DOGE의 공식 홈페이지

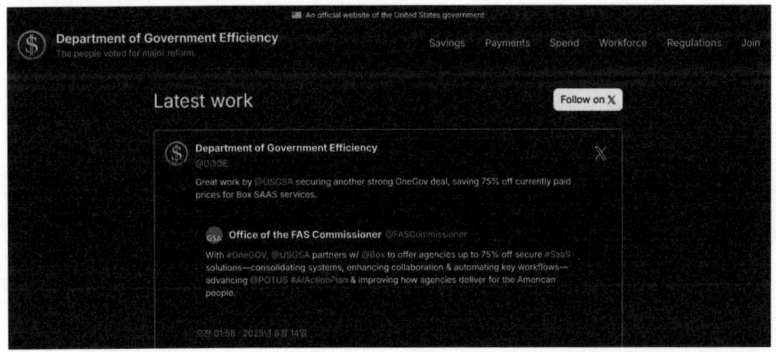

출처: DOGE, 토스증권

AI로 '효율화의 효율'을 높여라

정부 예산의 범위는 매우 넓습니다. 그래서 어느 곳에서 얼마나 비효율이 발생하고 있는지 빠르게 파악해 개선하려면 방대한 데이터를 수집하고 분석해야 할 텐데요. 여기에 AI가 쓰이고 있습니다. 2025년 7월 〈워싱턴 포스트〉를 비롯한 주요 매체들은 'DOGE의 AI 활용법'에 대한 보도를 내놨습니다. 보도에 따르면, DOGE 출범 초기 일론 머스크와 함께 합류했던 엔지니어들이 'AI 규제완화 결정도구'를 개발했고 이를 규제 감축에 활용하고 있다고 합니다. 여기서 규제 감축이란, 단순히 규제를 없애는 것이 아니라 불필요한 규제를 선별해 수정안을 작성하는 것을 의미합니다.

당장의 목표는 2026년 비국방 및 비긴급 분야 예산 중 1,630억 달러를 줄이고 여기에 더해 추가 절감안을 발굴하는 것인데요. 1,630억 달러는 미국 정부 전체 예산인 6조 7,500억 달러에 비하면 2.3%로 미미해 보일 수 있습니다. 하지만 비국방 및 비긴급 예산(약 9,000억 달러) 중에서는 약 20%로 결코 적지 않습니다(확정치인 2024년 기준).

DOGE는 '재정 적자 해소'의 돌파구가 될 수 있다

트럼프 정부가 효율화를 추진할 수밖에 없었던 이유가 있습니다. 바로 미국의 만성적인 재정 적자 때문입니다. 점점 불어나고 있는 미국 정부의 재정 적자는 이제 한두 해 예산 삭감으로는 해결되지 않는 수준에 이르렀습니다. 장기 플랜을 갖고 지속 가능한 방식으로 재정 구조를 개혁해야 해결할 수 있는 문제죠.

물론 재정 적자를 줄이기 위한 '세금 지출 삭감'은 상원의회의 표결을 거쳐야 합니다. 따라서 DOGE에서 절감안을 발굴하고 개정안 초안을 제시하는 것으로 끝이 아니라 실제 예산에 반영되기까지 정치적으로 매우 복잡한 과정이 필요하리라 예상됩니다. 그럼에도 불구하고 DOGE는 효율적인 재정 개혁에 대한 미국 정부의 강한 의지를 보여주는 기관으로, 이미 재정 적자 축소에 기여할 수 있는 실질적이고 과감한 시도들을 하고 있습니다.

DOGE에 대한
긍정 및 부정 평가

DOGE 출범과 관련해 미국 내 현지 평가는 어떨까요? 모든 정책이 그렇듯 긍정과 부정 평가가 엇갈리긴 하지만 정부 관계자, 언론, 싱크탱크, 상하원 의원 등은 여전히 DOGE의 영향력에 주목하고 있었습니다.

긍정적 평가: 증세 없는 재원 마련이 가능하다

트럼프 행정부의 인사관리처 수장으로 임명된 스콧 쿠포Scott Kupor는 "DOGE의 방식이 다소 강압적이긴 하지만 그러한 시도가 효율화의 흐름을 촉발한 것은 사실이다."라고 인정했습니다. 기본적으로 정부기관은 변화 및 개혁에 다소 소극적일 수밖에 없는데요. DOGE 출범 후, 정부 조직 안에서도 구조 개혁이 가능하고 또 필요하다는 분위기가 나타나고 있음을 알 수 있습니다.

쿠포는 나아가 효율성을 인사관리처 운영의 기본 가치로 정착시키겠다는 입장을 밝혔으며, 다른 정부기관들도 효율성을 최우선 가치로 두어야 한다고 강조했습니다. 또한 정부 업무의 효율을 높이기 위한 방편으로 AI를 꼽았습니다. 다만 최신 AI 기술에 능숙한 인력이 부족하기 때문에 더 많은 인재가 정부에서 일할 수 있도록 먼저 채용 시스템을 재정비하겠다고 말했습니다.

《포브스》와 〈로이터〉는 DOGE가 성공할 경우 정부가 국민을 위해 더 좋은 서비스를 제공하는 방향으로 발전할 수 있다고 전망했습니다. 이는 재정 운영과 관련해서 정부가 빠지기 쉬운 딜레마와 관계가 있는 데요. 정부로서는 '세금을 더 걷어 국민을 위한 서비스를 강화할 것인가, 세금을 줄여 국민의 부담을 줄여줄 것인가'라는 고민에 빠질 수밖에 없습니다.

만약 DOGE의 효율화가 성공한다면 세금을 더 걷지 않고도 국민을 위한 서비스를 강화할 수 있게 됩니다. 즉, 국민은 세금을 내고 정부는 도로, 경찰, 소방, 사회안전망 같은 기본 서비스를 제공하는 사회적 계약을 더욱 충실하게 이행할 수 있다는 말이죠. 그런 이유로 이들은 DOGE 같은 정부 효율성 기관을 단순한 조직이 아니라, 국민과 정부의 관계가 다시 조정되는 모습을 보여주는 기관이라고 평가하기도 했습니다.

부정적 평가: 기업식 구조조정이 가져올 폐해가 더 크다

미국의 싱크탱크 브루킹스Brookings는 DOGE가 여러 정부 부처에서 대규모 해고를 하면서 국정 운영에 차질이 생긴 점을 지적하는 논평을 내놨습니다. DOGE의 '기업식 구조조정'이 국가 안보와 과학기술 개발, 식량과 보건안보, 금융시장 안정성 등 사회 전반에 부정적인 영향을 크게 미칠 수 있다고 비판한 것입니다.

대표적으로 국가핵안보국NNSA 인력을 해고했다가 미국 핵무기 관리에 공백 위험이 생긴 사례, NASA의 젊은 과학자와 엔지니어들을 해고하려다 화성 탐사 프로젝트에 차질이 생길 뻔한 사례를 꼽았습니다. 뿐만 아니라 농무부 조류독감 대응 인력, 보건복지부 인디언 보건 서비스 인력, 금융 당국에서 주택담보대출 금리에 중요한 APOR(신용도가 높은 사람에게 제공되는 시장 평균 대출 금리)을 계산하는 인력 등의 해고가 행정 혼란과 정부 기능 약화로 이어질 뻔한 부작용을 지적했습니다.

민주당 상원의원 리처드 블루멘털Richard Blumenthal은 "세금 절감은커녕 오히려 세금 낭비를 키웠다."라는 비판적인 논조의 보고서를 내놨습니다. 해당 보고서에 따르면, 효율을 높이고 예산을 절감한다는 명분과 달리 2025년 상반기에만 약 217억 달러 규모의 낭비를 초래한 것으로 드러났습니다. 특히 계획에 없던 인력 감축에 따른 비효율과 비용 증가를 지적했는데요. 대표적 사례로 유예 사직 프로그램(140억 달러), 강제 퇴직자 행정 휴직(60억 달러), 대출 동결 손실(2억 6,000만 달러), 성과 이메일 요구(1억 6,000만 달러), 지원품 부패(1억 1,000만 달러) 등을 꼽았습니다.

DOGE는 기업에
어떤 영향을 미칠까?

이처럼 현지에서도 정책에 대한 평가가 갈리다 보니 우리가 만난 대부분의 기업 관계자 및 경영 중역들은 사업 전망에 DOGE를 주요 변수로 두고 있는 듯했습니다. 덕분에 기사나 외부인이 쉽게 접하기 어려운, 실제로 미국 정부와 긴밀히 협력하는 회사 중역에게서만 들을 수 있는 귀중한 투자 인사이트를 얻을 수 있었습니다.

상업용 부동산 시장에 변화를 가져올 것이다

코스타CoStar는 미국의 탑티어 부동산 플랫폼 회사입니다. 부동산 시장 리서치, 상업용 부동산 데이터 분석 등 사업 영역이 넓은데요. 현지에서는 홈스닷컴Homes.com과 아파트먼트닷컴Apartment.com 같은 부동산 포털로도 유명합니다. 상업용 부동산 데이터 분석에 강해서 이를 미국 정부에 제공하기도 하고요.

이들과의 미팅에서 우리는 '트럼프 정부 정책이 회사에 미칠 영향과 경영진의 의견'에 대해 물었습니다. 트럼프 2기 정부의 정책들이 부동산 수요나 플랫폼 사업에 어떤 영향을 미칠지 알아보려는 질문이었습니다. 그런데 경영진은 곧바로 DOGE의 영향에 대해 긴 시간을 들여 설명하기 시작했습니다. 트럼프 정책 전반에 대한 질문에 DOGE 이야기가 반사적으로 나오는 모습을 보며 여러 곳에서 관련 질문을 정말 많이 받고 있구나, 짐작할 수 있었습니다.

코스타 측은 DOGE가 정부기관 인력을 줄이는 과정에서 사무실 임대계약 또한 줄이거나 해지하는 정책을 펴고 있다며, 이러한 정책이 상업용 부동산 시장 전반에 변화를 가져올 수 있다고 설명했습니다. 물론 코스타는 워낙 글로벌하게 사업을 영위하는 회사이기에 전체 매출에서 미국 연방정부와의 계약이 차지하는 비중도 극히 작아 실적에 직접적인 타격은 없을 거라고 말했습니다. 오히려 변동이 큰 시기인 만큼 자신들의 사업 영역인 입지 및 매매 분석 수요를 키울 수 있는 기회라고 덧붙였습니다. 또한 코스타의 경쟁사들도 DOGE가 가져올 부정적 영향을 극복하기 위해 정부 쪽 매출 비중을 낮추거나 매출처를 다각화하는 등 중장기적인 시각에서 대응하고 있음을 확인할 수 있었습니다.

결론적으로 미국 정부는 이전까지 상업용 부동산(특히 오피스) 시장의 최대 임차인이었지만, DOGE 출범과 함께 시작된 효율화의 일환으로 사무실 임차 수요를 줄이는 추세로 분위기가 바뀌었습니다. 신용도가 높고 장기계약을 선호해 부동산 시장 안정성에 크게 기여했던 정부 수요가 줄면 그만큼 노후 오피스의 재계약 가능성이 낮아지고, 특히 정부 의존도가 높은 지역(워싱턴 D.C., 버지니아, 메릴랜드 등)의 부동산 시장은 타격을 입을 수 있습니다.

정부 대상 사업의 변동성이 커졌다

피스컬 노트Fiscal Note는 정부 정책이나 안건을 분석하고 그것의 통과 가능성을 예측해 알려주는 정책 데이터 플랫폼 기업입니다. 시가총액 규모는 작지만 상당히 수요가 뾰족한 서비스를 제공하죠. 이 회사와의 미팅 역시 분위기는 비슷했습니다. CEO와 CFO는 우리가 질문을 하기도 전에 DOGE를 언급하며 정부 예산 효율화 흐름에 회사가 어떻게 대응하고 있는지 설명해주었습니다. 그만큼 DOGE가 해당 회사 비즈니스에 유의미한 사안이라는 뜻이었죠.

원래 피스컬 노트 입장에서 미국 정부는 안정적인 매출처였지만, DOGE 출범 이후 변동성이 커졌다고 말했습니다. 연방정부와의 계약을 1년 단위로 맺었는데, DOGE 출범 후 모든 정부 예산을 원점에서 재검토하는 '제로베이스 예산 집행'으로 다수 계약이 중단 또는 취소됐다고 하더군요.

물론 그중 상당수는 이후 필요성이 인정되어 빠르게 재승인되었고, DOGE 출범 초기인 2025년 2~3월에 비해 많이 줄었다고 설명했습니다. 단기 변동성이 커졌지만 본인들의 경우 수요가 워낙 분명하기에 장기적으로 실적에 큰 변동 없이 현재 상태를 유지할 거라는 전망을 함께 덧붙였습니다. 법안 통과 여부는 그 내용에 따라 정부 외에도 다양한 기업의 비즈니스에 영향을 미칠 수 있기 때문에 비싼 금액을 내더라도 자신들의 서비스를 쓸 거라는 자신감이 엿보였습니다.

규모가 크거나 성공 이력이 있는 기업에 기회가 몰린다

레이도스Leidos는 국토안보부, 보건복지부, NASA 등 다양한 정부 부처와 긴밀하게 일하고 있는 기업입니다. 데이터 분석, 사이버 보안, 머신러닝 등을 활용한 방위산업 솔루션을 제공하죠. 이 회사의 경영진 역시 DOGE가 예산 절감과 효율성 강화를 위해 실질적인 변화를 꾀하는 중임을 인지하고 있었습니다. 특히 DOGE 출범 초기에는 각 정부 부처의 수장들이 아직 임명되지 않은 틈을 타 구조조정 및 계약 개선을 빠르게 실행했다고 합니다. 정부기관별로 리더가 정해진 지금은 실행보다 자문 역할에 가깝게 운영되고 있고요.

레이도스 중역의 말에 따르면, DOGE의 목표가 예산 절감 및 프로세스 효율화이다 보니 자연스럽게 여러 계약을 하나로 통합하거나 성과에 기반한 계약만 주로 남기는 분위기가 만들어지고 있다고 합니다. 특별히 소규모 기업들을 배제하려는 의도는 없지만, 아무래도 여러 가지 일을 겸할 수 있는 큰 회사나 정부와 성공적인 실적을 쌓은 회사들에게 유리한 환경이 조성되고 있는 것이죠. 레이도스 역시 DOGE 출범 후 타 업체가 수행하던 일부 업무를 넘겨받아 통합 서비스로 제공한 일이 있다고 합니다.

이처럼 정부가 필요로 하는 제품, 기술, 서비스를 일종의 패키지로 제공할 수 있는 기업들은 중장기적으로 신규 매출 기회를 창출할 수 있을 것으로 기대됩니다.

국방, 안보 영역은 손대지 않는다

CACI는 미국 정부의 안보 및 기밀 정보를 분석하는 인력, 제품, 서비스를 제공하는 기업입니다. 이들은 CACI가 가진 특별함 덕분에 DOGE의 영향을 덜 받고 있다고 강조했는데요. 여기서 이들이 말한 특별함이란 국토안보부, CIA, FBI 등 미국 정부기관 중에서도 국방 및 안보 관련성이 높은 기관들과 함께 일한다는 점이었습니다. 실제로

CACI 직원들은 모두 신원 조회를 통과한 사람들이고 인력의 40%가 미 군 및 미국 정보기관 출신이라고 합니다.

관계자의 말에 따르면, 국가 안보 영역은 정당을 가리지 않고 절대 적인 지지를 받는다고 합니다. 바꿔 말하면 국가 안보 예산은 사실상 삭감이 불가능하다는 얘기죠. 그래서 CACI는 매출의 90%를 미국 정부 로부터 내고 있음에도 DOGE에 따른 실적 타격을 걱정하지 않고 있었 습니다. 물론 당장 예산 삭감은 어렵더라도, 향후 DOGE의 효율화 흐 름이 장기적으로 정부와의 계약 환경에 구조적 변화를 불러올 가능성 은 있다고 CACI 관계자는 덧붙였습니다.

기업들이 말하는 DOGE

기업명	DOGE가 미친 영향	긍정적 요인	부정적 요인
코스타	• 리스 해지 및 축소로 상 업용 부동산 시장 변화 예상 • 매출 중 정부 비중 1% 미만→직접적타격 제한	• 부동산 거래·입지 분석 수요 확대 가능 • 글로벌 매출 비중 커서 영향 분산	• 부동산 전반에 대한 수 요 위축 리스크 • 정책 불확실성으로 투 자심리 악화
피스컬 노트	• 제로베이스 예산 집행 으로 계약 취소 및 중단 발생 • 단기 변동성 확대	• 정책이나 입법 예측 수 요는 구조적으로 견조 • 필요성이 인정되는 계 약은 재승인되는 구조	• 정부 고객 안정성 약화 • 단기 매출 변동성 확대
레이도스	• 초기엔 계약 구조 변화 주도, 현재는 자문 성격 의 기관 • 예산 효율화 및 성과 기반 계약 확대→대형사 유리	• 실적 및 대규모 수행력 → 신규 기회 • 패키지 제공으로 경쟁 우위	• 계약 구조 변화 → 초기 비용 부담 • 중소기업 탈락 시 단기 조정 발생
CACI	• 국방·안보는 초당적 지 지로 예산 삭감 불가 → 영향 미미	• 국방·안보 특화 구조 로 안정적 매출 • 신원 조회된 인력 경 쟁력	• 직접적 영향은 제한적 • 정부 조달 전반 효율화 압박 가능

"DOGE는 상업용 부동산 및
공공 조달 시장의 변동성을 키우는 한편,
실적 중심의 기업 재편을 가속화하고 있습니다."

01

02

03

01 부동산 거래 중개 플랫폼
   기업 코스타 방문
02 정책 데이터 플랫폼 기업
   피스컬 노트 방문
03 IT, 보안, 무기 시스템 조달
   기업 레이도스 방문
04 미국의 안보 및 기밀 정보
   분석 기업 CACI 방문

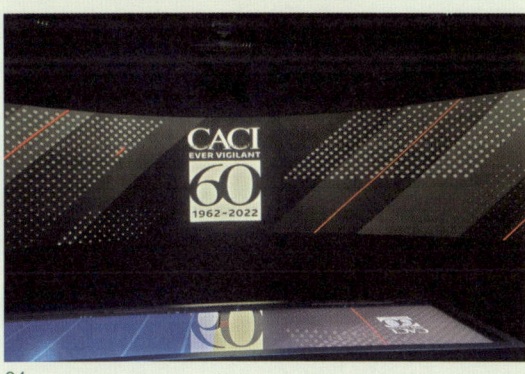

04

투자자가 알아야 할
수혜 산업과 타격받을 산업

지금까지 살펴봤듯이 DOGE는 산업 전반에 걸쳐 많은 것을 바꾸고 있습니다. 이는 결코 단기적인 변화가 아닙니다. 중장기적 방향성을 갖고 연방정부의 지출 구조를 재편하는 과정에서 각 산업에서도 구조적인 변화가 일어날 가능성이 크죠. 투자자 여러분의 판단을 돕기 위해 DOGE로 수혜를 볼 산업과 타격을 입을 산업을 간략히 정리했습니다.

DOGE로 수혜를 볼 산업 ①: 방위산업 대형주

국방 및 안보 예산에는 DOGE도 관여하기가 쉽지 않습니다. DOGE의 영향에서 비교적 자유롭고, 트럼프 정부의 자국 우선주의 정책하에서 첨단 무기, 미사일 방어, 우주 방위 프로젝트 확대를 예상할 수 있기에 대형 방위산업체는 장기적인 수혜를 누릴 것으로 전망됩니다. 특히 여러 프로젝트를 묶어서 제공할 수 있는 대형사로 정부 프로젝트가 집중되는 현상이 벌어질 수 있다는 점 또한 고려해야 합니다.

DOGE로 수혜를 볼 산업 ②: 디지털 전환 관련 소프트웨어

DOGE의 영향력 아래 정부기관의 IT 시스템 자동화 및 현대화는 가속화될 전망입니다. 업무 효율화의 우선순위가 높아지면서 클라우드 전환, AI 기반 자동화, 데이터 관리 솔루션 등의 수요가 늘어날 것으로 보입니다.

DOGE로 수혜를 볼 산업 ③: 사이버 보안과 데이터 관리 및 분석 관련 소프트웨어

효율성을 확보하고 정부 운영을 디지털로 전환하는 과정에서 사이버보안, 데이터 관리 및 분석의 필요성이 급격하게 증가할 전망입니다. 관련 기업들이 장기적으로 수혜를 받게 될 텐데, 특히 국가안보와 직결된 사이버 보안 부문은 안정적인 예산 지원이 뒷받침될 것으로 보입니다.

DOGE로 타격받을 산업 ①: 연방 리스에 의존한 산업 및 리츠

연방정부가 오피스 공간을 줄임에 따라 임차 수요가 급감할 가능성이 높습니다. 중장기적으로 워싱턴 D.C. 등 핵심 지역 오피스 시장이 부정적인 영향을 받을 것으로 예상됩니다. DOGE가 주 단위 프로그램으로 확대될 경우, 지역 오피스 시장 또한 부정적 영향을 받을 수 있습니다.

DOGE로 타격받을 산업 ②: 중소형 정부 협력 기업

계약이 대형사 중심으로 통합되면서 단가 인하 압박과 수주 축소에 직면할 수 있습니다. 이에 따라 정부 R&D 및 서비스 위탁 시장에서 경쟁력 약화가 예상됩니다.

DOGE로 타격받을 산업 ③: 친환경 인프라 및 환경 서비스 산업

트럼프 행정부의 환경 규제 완화와 예산 축소가 발표된 가운데 DOGE가 지속되면 정부 차원에서 시행되던 기후 대응 프로젝트에 효율성 개선 작업이 이루어질 수 있습니다. 해당 산업에서 정부기관으로부터 얻는 매출 비중이 높은 기업들은 성장 모멘텀이 악화될 것으로 예상됩니다.

이름이 바뀔 뿐, 정부 효율화는 멈추지 않는다

매주 공식 웹페이지를 통해 업데이트되던 DOGE 시행 데이터는 지난 2025년 10월 이후 중단되었습니다. 처음에는 미국 정부 셧다운의 여파로 보였으나, 2025년 11월 이후 DOGE가 공식적으로 해체되었다는 발표가 전해졌죠. 사실, DOGE는 애초부터 일시적인 부서로 신설된 것이었고 2026년 7월까지 독립적으로 운영될 예정이었습니다.

그렇다고 DOGE가 이대로 끝났다고 봐야 할까요? 아닙니다. 기존 DOGE 소속 인력들은 각 정부 기관으로 재배치되어 개별적인 효율화 작업을 수행하고 있는 것으로 알려졌습니다. 구체적으로는 인사관리처와 관리예산실로 인력이 흡수되었는데요. 인사관리처는 독립기관이지만, 수장인 스콧 쿠포는 앞서 설명해드린 대로 DOGE의 개혁 방향을 긍정적으로 평가해온 인물입니다. 또한 관리예산실은 대통령실 직속 기관으로 분류되고요. 다시 말해 DOGE라는 조직 자체는 해체되었지만 DOGE가 추진하던 문제의식과 정책적 영향력은 여전히 지속되는 중이라고 판단할 수 있습니다.

DOGE의 태생적 목적은 정부 효율화로 일종의 구조조정 성격을 가집니다. 그리고 미국 정부가 이러한 효율화를 추진할 수밖에 없었던 배경에는 만성적인 재정 적자가 있다는 점에 주목해야 합니다. 구조조정의 핵심은 인력 및 예산의 효율화이며, 해당 기능은 핵심 부서들로 흡수된 상태입니다. 특히 이들 부서는 트럼프주의를 지지하는Pro-Trump 성향으로 평가할 수 있는 만큼 DOGE가 제시했던 어젠다는 형태만 바뀌었을 뿐 그대로 이어질 가능성이 높습니다.

PART 3

다녀왔습니다,
텍사스

텍사스는 석유, 가스 기업들이 모여 있는 미국 전통 에너지 산업의 중심입니다. 그래서 텍사스 하면 석유 부자, 카우보이, 목장 등을 떠올리는 분들이 많죠. 하지만 직접 가보니 '실리콘힐즈(언덕이 많은 실리콘밸리)'라는 별명처럼 텍사스는 빠르게 변화하고 있었습니다. NASA를 필두로 미국 우주산업의 전진기지 역할을 하는 것은 물론, 애플이나 테슬라 같은 글로벌 기업들이 이 지역에 대규모 거점을 세우고 있었죠.

혁신의 상징과도 같은 실리콘밸리, 모든 정책의 중심지 워싱턴 D.C.에 이어 텍사스는 과연 어떤 곳일까요? 전통 에너지 산업부터 테크, 전기차, 우주까지 거의 모든 산업을 아우르는 곳, 미국의 과거와 현재 그리고 미래가 공존하고 있는 곳, 폭발적인 성장 잠재력을 지닌 텍사스에 숨겨진 투자 기회를 찾아볼 시간입니다.

미국에는
이민자가 필요하다

미국은 '이민자의 나라'입니다. 현재 미국 내 이민자는 전체 인구의 약 14~15%를 차지하며, 미국 경제에서 필수적인 역할을 담당하고 있습니다. 미국인들이 기피하는 일자리에 종사하며 노동력을 제공하는 것은 물론, 연간 약 5,800억 달러의 세금을 납부하고 연간 1조 6,000억 달러의 구매력을 보유하고 있습니다.

그러나 이런 이민자를 '잠재적 범죄자'나 '일자리 뺏는 외부인'으로 바라보는 시각도 존재합니다. 특히 트럼프 정부 출범 후 이민자 추방 조치가 본격화되면서 갈등을 낳고 있죠. 이러한 이민자 정책은 이미 미국 경제에 적지 않은 영향을 미치고 있습니다. 이는 당연히 투자 환경에도 중요한 변수로 작용할 테고요. 이와 관련하여 이민자 비율이 높은 텍사스 현지에서 보고 들은 내용을 바탕으로 이민자 정책이 산업에 미칠 영향에 대해 살펴보겠습니다.

이민자 정책으로
시끌시끌한 미국

워싱턴 D.C.에 머물 때 겪은 일입니다. 당시 우리 팀은 저녁을 먹고 잠시 숙소를 나와 산책을 하고 있었는데요. 누군가가 앞을 가로막았습니다. 집회 및 시위 대응 전문 경찰기동대였습니다. 한순간에 검문 대상이 되어 신분증을 제출해야 했습니다. 평범한 한국인 애널리스트들이 수상해 보일 만큼 미국 현지 분위기는 혼란스러웠습니다.

워싱턴을 떠나 텍사스에 도착한 6월 14일에도 미국 전역에서 2,000여 건의 시위가 열렸습니다. 이날은 트럼프 대통령의 79번째 생일을 맞아 군사 퍼레이드가 열리기도 했는데요. 약 500만 명의 시위대가 거리로 나와 "No Kings!"를 외치며 트럼프의 권위주의적 행보를 비판했습니다.

대규모 시위를 촉발한 원인 중 하나가 바로 이민자 정책입니다. 2025년 6월 초, 트럼프 정부의 이민세관단속국ICE은 대규모 이민자 단속을 벌여 약 100여 명을 체포했습니다. 이에 반발한 국민들이 거리로 나오자 캘리포니아주 방위군이 도심에 배치되고 해병대가 투입되는 등

2025년 6월, 텍사스에서 트럼프 정책에 반대하는 'No Kings' 시위가 열렸다

출처: 텍사스 트리뷴Texas Tribune

진압이 더욱 강경해졌고, 이것이 오히려 불씨가 되어 미국 전역에 대규모 시위를 일으킨 것입니다.

그렇다면 미국 국민의 대다수가 트럼프의 이민자 정책에 반대할까요? 그렇지는 않습니다. 최근 설문조사 결과 '경찰을 이민자 추방 집행에 동원해야 한다'라는 명제를 두고도 찬성 50%, 반대 49%로 팽팽하게 의견이 갈렸습니다. 그리고 워싱턴과 텍사스의 분위기도 조금 달랐는데요. 워싱턴 D.C.는 다양성과 인권을 중시하는 분위기가 강해 이민자 문제 역시 인권의 관점에서 바라보고 시민단체들도 이민자 단속에 조직적으로 대응하는 움직임을 보였습니다.

반면 텍사스는 멕시코와 국경을 맞대고 있다 보니 불법 이민자 이슈에 훨씬 민감하고, 이민자를 '관리 및 통제해야 할 대상'으로 보는 시각이 우세했습니다. 미국에서 이민자를 바라보는 시각은 왜 이렇게 양쪽으로 갈라져 있을까요? 트럼프 정부의 강경한 이민자 정책은 장기적으로 미국 경제에 어떤 영향을 미칠까요? 지금부터는 미국의 이민자 정책이 투자 환경에 미칠 영향에 대해 하나씩 살펴보겠습니다.

이민자에 대한
미국인들의 이중적 인식

미국은 건국 초기에 노예 제도를 통해 부족한 노동력 문제를 해결했습니다. 특히 목화 재배와 목축업이 번성했던 텍사스 지역에서는 수많은 아프리카계 노예들이 평생 자유 없이 강제 노동에 시달렸습니다.

1863년, 링컨이 노예 해방을 선언했지만 텍사스 노예들이 실제로 자유인이 된 시기는 2년이 더 지난 1865년 6월 19일이었습니다. 텍사스에 설립된 아프리카계 미국인 박물관은 목화 재배와 목축업에 종사했던 흑인들 그리고 해방 후에도 계속 차별을 받아온 흑인 공동체의 역사를 보여주는 대표적인 공간으로 자리 잡았습니다.

노예제가 폐지된 후, 부족한 일손은 이민자들로 충당했습니다. 특히 농지가 넓고 석유와 항만 산업 등이 발달한 텍사스 지역은 많은 노동력이 필요했는데요. 가까이에 위치한 멕시코에서 이민자들이 대거 이주해오면서 텍사스 경제에 중요한 역할을 했습니다.

문제는 이민자 수가 늘어날수록 부정적인 시선도 함께 늘어났다는 점입니다. 일부 시민들은 이민자가 일자리를 빼앗고 치안을 악화시킨다고 생각했습니다. **이민자는 경기가 좋을 때는 꼭 필요한 존재지만 경기가 나빠지고 일자리가 줄어들면 다시 내쫓아야 할 대상으로 여겨졌죠.**

이처럼 미국에서는 이민자에 대한 이중적인 인식이 자리 잡게 되었습니다. 최근 퓨 리서치센터Pew Research Center의 설문조사 결과, 응답자의 53%는 이민자 배척정책이 납세자들의 돈을 절약해줄 것이라고 기대했

습니다. 하지만 이런 정책들이 미국 경제를 더 강하게 만들기(34%)보다
는 더 약화시킬 것(46%)으로 예상하는 이들도 많았습니다. 이런 상황
속에서 발표된 트럼프 정부의 강경한 이민 정책은 미국 사회에 어떤 변
화를 불러올까요?

**미국 내 불법 이민자
비중은 20%를 넘는다**

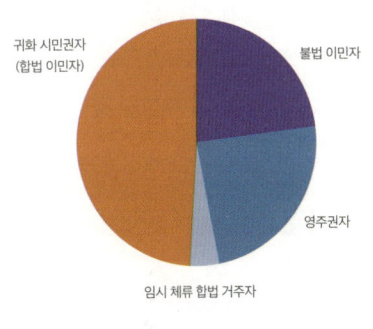

출처: 미국 인구조사국U.S. Census Bureau, 퓨 리서치센터,
이민정책연구소Migration Policy Institute(2025)

**이민자에 대한 미국인들의 생각은
팽팽하게 대립한다**

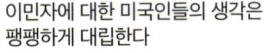

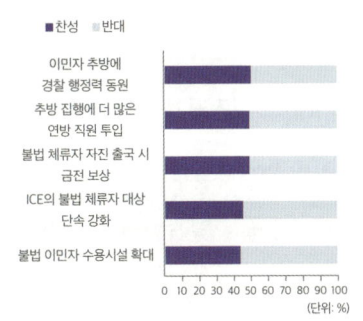

출처: 퓨 리서치센터

이민자 정책,
트럼프의 생각대로 될까

트럼프 2기 정부의 이민자 정책은 1기 때보다도 더욱 강경해졌습니다.
국경 장벽 건설, 반이민 행정명령(이슬람권 여행 금지 등), 난민 및 취업
비자 축소, 불법 체류자 대규모 추방 등 전방위적인 제약을 가하고 있
습니다. 그러나 이러한 조치들은 트럼프 정부 및 지지자들의 기대와 달

리 오히려 역효과를 낳을 수 있는데요. 그 이유는 다음과 같습니다.

기대 ①: 이민자를 줄이면 미국인 일자리가 늘어날 것이다

이민자 감소 이후 단기적으로는 일자리가 늘어난 것처럼 보일 수 있습니다. 그러나 이민자가 줄면 그만큼 소비도 줄고, 평균 임금이 높아지면서 생산 또한 위축됩니다. 당연히 기업은 신규 채용을 줄이게 되겠죠. 중장기적으로 미국인의 일자리는 오히려 줄어들 가능성이 큽니다.

기대 ②: 이민자가 사라지면 임금이 인상되고 소비 여력이 개선될 것이다

이민자의 공백을 채우기 위한 인력 확보 과정에서 단기적으로는 임금이 오를 수 있습니다. 하지만 이는 기업의 생산비를 증가시켜 결국 제품 가격 상승을 불러일으키죠. 그 결과 전반적인 물가가 오르고 이는 다시 경제 전반에 부담을 주게 됩니다.

기대 ③: 이민자가 사라지면 정부의 재정 적자가 해소될 것이다

이민자를 배척하는 사람들은 이민자들이 세금만 축내고 사회에 거의 기여하지 않는다는 인식을 가지고 있습니다. 그러나 실제 데이터는 그렇지 않습니다. 조사에 따르면 이민자들은 미국 인구의 14.3%에 불과하지만, 핵심 노동연령의 비중이 높아 전체 노동소득과 사업소득의 18%를 차지한다고 합니다(2023년 기준). 또한 이민자 2세들은 오히려 미국에서 태어난 다른 이들보다 평균적으로 더 많은 세금을 납부하는 경향이 있기도 하죠. 만약 이민자가 줄어든다면 세수가 줄어 오히려 연

트럼프 정부의 이민자 정책

이민자 정책	주요 내용	사회적 갈등	경제적 영향
국경 통제, 이민 단속 강화	• 국경 장벽 건설, 군사 병력 배치로 국경 물리적 통제 • 불법 이민자 대규모 단속과 추방, 이민 세관 단속 강화	• 인권 침해 이슈, 법적/사회적 반박, 단속 과정에서 갈등 격화	• 외국인 의존도 높은 산업의 인력 부족 현상 심화
난민·망명 및 합법이민 제한	• 난민 입국(USRAP) 프로그램 중단 또는 축소, 망명 신청 제한 • 합법적 이민 심사 기준 강화, 유학생·전문직 비자 발급 제한	• 유학생 비자 발급 거부 • 기술인력비자(H-1B) 발급 제한	• 고숙련 기술자, 유학생 감소로 산업 경쟁력 약화
시민권, 사회보장·복지 제한	• 출생 시 시민권 자동 부여 제도 폐지 추진 • 이민자 복지 및 사회보장 수혜 자격 강화와 제한	• 기본 복지 서비스 사각지대 확대, 장기적 사회통합비용 증가	• 이민 가정의 생산성과 소비 위축 심화
외국인 입국 통제	• 특정 국가 및 집단의 입국 제한 조치 강화 • 테러 조직 지정, 국경 인접국 이민자 입국 통제 강화	• 인종과 종교 등 소수자 차별 심화, 외교 관계 악화 가능성	• 신규 이민자 감소로 노동 공급난 심화

출처: 토스증권, 국립외교원 외교안보연구소

방 적자는 늘어날 것입니다.

기대 ④: 이민자가 줄면 주택 수요도 줄어서 집값 안정에 도움이 될 것이다

연구 결과는 그렇지 않습니다. 실제로 과거 불법 이민자 추방이 집중되었던 지역에서는 건설업 인력 부족으로 주택 공급이 지연되었고, 그 결과 주택 가격과 임대료가 오히려 상승했습니다.

이민자를 추방하면 나타날 다섯 가지 역설

트럼프 정부의 주장	연구 결과	이민자 추방 시 경제적 영향
이민자가 일자리를 뺏는다	이민자가 없어지면 오히려 일자리가 줄어든다	노동집약산업 구인난, 소비 감소, 생산 위축, 경기 둔화
이민자가 줄면 임금이 오른다	임금은 단기적으로 오르더라도 물가 상승으로 결국 경제에 부담을 일으킨다	생산비용 증가로 제품 가격 상승, 물가 인상, 경기 둔화
이민자는 세금을 축낸다	이민자는 많은 세금을 내고 있어 이민자가 줄면 세수가 준다	세수 감소로 연방정부의 재정 적자 확대
이민자가 줄면 집값이 안정된다	건설업에 종사하는 이민자들이 주택 공급에 기여하고 있다	건설업 인력 부족, 주택 공급가 인상, 임대료 상승
이민자가 범죄를 일으킨다	추방 위험 때문에 이민자들은 오히려 범죄율이 더 낮다	치안 유지 위한 공공 비용 증가, 사회적 재정 부담 증가

기대 ⑤: 이민자가 줄면 그에 따라 범죄도 줄어들 것이다

실제 데이터는 그렇지 않습니다. 연방 법무부 분석에 따르면 이민자의 범죄율은 미국에서 태어난 사람들보다 오히려 낮습니다. 이민자들의 경우, 추방에 대한 부담이 커서 범죄 행위를 자제하는 경향이 있기 때문입니다.

위 내용처럼 트럼프 정부의 강경한 이민정책은 미국 경제에 득보다 실이 더 많을 것으로 예상됩니다. 줄어든 노동 공급이 인건비와 거래 비용을 높이고, 그 결과 생산과 서비스에 차질을 초래하니까요. 이는 투자 위축 및 물가 상승으로 이어져 결국 연준의 금리정책에도 영향을 미칠 수 있습니다.

그럼에도 불구하고 트럼프 정부의 반이민 정책은 앞으로도 지속될 가능성이 높습니다. 강경한 이민자 정책의 이면에는 사실 정치적인 이유가 있기 때문이죠. 트럼프의 핵심 지지층인 백인 중산층 및 노동계급은 이민자를 경쟁자이자 사회적 위협으로 인식하는 경우가 많습니다. 트럼프는 지지층 결집을 위해 이러한 불안을 정치적으로 활용하고 있는 것입니다.

또한 이민자 문제는 단순한 정책을 넘어 튼튼한 안보 또는 '미국 우선주의'를 상징하기 때문에 효과적인 선거 전략으로도 쓰입니다. 국경 장벽 건설이나 불법 이민자 추방 등 당장 눈에 보이는 성과로 드러나는 조치는 지지층에게 강한 인상을 줄 수 있고요. 실제로 트럼프는 선거 당시 강경한 이민자 정책을 공약으로 내세웠습니다.

이런 상황에서 이민자 정책을 완화하게 되면 공약 불이행으로 여겨져 지지층의 이탈을 불러올 위험이 있겠죠. 따라서 트럼프는 기존 반이민 정책을 유지하고 강화하는 것이 자신에게 정치적으로 더 유리하다고 판단할 가능성이 큽니다.

이민자 정책이
산업에 미칠 영향

오래전부터 미국 경제는 많은 부분을 이민자 노동력에 크게 의존해오고 있습니다. 그래서 만약 이들이 대거 빠져나간다면, 필수 산업 전반에서 인력 부족이 발생하고 결국 국가 경제 전반에 큰 차질을 초래할 수밖에 없습니다. 특히 농업, 건설업, 물류, 식음료, 보건의료, 가사노동 등 이민자 비율이 높은 직종은 노동 강도가 높고 임금이나 근무 환경이 상대적으로 열악해 미국인들이 기피하는 분야입니다. 이 때문에 이민자들이 빠진 자리를 자연스럽게 미국인들이 메우는 그림이 그려지지 않는 것이죠. 지금부터는 이민자 정책이 각 분야별로 어떤 영향을 미치는지 좀 더 자세히 살펴보겠습니다.

농업: 식료품의 가격 상승 유발

미국 농장에서 일하는 노동자의 60% 이상이 이민자입니다. 그중 절반 이상이 비합법 이민자로 추정됩니다. 실제로 이민자 집중 단속이 있었던 6월에 캘리포니아 농업지대에서 심각한 인력 부족이 확인된 바 있는데요. 이민자 단속 및 추방이 본격적으로 이루어지면 과일이나 채소 같은 노동집약적 작물의 생산 축소 및 생산비 증가가 발생할 가능성이 큽니다. 그에 따라 식료품 가격이 오르면 소비자 물가에도 직접적인 영향을 미칠 것으로 보입니다.

건설업: 주택 가격 및 임대료 상승

이민자 추방 정책으로 가장 큰 타격이 예상되는 분야입니다. 미국 건설업은 전체 인력의 약 23~30%가 이민자이며 그중 비합법 이민자는 20~50%에 달합니다. 이민자가 줄어들면 현장 인력을 새로 뽑아야 하는데 인건비가 올라가면 당연히 건설 원가도 함께 올라가게 됩니다. 이는 곧 건설업 경기 둔화, 주택 가격 및 임대료 상승으로 이어질 수 있죠. 특히 이민 노동자 비중이 높은 텍사스와 캘리포니아가 가장 큰 타격을 입을 것으로 전망됩니다.

캘리포니아, 텍사스 등에는 미국 외 지역에서 태어난 건설 노동자가 많다

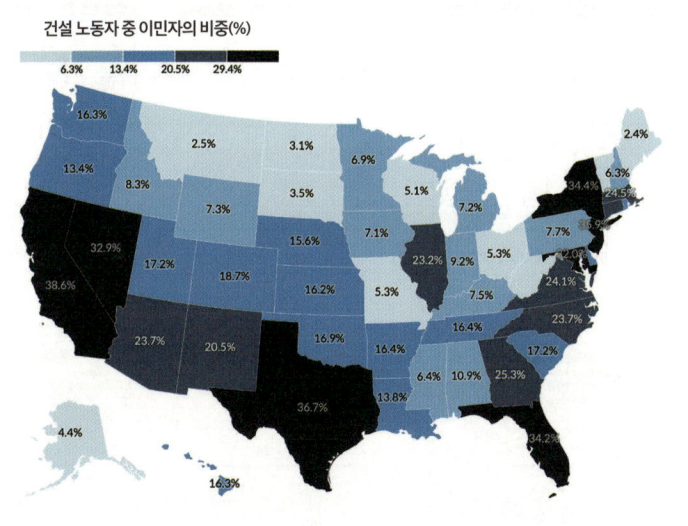

출처: 미국 지역사회 조사 데이터American Community Survey Public Use Microdata Sample(2023)

물류: 비용 상승과 공급망 지연

운송과 물류 역시 이민 노동자의 비중이 높은 업종입니다. 운송업 종사자 중 18% 이상이 이민자이며, 그중에서도 트럭 기사는 해고율이 낮고 임금 수준이 나쁘지 않기 때문에 많은 이민자들이 종사하고 있는데요. 새로운 정책의 영향으로 이들이 추방되고 신규 유입이 막히면 10만 명 이상의 운송업 종사자가 줄어들 것으로 예상됩니다. 인력 부족에 따라 물류비가 상승하면 자연스럽게 생산 비용이 늘어나고요. 또한 인력

부족이 가져올 공급망 지연 문제는 제품 공급을 줄여 결국 물가에 상승 압력을 가하게 됩니다.

기타 서비스: 요양 및 보육 인력 부족

청소, 세탁, 개인 서비스, 요식, 경비, 건물관리, 요양보조, 보육 등 노동집약 서비스는 이민자 의존도가 높습니다. 미국인들 사이에 노동 강도가 높은 서비스 직군을 기피하는 분위기가 형성되어 있기 때문인데요. 만약 이민자 추방이 이루어질 경우 임금 상승은 물론이고, 요양과 보육 인력이 부족해져 다른 산업의 근로 참여가 제한되는 2차 효과도 발생할 수 있습니다. 또한 업종 특성상 인력 공급의 축소는 생활 물가에도 직접적인 영향을 미칠 것입니다.

이민자 추방 정책이 불러올
인력 부족 문제의 후폭풍

플로리다, 텍사스, 캘리포니아는 한발 빠르게 이민자 추방 정책이 시행된 곳입니다. 이곳에서 벌어진 일련의 일들을 통해 트럼프 정부의 이민자 정책이 어떤 결과를 낳을지 짐작해볼 수 있습니다.

플로리다는 국경 지역에 위치하고 있어 이민자 비율이 특히 높은 편입니다. 플로리다는 2023년 5월에 불법 이민자들의 유입 및 취업을 제한하기 위한 새로운 법안을 통과시켰는데요. 직원이 25명 이상인 민간 기업은 신규 직원 채용 시 연방 데이터베이스를 통해 신원 조회를 하게끔 의무화한 것입니다. 법안 통과 후, 법이 시행도 되기 전인 7월부터 서류를 갖추지 못한 이민자들이 플로리다를 떠나기 시작했습니다. 그 결과 건설 프로젝트는 중단되었고 임대주택은 텅 비었습니다. 밭에서는 과일이 썩었고 호텔과 식당도 일손을 구하는 데 어려움을 겪었습니다.

텍사스도 이민자 비율이 높은 지역입니다. 트럼프 정부 출범 이후 이민자 단속이 강화되자 수박과 멜론 수확이 한창이던 5월, 지역의 많은 이민자가 ICE 단속을 피해 농장을 떠났습니다. 실제로 단속이 실시된 이후 텍사스 남부 지역의 일부 농장에서는 농장 노동자의 75%가 출근하지 않았다고 합니다. 이민 정책이 강화되면 이 같은 일손 부족 현상은 더욱 심화될 수밖에 없을 겁니다.

캘리포니아 역시 이민자 비율이 높습니다. 2025년 상반기, 무장한 연방 이민국 요원들이 농장을 급습해 불법 이민자를 체포하면서 일부 농장에서는 70%까지 노동자가 감소하기도 했습니다. 캘리포니아는 미국 내 과일과 견과류의 75%, 채소의 3분의 1을 공급하는 지역인데요. 과일과 채소는 수확 시기가 조금만 늦어져도 품질이 급격히 떨어지기 때문에 제때 수확하지 못하면 큰 손실로 이어질 수 있습니다. 일례로 이민자 추방으로 농업 노동력이 20~40%가량 줄어들면, 30~70억 달러의 작물 손실이 발생하고 농산물 가격은 5~12% 정도가 오를 수 있습니다.

이민자 추방 정책의 역설
: 자동화 산업의 부상

이민자 추방 정책이 미국 경제 전반에 부정적인 영향을 미치겠지만, 수혜를 입을 산업 또한 존재합니다. 바로 로봇 산업과 자동화 및 무인화 산업입니다. 이민자 추방 정책으로 일할 사람이 부족해지기 때문인데요. 농업, 건설, 물류, 요식업 같은 업종은 값싼 이민자 노동력에 많이 의존해왔습니다. 이민자가 줄어들면 인력 구하기가 어려워지고 임금도 올라갈 수밖에 없죠. 당연히 기업들은 생산의 효율성을 유지하기 위해 로봇과 자동화 서비스를 더 많이 찾을 수밖에 없습니다.

이민자 추방으로 노동력 부족과 임금 상승 현상이 나타나고, 여기에 로봇 비용 하락과 제조업 회귀 정책 등이 겹치면 로봇과 자동화 시장은 앞으로 더 커질 것으로 보입니다.

미국의 이민자 추방 정책은 '한정된 자원을 어떻게 나눌 것인가?'의 문제이기도 합니다. 트럼프 2기 정부의 이민자 추방 정책은 자원을 늘리는 것이 아니라, 나눠 가질 '사람의 수'를 줄여서 문제를 해결하는 방식입니다. 그러나 제한된 자원을 두고 경쟁이 심화되면 분배 갈등은 오히려 더 커지기 마련입니다.

또한 이민자 배척은 미국의 정체성과 역사에 대한 부정이기도 합니다. 미국은 단일민족 국가가 아니라 자유, 기회, 다양성을 바탕으로 형성된 나라입니다. '아메리칸 드림'으로 상징되는 이민자들의 성취가 미국을 만들어온 핵심 동력임은 누구도 부정할 수 없을 겁니다.

인간의 노동 비용은 점차 높아지고, 로봇 제작 비용은 점차 낮아진다

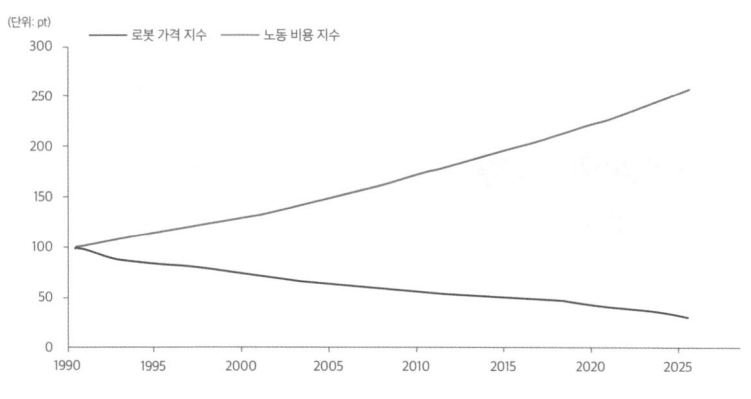

(단위: pt) ——— 로봇 가격 지수 ——— 노동 비용 지수

출처: 이코노미스트 글로벌 경제·비즈니스 분석부Economist Intelligence Unit, 국제 로봇 연맹International Robot Federation, 유엔 유럽경제위원회UNEC For Europe, 맥킨지McKinsey, 보스턴 컨설팅 그룹Boston Consulting Group, 토스증권

여러 우려스러운 부분에도 불구하고 이민정책을 지지층 결속을 위한 정치적 도구로 활용하는 한, 강경한 반이민 기조는 트럼프 집권 내내 이어질 가능성이 높습니다. 투자자인 우리는 이 점을 항상 염두에 두고서 이민자 배척 정책이 미국 경제에 가져올 부담을 인지하는 한편, 이것이 각 산업에 가져올 변화를 중요한 변수로 고려해야 할 것입니다.

우주는 보이는 것보다
가까이에 있다

텍사스 출장에서 발견한 두 번째 투자 이슈는 바로 '우주'입니다. 우리는 휴스턴에 위치한 NASA 존슨 우주센터에 방문하여 미국의 우주산업 전반에 대해 살펴봤습니다. 아폴로 프로그램 당시 실제로 사용된 관제실에도 가보고, 스페이스X의 팰컨9 로켓도 실물로 보았습니다. 뿐만 아니라 직접 관계자들을 만나 구체적인 우주 탐사 계획을 듣는 특별한 경험도 했습니다.

현장에서 직접 보고 들으며 가장 먼저 든 생각은 '우주를 바라보는 시각을 바꿔야겠다'는 것이었습니다. 먼 미래에나 당도할 수 있는 어떤 곳이 아니라, 최첨단 미래 기술이 모두 집약된 새로운 투자처로서 말이죠. 지금부터는 우리가 현장에서 보고 느낀 점을 바탕으로 도출해낸 투자 인사이트에 대해 말씀드리겠습니다.

우주산업의 흐름이
바뀌고 있다

텍사스를 빼놓고 미국의 우주산업을 얘기할 수는 없습니다. NASA가 바로 이곳 텍사스주 휴스턴에 위치해 있기 때문입니다. NASA의 실제 업무 공간인 존슨 우주센터 옆에는 일반 대중을 위한 전시 및 체험 공간인 '스페이스 센터 휴스턴'이 있습니다. 우리는 미국 우주산업의 현재를 조망하고자 이곳을 방문했습니다.

미국의 우주산업이라고 하면 대부분 인류 최초로 달 착륙에 성공한 아폴로 11호(1969년)를 먼저 떠올릴 것입니다. 미국의 기술력을 입증하는 중대한 계기였고, 미국인들은 여전히 달에 처음 발을 내디딘 닐 암스트롱을 자랑스럽게 생각하죠. 아폴로 프로그램 당시 사용된 로켓 '새턴V'Saturn V는 지금까지도 가장 크고 강력한 로켓 중 하나로 평가받습니다. 그래서 NASA를 방문하기 전부터 꼭 보고 싶었던 것 중 하나였는데요. 가장 눈에 잘 띄는 곳에 전시되어 있을 거라는 예상과 달리, 새턴V는 센터 입구에서 꽤 멀리 떨어져 있었습니다. 새턴을 보기 위해서는 트램을 타고 이동해야 했죠.

그보다 먼저 우리를 반긴 로켓은 바로 스페이스X의 '팰컨9'Falcon 9이 었습니다. 입구에서 가까운 야외 공간에 위치해 있어 걸어서도 충분히 찾아갈 수 있었습니다. 스페이스X는 2002년 일론 머스크가 설립한 민간 우주 기업인데요. 아폴로의 영광을 함께한 새턴보다 스페이스X의 팰컨이 더 좋은 자리를 차지하고 있는 모습에서 미국 우주산업에 어떤 변화가 일어나고 있다는 느낌을 받았습니다. 변화는 입장하자마자 바로 보이는 화성 탐사 계획 '미션 마스'Mission Mars에서도 느껴졌습니다. 과거의 영광을 소중히 여기는 한편, 거기에 취하지 않고 앞으로 해낼 일에 더욱 집중하겠다는 의지를 엿볼 수 있었지요.

미국의 우주산업은 분명 변화하고 있습니다. 달에서 화성으로, 그리고 국가 주도에서 민간 주도로요. 이러한 내용을 바탕으로 미국 우주산업에 나타나고 있는 굵직한 변화 세 가지를 정리해보았습니다. 그리고 투자자 입장에서 우주산업의 변화와 발전을 어떻게 활용하면 좋을지 대응 전략도 함께 전해드리고자 합니다.

달에서 '화성'으로
우주 개발의 목적지가 바뀌다

스페이스 센터 휴스턴에 입장하자마자 보이는 '미션 마스' 전시관 사이니지에는 화성에 가고야 말겠다는 NASA의 꿈이 담겨 있습니다. 실제로 전시관에는 '2030년대에 화성에 우주인을 보내겠다'라는 미래의 구체적인 시점도 적혀 있었지요.

바로 옆에 위치한 아르테미스Artemis 전시관에서는 '우주를 향한 꿈을 이루기 위해 지금 무엇을 하고 있는가?'에 대한 답을 엿볼 수 있었습니다. 아르테미스는 2017년 당시 트럼프 대통령의 '우주정책 지침 1호' 서명으로 시작된 달 탐사 프로젝트인데요. 이미 지난 2022년에 발사된 무인 우주선 아르테미스 1호가 달 궤도 진입 후 성공적으로 귀환하면서 향후 유인 탐사의 안전성을 입증하는 계기가 되었습니다. 현재는 아르테미스 2호 발사를 준비하고 있습니다.

때마침 아르테미스 전시관 맞은편에 위치한 미션 브리핑 센터에서 아르테미스 프로그램에 대해 설명하는 세션이 열리고 있었습니다. 세션에 참석해 아르테미스의 기초적인 내용부터 현재 상황에 이르기까지 자세한 설명을 들었습니다.

아르테미스는 그리스 로마 신화에 나오는 아폴로의 쌍둥이 누나입니다. 이름에서부터 아폴로 프로그램과의 연결성을 알 수 있었는데요. 두 프로그램 모두 달에 사람을 보낸다는 점에서는 같지만, 아르테미스에는 분명한 차이점이 있습니다. 달을 최종 목적지가 아니라 우주 탐사의 시작점으로 보고 있다는 점입니다.

아폴로 프로그램은 달에 착륙하면서 끝났지만 아르테미스 프로그램은 거기서부터가 시작입니다. 실제로 NASA 홈페이지에 '달은 화성으로 가는 발판'이라고 명시되어 있기도 하고요. 2017년 트럼프 대통령도 행정명령에 서명할 당시 "이번엔 단지 깃발만 꽂는 것이 아니라 화성 프로젝트를 위한 토대를 구축하겠다."라고 밝힌 바 있습니다. 멀게만 느껴지는 화성으로의 여정은 이미 시작된 셈입니다.

우주 탐사에서 화성은 중요한 의미를 갖습니다. 환경이 척박한 달과 달리, 화성에는 물이나 자원이 풍부해서 인류가 이주해 생활할 수 있을 것으로 기대되기 때문입니다. 문제는 왕복 16억 킬로미터에 달하는 거리입니다. 지구에서 달까지는 3~4일 만에 갈 수 있지만 화성에 가려면 평균적으로 약 9개월이 소요됩니다. 그래서 이번 아르테미스 프로그램의 주요 미션도 달에 우주정거장을 세우는 것입니다. 말하자면 화성에 가기 위한 베이스캠프를 구축하는 개념이죠.

아르테미스 2호의 발사 예정 시점은 2026년 4월입니다. 이미 두 차례 연기된 상황이라 NASA도 'No later than April 2026'이라는 목표를 강조하고 있는데요. 발사 일정을 앞당기는 것도 논의 중이라고 하니 연기 없이 진행될 가능성이 높습니다. 2022년 아르테미스 1호 이후 멈추었던 발사가 재개되면 주식시장에서 우주에 대한 관심 역시 높아질 것으로 예상됩니다.

아르테미스 1호가 발사될 당시에도 우주산업에 대한 기대감이 커지면서 관련 기업들의 주가가 반응했습니다. 가령, 보잉Boeing이나 노스롭 그루먼Northrop Grumman 같은 기업들은 아르테미스 1호가 임무를 수행하는 한 달 동안 10% 가까이 주가가 오르기도 했습니다(보잉 8% 상승, 노스롭 그루먼 6% 상승).

아르테미스 프로그램 진행 상황

구분	시기	내용
1호	2022년 11월	• SLS 로켓과 오리온 우주선 시험 비행 • 달 궤도 진입 후 지구로 귀환 성공 • 향후 유인 탐사에서의 안전성을 입증하는 계기
2호	2026년 4월	• 2024년 발사 예정이었으나 두 차례 연기 • 우주인 네 명이 탑승하여 달 궤도 비행 및 귀환이 목표
3호	2027년 중반	• 달 남극에 도달하여 유인 달 착륙 임무 수행 예정 • 성공 시 1972년 아폴로 17호 이후 약 55년 만의 성과 • 단, 스타십 HLS 개발 관련 이슈 존재
4호	2028~2029년 예상	• 인류 최초의 달 우주정거장 건설 목표 • 우주인들은 달 우주정거장에서 생활하며 지낼 예정 • 2~3호 발사 이후 구체적인 일정이 잡힐 전망

출처: NASA, 토스증권

정부에서 '민간 기업'으로
주도권이 바뀌다

앞서 스페이스 센터 휴스턴 입구에 스페이스X의 로켓 '팰컨9'이 전시되어 있다는 말씀을 드렸습니다. 그것도 아폴로 프로그램 당시 달 착륙을 함께한 로켓 '새턴V'보다도 더 눈에 잘 띄는 곳에요. NASA의 공간에 민간 기업의 로켓이 전시되어 있다는 사실은 우주산업에서 민간이 차지하는 역할이 그만큼 커졌음을 의미합니다. 실제로 2024년 미국의 로켓 발사 169회 중 무려 140회가 민간 기업인 스페이스X의 차지였죠.

과거 우주산업에서 민간 기업이 차지하는 비중은 그리 크지 않았습니다. 정부 주도 프로젝트를 보조하는 정도에 불과했죠. 사실 막대한

"미국의 우주산업은 아르테미스 프로젝트를 통해
달을 전초기지 삼아 화성 탐사로 나아가는
중대한 전환기를 맞이하고 있습니다."

01

02

03

01 화성 탐사를 위한 미국의 타임라인
02 아르테미스 프로그램 관련 세션 영상
03 트램을 타고 이동해야 볼 수 있었던 새턴V 로켓의 격납고
04 도보로 이동해 관람한 팰컨9 로켓

04

05

06

07

08

비용이 드는 로켓 발사를 민간 기업이 직접 수행한다는 것 자체가 상상이 되지 않는 일입니다. 새턴V 로켓의 발사 비용은 회당 약 2억 달러로, 현재 가치로 환산하면 약 15억 달러(약 2조 원) 수준입니다. 이 때문에 당시 민간 기업은 정부로부터 수주를 받아 보조하는 역할에 그쳤습니다.

반면, 현재는 민간 기업이 우주산업을 주도하고 있습니다. 그중에서도 기술적으로 가장 앞섰다고 평가받는 기업은 스페이스X인데요. 스페이스X의 '팰컨9' 발사 비용은 약 7,000만 달러(약 1,000억 원)로, 과거에 비해 20분의 1 수준입니다. 로켓 재사용 기술을 활용해 여러 번 발사할 수 있기 때문에 실질적인 비용은 이보다도 더 낮습니다.

로켓 발사 횟수는 미국이 압도적으로 많고
그중 80% 이상을 스페이스X가 수행했다

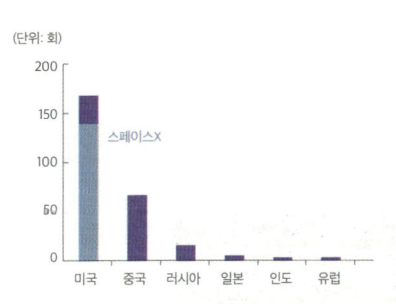

(단위: 회)

출처: 로켓런치RocketLaunch, 토스증권

팰컨9 로켓 재사용으로 발사 비용이
크게 줄어들었다

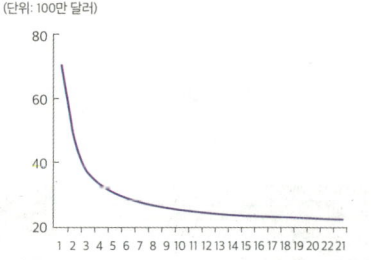

*재사용은 2024년 22회로 신기록을 세웠다
(단위: 100만 달러)

출처: 스페이스닷컴, 토스증권

'돈을 쏟아붓는' 사업에서 '돈이 되는' 사업으로

투자자 입장에서도 우주 프로젝트의 주도권이 정부에서 민간으로 넘어갔다는 사실은 무척 중요합니다. 정부와 민간은 애초에 우주산업을 바라보는 관점과 목적이 다르기 때문입니다. 정부 주도에서 민간 주도로 흐름이 바뀔 경우, 우주산업의 발전 방향에도 변화가 생길 수 있습니다. 과거 미국 정부가 우주산업을 주도할 당시, 그 목적은 소련과의 패권 경쟁에서 이기는 것이었습니다. 우주에 대한 투자는 곧 안보(방위산업)에 대한 투자였고, 기술적 우위를 과시하는 것이 수익성보다 중요했죠. 막대한 돈이 들더라도 정부 중심으로 대규모 투자가 이루어질 수 있었던 이유입니다.

그러나 오늘날 민간 기업 주도하에서는 상황이 완전히 달라졌습니다. 이익을 내 생존해야 하는 기업 입장에서는 끝없는 적자를 감당하며 투자를 지속하는 것이 불가능합니다. 적자가 계속되면 사업을 유지하기도, 추가 자금을 조달받는 것도 어려워지기 때문이지요. 따라서 민간 기업이 주도하는 상황에서는 비용을 효율화하고 이익을 벌어들이는 것이 매우 중요합니다.

그런 측면에서 스페이스X의 로켓 재사용 기술은 발사 비용을 획기적으로 낮췄다는 점에서 매우 상징적인 의미가 있습니다. 로켓 발사 비용의 대부분은 로켓 제조에 쓰입니다. 팰컨9도 발사 비용 7,000만 달러 중 연료비는 1% 미만으로, 대부분의 돈이 제조에 들어갑니다. 이를 바꿔 말하면 한 번 만든 로켓을 재사용할 때 비용을 크게 줄일 수 있다는 의미죠. 실제로 스페이스X는 재사용을 통해 30~50%의 비용을 절감한 것으로 알려져 있습니다. 하지만 일론 머스크는 이에 만족하지 않고 '발사비용 90% 절감'이라는 새로운 목표를 밝히기도 했습니다.

2010년대 중반 로켓 재사용에 성공한 이후, 2020년대 들어 스페이스X는 세 번의 도전 끝에 스타링크(위성통신) 사업을 본격화하며 흑자를 거두기 시작했습니다. 로켓 발사 비용을 아낀 덕분에 더 많은 위성을 쏘아올릴 수 있었고, 그 결과 수익성이 크게 개선된 것입니다.

민간이 주도하는 현재 미국의 우주산업을 가리켜 '뉴 스페이스'New Space라 부르기도 합니다. 과거 국가 차원에서 '충격적인 한 방'으로 기술적 우위를 과시하려던 시기는 자연스럽게 올드 스페이스Old Space가 되겠죠. 아폴로 프로그램 당시 케네디 대통령이 했던 유명한 말이 있습니다. "우리는 10년 내 달에 가기로 결정했습니다. 그게 쉬운 일이 아니라 어려운 일이기 때문입니다." 케네디 대통령은 달에 사람을 보내는 목표를 설정하고 그 어려운 일을 먼저 해냄으로써 패권 경쟁에서 우위를 점하려 했던 것입니다.

스페이스X는 매출액이 크게 늘어나 흑자 전환에 성공했다

(단위: 10억 달러)   ── 매출액(좌)   ■ 로켓 발사 횟수(우)   •2026년 수치는 회사의 목표치   (단위: 회)

출처: 스페이스X, 노티스닷코Notice.co, 토스증권

반면 스페이스X는 좀 더 장기적인 관점에서 우주를 바라봅니다. 그들의 목표는 인류를 지구가 아닌 다른 곳에서도 살 수 있는 '다행성종'으로 만드는 것입니다. 제프 베이조스가 설립한 민간 우주 기업 블루오리진 역시 '수백만 명을 우주에서 살게 하는 것'을 미션으로 삼고 있습니다. 이는 민간 우주 기업들이 일시적 이슈몰이가 아니라 지속 가능성에 초점을 두고 있다는 뜻입니다. 이를 위해서는 우주산업 역시 다른 비즈니스와 마찬가지로 안정적인 사업 구조를 갖추고 꾸준히 이익을 벌어들여야 합니다.

'우주는 돈이 된다'라는 문장은 사실 '우주는 돈이 되어야만 한다'에 가까웠습니다. 하지만 우주로 돈을 버는 시대는 이미 시작되었습니다. 그리고 이 시대를 주도하는 주체는 민간 기업입니다. 앞으로 우주산업 규모가 커지기 시작하면 이익을 거두는 기업들 역시 더욱 많아질 것으로 예상됩니다.

우주 사업에 적극적으로 뛰어드는 기업들

우리가 이번 출장에서 만난 기업들 또한 우주를 성장 동력으로 인식하고 적극적으로 기회를 모색하고 있었습니다. 국방, 사이버 보안 서비스 전문 기업인 레이도스는 우주 솔루션을 5대 핵심 성장축 중 하나로 꼽고 아예 전담팀을 구성하기도 했죠. 특히 국가 안보와 글로벌 경쟁력 확보 차원에서 우주 탐사가 매우 중요하기 때문에 기업 입장에서도 즉각적인 대응이 필요하다고 판단하고 있었습니다.

안보 및 기밀 정보 분석 기업인 CACI 역시 우주를 전략적 시장 도메

우주는 레이도스의 중장기 핵심
성장전략 중 하나다

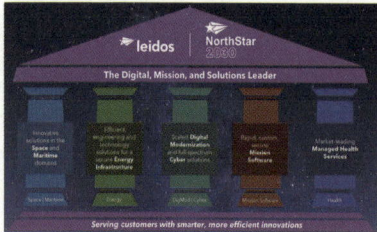

CACI의 우주 사업에 대한 비전

출처: 레이도스 2025년 1분기 어닝스 컨퍼런스콜 자료

출처: CACI 홈페이지(www.caci.com/space)

인 중 하나로 지목했습니다. 우주를 새로운 사업 확장 영역으로 간주하고 역량을 강화하겠다는 방침입니다. 기존에 보유하고 있던 정보 분석 능력을 우주로 확장하겠다는 구체적인 구상도 갖고 있었는데요. 사업 확장의 일환으로 위성통신, 우주 시스템 방호 등 관련 기업들을 인수하기도 했습니다.

소련에서 '중국'으로
우주 패권이 이동하다

민간 기업의 관여도가 높아지기는 했지만 패권 경쟁에서 우주는 여전히 중요합니다. 미국은 과거 냉전 시기 소련과 경쟁을 벌였듯, 이제는 중국과 경쟁을 벌이고 있는데요. 두 나라 모두 과거의 경험을 통해 기술이 패권 경쟁의 승패를 좌우한다는 사실을 잘 알고 있습니다. 미국과 중국 사이의 긴장감이 높아지고 있는 만큼 두 나라에게 우주는 결코 포기할 수 없는 무대입니다.

2018년, 우주군 창설을 결정했던 국가우주위원회 회의에서 트럼프 대통령은 "우주에 미국이 존재하는 것만으로는 충분하지 않다. 미국이 우주를 지배해야 한다. 다른 나라가 미국을 앞서나가는 것은 용납할 수 없다."라고 말하기도 했습니다. 이 발언만 보더라도 아르테미스 프로젝트를 추진한 트럼프 대통령이 우주 패권을 얼마나 중요하게 여기는지 잘 알 수 있죠.

그렇다면 패권 경쟁에서 우주는 왜 중요할까요? 지금의 우주 패권 경쟁은 과거와 무엇이 다를까요? 과거에는 소련과, 현재는 중국과 벌이고 있는 미국의 우주 경쟁을 조금 더 자세히 살펴보겠습니다.

과거의 우주 기술 경쟁자는 소련

1957년, 소련이 세계 최초의 인공위성 스푸트니크 1호 발사에 성공했습니다. 미국 입장에서 이는 엄청난 충격이었습니다. 이념적으로 소련과 대립하고 있는 상황에서 기술적으로 앞서지 못하면 이념의 정당성도 그만큼 약해지기 때문입니다. 소련이 미사일 발사 기술을 보유했다는 것뿐만 아니라 정보전에 인공위성을 활용할 수 있다는 것도 부담이었습니다.

미국은 서둘러 우주 경쟁에 뛰어들었습니다. 1958년 인공위성 익스플로러 1호를 발사하고 NASA를 설립했죠. 지금 우리는 이 우주 전쟁이 미국의 승리로 끝났다는 걸 알고 있지만 당시 미국은 소련을 따라잡기에 급급했습니다. 실제로 우주와 관련해서는 '세계 최초' 타이틀도 소련이 미국보다 많이 보유하고 있습니다.

- 1957년: 세계 최초의 인공위성 '스푸트니크 1호', 세계 최초의 우주견 '라이카'
- 1959년: 세계 최초의 달 탐사, 표면 충돌, 뒷면 촬영 '루나 1~3호'
- 1961년: 세계 최초의 우주인 '유리 가가린'
- 1963년: 세계 최초의 다인승 우주선 '보스호드 1호'
- 1965년: 세계 최초의 우주 유영 성공 '알렉세이 레오노프'
- 1966년: 세계 최초 무인 달 연착륙과 달 궤도 위성 '루나 9~10호'

미국에게는 압도적인 기술 격차를 보여줄 한 방이 필요했습니다. 바로 '소련보다 먼저 달에 사람을 보내자'였죠. 그렇게 늘 뒤처지던 미국은 달 탐사에서만큼은 앞서가기 시작했습니다. 1967년 무인 시험 비행에 성공한 아폴로 4호, 1968년 세계 최초로 달 궤도 진입에 성공한 유인 우주선 아폴로 8호 그리고 1969년 3월과 5월에는 아폴로 9호와 10호가 각각 달 착륙선의 지구 궤도 시험 비행과 달 착륙 리허설에 성공하며 성공 기록을 쌓아갔습니다. 같은 해 10월, 드디어 아폴로 11호가 달 착륙에 성공하고 닐 암스트롱이 역사적인 한 발을 딛었습니다. 세계 최초였습니다.

NASA 존슨 우주센터를 관람하면서 아폴로 프로그램 때 실제 관제실로 사용됐던 미션 컨트롤 센터에도 직접 방문했는데요. 당시 미국이 얼마나 이 프로젝트에 심혈을 기울였는지 그리고 역사적으로 얼마나 중요한 사건이었는지 직접 느낄 수 있었던 시간이었습니다. 결국 아폴

10년 넘게 우주 기술 경쟁을 벌였던 미국과 소련

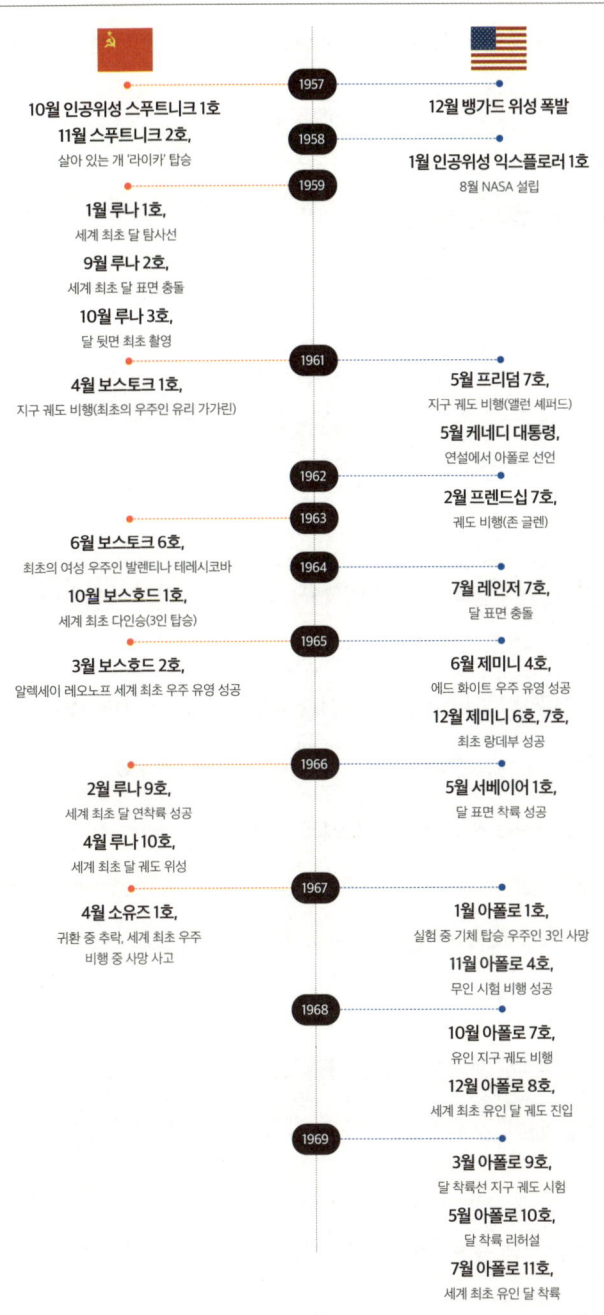

1957

10월 인공위성 스푸트니크 1호

12월 뱅가드 위성 폭발

1958

11월 스푸트니크 2호,
살아 있는 개 '라이카' 탑승

1월 인공위성 익스플로러 1호
8월 NASA 설립

1959

1월 루나 1호,
세계 최초 달 탐사선

9월 루나 2호,
세계 최초 달 표면 충돌

10월 루나 3호,
달 뒷면 최초 촬영

1961

4월 보스토크 1호,
지구 궤도 비행(최초의 우주인 유리 가가린)

5월 프리덤 7호,
지구 궤도 비행(앨런 셰퍼드)

5월 케네디 대통령,
연설에서 아폴로 선언

1962

2월 프렌드십 7호,
궤도 비행(존 글렌)

1963

6월 보스토크 6호,
최초의 여성 우주인 발렌티나 테레시코바

1964

7월 레인저 7호,
달 표면 충돌

10월 보스호드 1호,
세계 최초 다인승(3인 탑승)

1965

6월 제미니 4호,
에드 화이트 우주 유영 성공

3월 보스호드 2호,
알렉세이 레오노프 세계 최초 우주 유영 성공

12월 제미니 6호, 7호,
최초 랑데부 성공

1966

2월 루나 9호,
세계 최초 달 연착륙 성공

5월 서베이어 1호,
달 표면 착륙 성공

4월 루나 10호,
세계 최초 달 궤도 위성

1967

4월 소유즈 1호,
귀환 중 추락, 세계 최초 우주
비행 중 사망 사고

1월 아폴로 1호,
실험 중 기체 탑승 우주인 3인 사망

11월 아폴로 4호,
무인 시험 비행 성공

1968

10월 아폴로 7호,
유인 지구 궤도 비행

12월 아폴로 8호,
세계 최초 유인 달 궤도 진입

1969

3월 아폴로 9호,
달 착륙선 지구 궤도 시험

5월 아폴로 10호,
달 착륙 리허설

7월 아폴로 11호,
세계 최초 유인 달 착륙

로 11호의 성공으로 소련과의 우주 경쟁은 미국의 승리로 막을 내렸습니다. 이후로도 지금까지 달에 간 우주인은 아폴로 프로그램의 미국인 12명이 유일합니다.

오늘날 우주 기술 경쟁자는 중국

현 시점에서 우주 패권을 두고 미국과 경쟁하고 있는 나라는 중국입니다. 중국의 우주 탐사는 2007년 발사한 달 탐사선 '창어 1호'로 시작되었는데요. 정부 주도하에 적극적으로 우주 탐사에 나서고 있어 '우주 굴기'라는 수식어가 붙습니다. 다만 중국과의 경쟁은 과거 소련과 비교해보면 양상이 조금 다릅니다.

오늘날의 우주 경쟁은 두 나라 간 경쟁이 아닌 '연합'끼리의 경쟁입니다. 미국과 소련이 경쟁할 당시에는 자본주의와 공산주의 진영을 대표하는 '대표 선수'끼리의 싸움이었습니다. 하지만 이번 경쟁은 미국과 중국이 각자 연합을 맺은 나라들과 공동전선을 형성하고 있습니다. 미국이 주도하는 아르테미스 협정에도 한국을 비롯한 56개국이 동참하고 있죠. 중국 역시 러시아, 남아공 등과 함께 2035년 달 기지 건설을 목표로 '달 과학 연구기지'를 추진하고 있는데요. 미국에 비하면 함께 연합하는 나라의 수가 적습니다.

이 같은 연합은 지금의 우주 패권 전쟁이 '누가 먼저 가느냐'를 넘어 '누가 먼저 지배하느냐'의 싸움이 되었음을 의미합니다. 지배한다는 것은 우주에 새로운 질서를 만든다는 뜻인데요. 실제로 아르테미스 협정에는 달과 화성 등 우주 탐사에서의 평화적 이용, 투명한 데이터 공유,

자원 활용 및 우주 보호 등의 규정이 담겨 있습니다. 미국과 함께하는 나라가 많은 만큼 우주 질서 구축에서도 미국이 한발 앞서 있다고 볼 수 있죠. 예를 들어 미국이 다자간 협력을 통해 우주를 개척하면 우주에서의 공급망 구축에도 유리할 것입니다.

이 경쟁에서 승리할 경우 '광물 자원'이라는 경제적 이득도 얻을 수 있습니다. 과거에 우주 패권 경쟁이 중요했던 이유는 체제의 정당성 확보 외에도 위성을 통한 정보 수집, 미사일 발사 기술 등 군사적으로 활용될 여지가 많았기 때문인데요. 지금은 여기에 '경제적 이득'이라는 이유가 하나 더 추가되었습니다. 바로 달에 있는 우주 광물 자원입니다.

달에는 희토류가 많다고 알려져 있습니다. 희토류는 IT 기기를 비롯해 전기차, 배터리 등을 생산할 때 필요한 광물로, 지금은 글로벌 희토류 생산량의 70%를 중국이 담당하고 있습니다. 미국 입장에서는 달에서 희토류를 가져와 사용할 수 있다면 중국에게 잡힌 약점 하나를 제거하는 셈이죠. 실제로 미국이 주도하는 아르테미스 프로그램의 주된 목적 중 하나가 바로 광물 탐사입니다. 2020년 NASA가 민간 기업이 달에서 채취한 토양 샘플을 구매하겠다고 밝힌 적도 있고요. 과거 소련에 뒤처졌던 것과 달리 지금 미국은 기술적으로 중국을 앞서 나가고 있습니다. 단적인 예로 로켓 발사 횟수도 중국보다 약 2.5배 정도 더 많습니다.

물론 중국의 추격도 만만치 않습니다. 일례로 2019년 중국의 '창어 4호'는 세계 최초로 달 뒷면 착륙에 성공했는데요. 지구에서 보이는 달 앞면이 아닌 뒷면에 착륙하는 것은 교신 문제를 비롯해 지구로의 귀환도 더 까다롭기 때문에 훨씬 의미가 있습니다. 또한 2020년에는 '창어 5호'를 통해 달 시료 채취에 성공한 세 번째 국가가 되기도 했습니다.

G2로 꼽히는 미국과 중국의 경쟁 구도는 지구를 넘어 우주에서도 한동안 이어질 전망입니다. 이번 우주 경쟁은 어떤 결말을 맞을까요? 과거 소련과의 경쟁이 '달'에서 끝이 난 것처럼 이번 경쟁은 '화성'이 승패를 가를 것으로 판단됩니다. 미국과 마찬가지로 중국 역시 유인 화성 탐사를 목표로 하고 있는데요. 과연 화성에 먼저 발자국을 남기고 우주 경쟁의 승자가 될 나라는 어디일까요?

우주산업 변화에 따른
투자자 대응 전략

이번 출장을 통해 미국의 우주산업에서 일어나고 있는 변화들을 직접 눈으로 확인할 수 있었는데요. 그 과정에서 한 가지 분명하게 깨달은 사실이 있습니다. 바로 '우주산업 투자에 대한 생각을 리셋해야 한다'는 것입니다. 무슨 생각을 어떻게 바꿔야 할지 세 가지로 정리해봤습니다.

첫째, 우주산업과 우주 탐사를 먼 미래의 일로 여기지 않아야 합니다. 아르테미스 2호 발사로 달 탐사가 재개되고, 미국과 중국의 패권 경쟁이 격화될수록 우주에 대한 관심도 높아질 것입니다. 그런데 아르테미스 프로그램과 미중 패권 다툼 모두 먼 미래의 일이 아니라 지금 당장 벌어지고 있는 일들입니다. 다시 말해 우주산업도 현재의 투자처가 될 수 있다는 의미죠. 실제로 방위산업체 등 우주와 관련된 산업군에서 이미 수익을 거두고 있는 분야나 기업들도 존재합니다.

둘째, 우주산업 투자의 시야를 넓혀야 합니다. 대부분의 투자자는 '우주산업' 하면 로켓 발사나 우주여행 정도를 떠올립니다. 물론 로켓이나 우주여행도 상징적인 의미가 있지만 비용이 워낙 커서 당장 돈을 벌기는 쉽지 않은 분야입니다. 대신 우주산업이 성장하면 거기서 파생되는 사업 기회가 있습니다. 스페이스X의 스타링크 사업 같은 위성통신 분야가 대표적이죠. 시야를 조금만 넓히면 막연하고 멀게만 느껴졌던 우주에서 투자 기회를 찾을 수 있을 것입니다.

셋째, 장기적 성장이 기대된다고 해서 사놓고 방치해서는 안 됩니다. 투자에서 리스크 관리는 필수입니다. 우주라고 예외가 될 순 없죠. 상업화 관점에서 우주는 아직 '태동기'에 불과합니다. 상황은 언제든 급변할 수 있고 뉴스 하나에 주가가 크게 출렁이기도 할 것입니다. 촉망받던 기업의 주가가 크게 떨어지는 일도 생길 수 있죠. 그러므로 장기 성장성에 기대어 무작정 산 뒤 묻어두기보다는 꾸준한 관심과 포트폴리오 관리가 필요합니다.

개별 기업을 선별하기가 어렵다면 ETF를 활용하는 것도 좋은 방법입니다. 대표적인 우주 관련 ETF로는 ARKX_{ARK Space & Defense Innovation ETF}, UFO_{Procure Space ETF}, ROKT_{State Street SPDR S&P Kensho Final Frontiers ETF}가 있습니다. ARKX는 우주 혁신 기업에 투자하고, UFO는 우주 경제, ROKT는 우주와 방위산업체 기업에 투자하는 특징이 있습니다(이 ETF들은 '첨단 안보'와도 연관성이 많아 뒤에서 더 자세히 설명할 예정입니다).

"과거 소련과의 우주 패권 경쟁이
'누가 먼저 달에 도달하는가'라는 기술적 자존심 싸움이었다면,
현재 중국과는 '누가 우주 경제의 주도권을 잡는가'라는
실리적 패권 경쟁으로 진화했습니다."

01 미국 최초 우주 유영에 사용된 로켓
02 아폴로 프로그램 당시 실제로 사용된
      관제실 방문

01

02

03 아폴로 프로그램에 사용된 새턴V 로켓
04 마지막 유인 달 착륙 임무를 수행했던 아폴로 17호

03

04

애널리스트 입장에서 우주는 항상 아쉬움이 남는 분야입니다. 스페이스X, 블루오리진 같은 대표 기업들이 비상장 기업이라 개인 투자자들에게는 투자 기회가 제한적이기 때문입니다. 다만 이번 출장을 통해 분명히 깨달았습니다. '생각을 달리하면 충분히 투자 기회를 찾을 수 있겠다'고 말이죠. 이제 우주산업은 투자만 왕창 받고 수익에는 무관심한 그런 분야가 아닙니다. 우주 관련 비즈니스로 돈을 버는 기업이 있다면 그리고 이 민간 기업들이 우주 탐사를 주도하고 있다면 개인 투자자들에게도 기회가 있습니다.

또한 미중 패권 전쟁 심화나 주요국의 우주 탐사 등의 이슈로 주식 시장의 관심 역시 높아질 수 있는 분야입니다. 그리고 이러한 관심은 단기적인 이슈로 끝나지 않을 것입니다. 기후 위기, 식량 안보, 지정학적 위기 등 지구에서의 문제가 불거질 때마다 인류는 우주로 눈을 돌릴 것이 분명하기 때문이죠.

미국은 화성에 사람을 보내겠다는 목표를 잡았습니다. 사람을 보내고 나면 거기서 그치지 않고 또 다른 사업들을 전개해나갈 것입니다. 그러므로 투자자인 우리에게 가장 필요한 것은 우주를 중장기적인 시각에서 바라보는 전략적 관점이라고 하겠습니다.

'새로운 성장 엔진' 텍사스로 보는 미국의 미래

텍사스는 미국에서 캘리포니아주 다음으로 인구와 경제 규모가 두 번째로 큰 주입니다. 여전히 가장 많은 인구가 몰리는 지역이며 경제성장률 또한 전국 최고 수준을 기록하고 있죠. 이는 '세계 1위 선진국 미국이 앞으로도 계속 성장할 수 있을까?'라는 질문에 대한 명확한 답을 보여줍니다. 이제 미국은 뉴욕과 캘리포니아처럼 무한 성장해온 주에서 텍사스를 비롯한 새로운 거점들로 미래 성장의 무대를 옮겨가고 있습니다. 이러한 관점에서 '미국의 새로운 성장 거점'에 대해 살펴보고자 합니다.

텍사스는 반도체·전기차·우주산업, 플로리다는 금융·고급 부동산, 조지아는 전기차·배터리·물류, 워싱턴은 클라우드·항공우주를 중심으로 각기 다른 성장축을 형성하고 있습니다. 여러 지역에서 동시에 이 같은 성장 사이클을 만들어내는 것이 가능한 이유는 미국이 단일 경제가 아닌 거대 주들의 '연합체'이기 때문입니다. 지금부터는 각 지역들의 성장 스토리와 투자 시 무엇을 고려해야 하는지 함께 살펴보도록 하겠습니다.

텍사스 사람들의
여유에서 느낀 것

미국 출장을 다니면서 받은 인상이 늘 좋지만은 않았습니다. 2024년 방문한 실리콘밸리는 세계 최고 기업과 인재들이 모인 곳답게 활기찼지만, 사람들이 하나같이 바빠 보였고 물가가 부담스러웠습니다. 2025년에 찾은 워싱턴 D.C. 거리에는 양복 입은 직장인과 대낮부터 취한 듯한 사람들이 섞여 있었는데, 역시나 물가는 비쌌습니다.

텍사스는 두 지역과 조금 달랐습니다. 친절한 사람들과 쾌적한 날씨 덕분인지 도시 분위기가 전체적으로 여유로웠습니다. 숙박비도 캘리포니아 대비 체감상 20%가량 낮았고, 호텔 직원들도 한국에서 온 방문객을 따뜻하게 맞아주었습니다.

그래서인지 텍사스에서 받은 첫인상은 '살기 좋은 곳'이었습니다. 실제로 텍사스는 일자리가 많고 주택 가격과 생활비 부담도 비교적 낮을 뿐더러 교육 및 주거 환경도 만족스러운 곳입니다. 사람이 모이고 기업이 투자를 늘릴 수밖에 없는 조건을 갖추고 있으니 점점 더 성장할 일만 남았다고 해도 과언이 아닙니다.

현재 텍사스는 경제 규모뿐만 아니라 면적, 인구 규모로도 미국에서 두 번째로 큰 초대형 주인데요. 인구 증가와 함께 2000년 이후 연평균 경제성장률 또한 미국에서 가장 높습니다. 반면 물가는 캘리포니아나 뉴욕은 물론 미국 평균과 비교해서도 낮습니다. 텍사스를 보면서 '미국은 아직 성장할 여지가 더 많다'는 사실을 절감했습니다.

텍사스주는 미국에서 알래스카 다음으로 면적이 크다

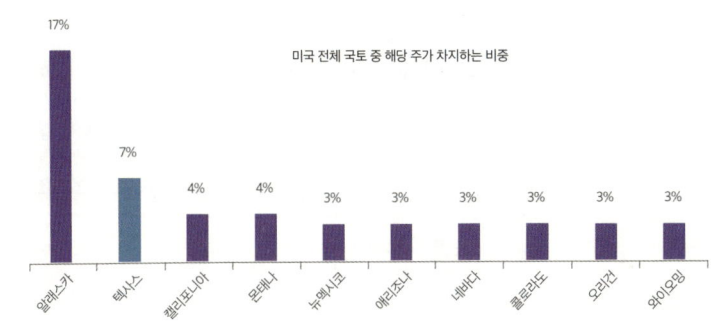

출처: 세계은행World Bank, 토스증권

물론 미국은 이미 세계 1위 선진국입니다. 패권 유지를 위해 MAGA를 슬로건으로 내걸고, DOGE 도입으로 내실을 다지고 있습니다. 하지만 걱정거리도 많은 나라죠. 높은 도시 물가, 마약과 총기가 합법화된 생활환경 그리고 세계 1위 국가로서 정점을 찍었으니 앞으로 내리막길밖에 안 남았다는 우려도 공존합니다.

텍사스의 경제 규모는 세계 8위 수준으로 한국보다 크다

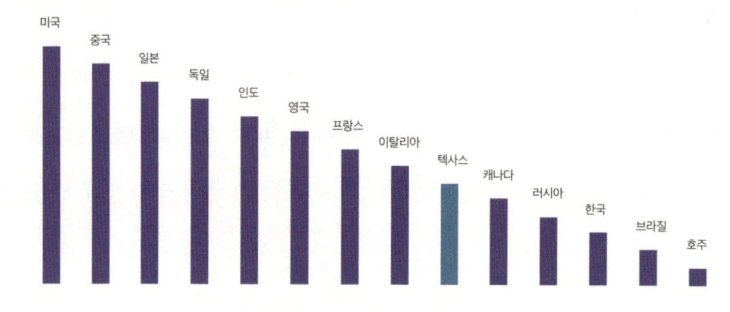

출처: 세계은행, 미국 경제분석국BEA, 토스증권(2024)

그렇다면 미국은 앞으로 계속 성장할 수 있을까요? 만약 가능하다면 다음 성장은 어디에서 기대할 수 있을까요? 우리는 텍사스에서 미국의 미래를 봤습니다. 텍사스를 비롯한 새로운 성장 거점들이 향후 미국의 성장을 이끌 것이라는 점을 말입니다.

미국의 성장 거점이 바뀌고 있다

오랜 기간 미국 경제의 성장은 뉴욕주와 캘리포니아주가 주도해왔습니

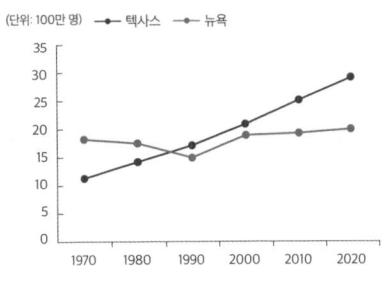

텍사스의 인구 수는
1990년대부터 뉴욕을 앞질렀다

(단위: 100만 명) ●─ 텍사스 ●─ 뉴욕

출처: 미국 인구조사국, 토스증권

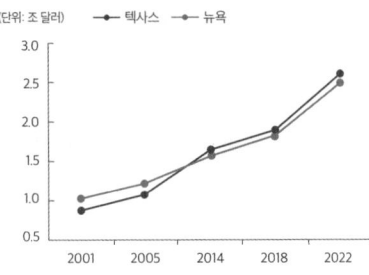

경제 규모까지 앞지른 것은
최근 10년 남짓이다

(단위: 조 달러) ●─ 텍사스 ●─ 뉴욕

출처: 미국 경제분석국, 토스증권

다. 뉴욕 월스트리트는 금융의 심장부였고, 캘리포니아에 위치한 실리콘밸리는 글로벌 혁신의 중심이었죠. **그러나 최근 몇 년 사이 인구 이동, 기업 본사 재배치, 대규모 산업 투자, 인재 공급 등 구조적 변화가 가속화되면서 새로운 성장 거점이 부상하고 있습니다. 바로 텍사스, 플로리다, 조지아, 워싱턴 등입니다.** 우선 이 중에서 경제 규모가 가장 큰 텍사스부터 살펴보겠습니다.

텍사스는 과거에도 잘나갔다

현재 텍사스는 반도체, 전기차, 우주산업 등 새로운 성장 동력을 다수 보유하고 있습니다. 그런데 사실 과거에도 텍사스는 석유 산업, 우주 탐사(냉전 시대), 항공 및 군수 산업 등을 통해 미국 성장의 한 축을 담당한 이력이 있습니다.

석유 산업부터 한번 살펴보죠. 20세기 초부터 텍사스의 석유는 산업화 및 군사력 강화의 원동력이었습니다. 1901년 스핀들톱Spindletop 유전이 발견되면서 텍사스는 세계 석유 산업의 중심지로 부상했습니다. 이 유전은 하루 10만 배럴을 생산하며 미국 내 원유 공급을 혁신적으로 늘렸는데요. 텍사스의 석유는 두 번의 세계대전과 냉전기를 거치는 동안 미국이 글로벌 패권을 유지하는 밑바탕이 되었습니다. 그 결과 휴스턴과 댈러스는 석유 산업의 본거지로 성장했고, 지금도 미국 석유 산업 분야 시가총액 1위 기업인 엑슨 모빌Exxon Mobil은 텍사스에 본사를 두고 있습니다.

우주 개발의 경우, 텍사스는 냉전 시대 미국의 기술 우위를 입증한 무대였습니다. 1961년 케네디 대통령은 휴스턴을 NASA 존슨 우주센터의 본거지로 정했습니다. 이곳에서 아폴로 프로그램이 시작되었고, 아폴로 11호의 달 착륙은 미국 우주산업의 상징이 되었습니다. 현재 NASA 존슨 우주센터는 미국 유인 우주 탐사의 핵심적인 역할을 맡고 있으며, 직원은 무려 1만 명에 이릅니다.

국방 산업의 경우, 텍사스는 항공 및 군수 산업 부문에서 오랫동안 전략적 요지였습니다. 댈러스 지역의 록히드 마틴Lockheed Martin 시설에서 전투기 F-16과 F-35가 생산되었고, F-35는 지금도 텍사스 포트워스에서 조립되고 있죠. 또한 보잉은 텍사스에서 다양한 군수 생산기지를 운영하며 공급망을 뒷받침합니다.

이처럼 텍사스는 이미 빠른 산업 발전과 인구 증가를 경험한 지역으로, 과거에 갖춰진 기반시설이나 축적된 자산을 활용해서 새로운 산업 환경 변화에 빠르게 대응할 수 있었습니다. 텍사스가 빠르게 미국의 새로운 성장 거점으로 자리 잡을 수 있었던 이유입니다.

21세기 미국 내 성장률 1위, 텍사스의 성장 비결

텍사스는 최근 몇 년간 미국에서 가장 역동적으로 성장한 주 가운데 하나인데요. 인구 증가, 일자리 수 증가, 경제성장률 모두 전미 최고 수준입니다. 2020년 이후 텍사스 인구는 약 200만 명이 증가했는데, 이는 미국의 모든 주를 통틀어 가장 큰 수치입니다. 현재 추정 인구는 3,200만 명으로, 미국의 단독 주 가운데 인구 수 3,000만 명이 넘는 주는 캘리포니아(3,900만 명 추정)와 텍사스뿐입니다.

일자리도 증가했습니다. 2024년 기준 연간 28만 건의 일자리가 새로 창출되었는데, 이는 전 미국에서 최대일 뿐 아니라 캘리포니아(18만 건)와 뉴욕(13만 건)을 크게 앞섭니다. 경제성장률 또한 전미 평균을 웃돌고, 2000년 이후의 장기 성장률로 보면 가장 높은 수준의 가파른 성장세를 보여주고 있습니다.

이 지표들은 텍사스가 단순히 지역 성장에 그치지 않고 국가 성장 엔진으로 기능한다는 점을 나타냅니다. 그래서 연방정부는 텍사스가 반도체, 에너지, 우주산업 성장의 거점이 되어줄 것으로 기대하고 있습니다. 그에 따라 지방정부는 급격한 인구 유입에 따른 생활 여건 조성뿐 아니라 기업 친화적인 환경을 만들기 위한 노력을 기울이고 있죠.

대기업들도 비용 효율성, 안정적인 인재 파이프라인, 혁신 생태계에 대한 기대를 갖고 텍사스로 모여드는 중입니다. 그 결과 텍사스는 앞으로 미국의 전략 산업을 비중 있게 담당할 지역으로 인식되고 있습니다.

텍사스의 인구 증가 규모는
미국에서 가장 크다

텍사스의 일자리 수
증가 규모도 미국 최대다

출처: 미국 인구조사국, 토스증권

출처: 미국 노동통계국BLS(2024), 토스증권

대기업들이 텍사스로 오는 이유

텍사스는 기업 본사 및 캠퍼스, 대형 공장 등의 입지로 아주 매력적인 곳입니다. 낮은 비용 구조, 지방정부의 친기업적 기조, 연방 보조금까지 맞물리면서 주요 기업들이 본사와 공장을 동시에 텍사스로 옮기기도 하는데요. 이는 또다시 인재 유입으로 이어져 선순환 구조를 만들어냅니다.

이처럼 텍사스로 기업들이 몰리는 이유는 크게 두 가지를 꼽을 수 있습니다. 첫째, 기업 입장에서 비용이 낮습니다. 미 상무부 산하 경제분석국에서 발표한 지역 물가지수에 따르면, 텍사스의 전반적인 물가 수준은 전국 평균보다 낮고 캘리포니아보다는 유의미하게 낮습니다.

이는 임직원뿐 아니라 기업에게도 비용을 아낄 수 있는 요인이죠. 또한 개인과 법인이 내야 하는 주 소득세가 없다는 점도 기업들이 텍사스를 선호하는 이유 중 하나입니다.

두 번째는 친기업 기조 및 보조금 때문입니다. 반도체 기업들은 텍사스에 파운드리를 지으려 합니다. 바로 칩스법에서 정한 보조금 혜택을 누리기 위해서인데요. 많은 미국 주들 가운데서 텍사스를 택한 이유는 연방정부의 보조금과 더불어 주정부 및 시정부가 추가 인센티브(보조금, 세금감면 등)를 주기 때문입니다. 이러한 기업의 대표적인 사례로 삼성전자를 들 수 있습니다. 주정부 차원의 대표적인 인센티브로는 TEF The Texas Enterprise Fund가 있습니다. TEF는 미국 최대 규모의 '딜 클로징'Deal Closing(거래나 계약을 최종적으로 성사시키는 단계) 보조금 프로그램으로, 텍사스 내 사업 후보지가 다른 주와 경쟁 중일 때 그 사업을 유치하기 위해 기업에게 제공하는 자금입니다.

텍사스를 선택한 기업들

2024년 기준 《포춘》이 선정한 글로벌 500대 기업 중 텍사스에 본사를 둔 기업은 52곳으로, 미국 내에서 캘리포니아 다음으로 많습니다. 그런데 2024년 이후 본사를 텍사스로 이전하거나 이전 발표를 한 셰브론, X(구 트위터), 스페이스X는 모두 캘리포니아에서 이전해 오는 경우입니다. 이를 고려하면 가까운 시일 내에 텍사스의 유치 기업 수가 캘리포니아를 앞지를 수도 있습니다.

몇 년 후에는 '포춘 500' 기업의 본사가 텍사스에 가장 많아질 수도 있다

(단위: 개) ■ 2024년 ■ 2026년 이후(추정)

출처: 《포춘》(2024), 토스증권

텍사스의 물가지수는 미국 평균보다 3%, 캘리포니아보다 15% 낮다

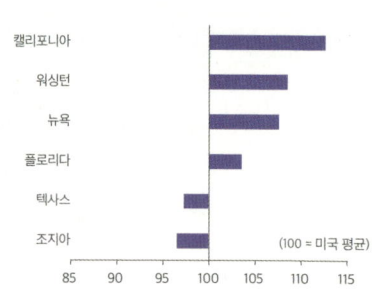

출처: 미국 경제분석국 지역별 물가 수준 비교 지표
Regional Price Parities for States(2024년 12월 기준), 토스증권

주 소득세 비교: 텍사스 0%, 캘리포니아 최대 13%

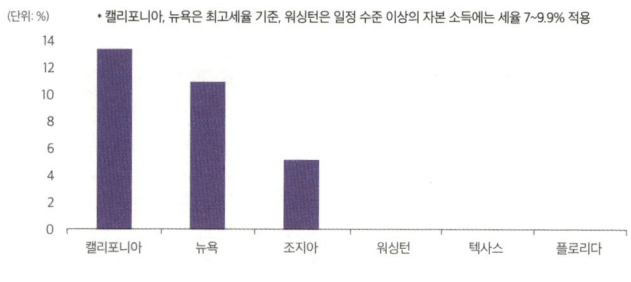

(단위: %) • 캘리포니아, 뉴욕은 최고세율 기준, 워싱턴은 일정 수준 이상의 자본 소득에는 세율 7~9.9% 적용

출처: Tax Foundation(2025년 2월 기준), 토스증권

미래 산업들이 모여들고 있는 곳

우주산업과 무인택시 같은 미래 산업도 텍사스에서 발전을 도모하고 있습니다. 존슨 우주센터가 있는 텍사스 휴스턴은 1960년대부터 유인 우주 비행의 관제 및 훈련기지로 구축되어 인프라와 전문인력을 축적한 곳입니다. 현재도 존슨 우주센터는 인류 귀환 달 탐사 프로젝트인

아르테미스 프로그램의 중추 기능을 수행 중입니다.

이는 단순한 상징을 넘어 유인 미션 운영에 필수적인 인프라, 인력, 협력 네트워크가 이곳에 집적되어 있기 때문입니다. 최근에도 장기 화성 임무 시뮬레이션(CHAPEA Crew Health and Performance Exploration Analogs 미션 2기)을 진행하면서 차세대 탐사 준비를 이어가고 있으며, 주요 리더십이 텍사스로 인사 이동되는 등 조직 역량이 휴스턴에 집중되고 있습니다.

자율주행차나 서비스를 만드는 기업들도 텍사스를 테스트베드로 활용하고 있습니다. 2025년 6월, 텍사스주 오스틴에서 테슬라의 운전자 없는 로보택시 시범 운행이 시작되었습니다. 아마존이 인수한 죽스Zoox도 이곳에서 자율주행차 시험 주행을 발표했고, 알파벳 산하 웨이모도 우버와 협력해 호출 서비스를 개시했습니다.

오스틴은 최근 인구 증가로 교통 수요가 늘고 있으며, 도심과 신개발 지역이 공존하는 도시입니다. 이러한 환경은 정해진 구역에서 제한적으로 자율주행을 시험하기에 적합하죠. 또한 원활한 생산과 운영 관리를 위해 테슬라는 본사와 기가텍사스Giga Texas 공장을 인근에 두고 차량 생산부터 소프트웨어 업데이트, 실제 운영까지 모든 공정을 한 지역에서 통합적으로 진행하고 있습니다.

이 모든 일들이 가능했던 이유는 텍사스가 일찍이 자율주행 관련 기업들을 유치하기 위한 제도적 기반을 마련해놓았기 때문입니다. 이미 2017년 'SB 2205법'을 제정해 일정 안전 요건을 충족하면 운전자 없이도 자율주행차가 주도로를 운행할 수 있도록 허용한 것이죠. 다른 주보다 명확한 법적 기반이 마련되면서 여러 시도들이 가능했던 셈입니다.

"텍사스는 풍부한 우주산업 인프라와
선제적인 제도 마련을 바탕으로,
우주 탐사와 자율주행 등 미래 산업의 핵심 거점으로
도약하고 있습니다."

01

02

03

04

01 텍사스주 오스틴에 위치한 테슬라 기가팩토리
02 테슬라 로드 표지판
03 오스틴에서 이용한 우버 호출 웨이모 차량(샌프
    란시스코에서는 전용 앱 이용)
04 웨이모 운전석. 샌프란시스코를 방문했을 때에
    비해 자율주행의 성능이 좋아졌다고 느꼈다
05 텍사스 오스틴 사무실을 방문해
    테슬라 딜러들이 생각하는 장단점을 들었다

05

06

07

08

미국의 또 다른 성장 거점들: 플로리다, 조지아, 워싱턴

텍사스가 반도체와 전기차, 우주산업을 기반으로 미국의 새로운 성장 엔진으로 부상했다면, 이와 비슷하게 특정 미래 산업을 중심으로 빠른 성장을 이끌고 있는 주들이 있습니다. 대표적으로 플로리다, 조지아, 워싱턴을 꼽을 수 있는데요. 이 세 곳은 금융과 고급 부동산(플로리다), 전기차 및 배터리와 물류(조지아), 클라우드와 항공우주(워싱턴) 등 각기 다른 성장축을 기반으로 하고 있습니다.

최근 괄목할 만한 인구 및 투자 유입을 이끌어내며 텍사스와 함께 향후 미국 경제의 성장 동력이 될 거라는 기대를 받고 있는 세 지역의 특징을 자세히 살펴보겠습니다.

빠르게 성장하는 텍사스, 플로리다, 조지아, 워싱턴

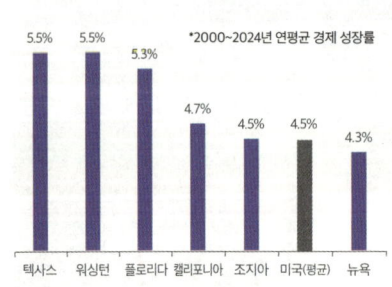

출처: 미국 경제분석국, 토스증권

인구 유입은 경제 성장의 원동력이 된다

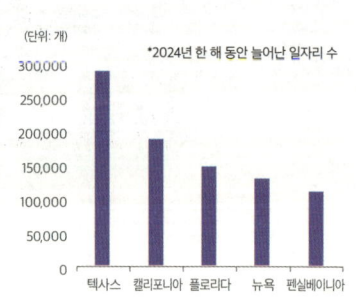

출처: 미국 노동통계국, 토스증권

플로리다: 금융과 고급 부동산

플로리다는 텍사스와 더불어 가장 큰 인구 증가를 보이고 있는 주입니다. 미국 인구조사국에 따르면, 2020년 이후 플로리다는 텍사스 다음으로 인구 유입이 많았고 총인구는 2,300만 명을 넘어서면서 인구 3위의 주가 되었습니다. 경제 규모도 캘리포니아, 텍사스, 뉴욕 다음으로 크죠.

전통적으로 플로리다는 관광(디즈니월드)과 농업(오렌지)이 주요 산업이었는데요. 고소득층 및 은퇴자들이 이주해오고, 기업들도 옮겨오면서 금융업의 새로운 허브로 부상했습니다. 고소득자와 은퇴 인구가 모이는 가장 큰 이유는 세제 혜택 때문입니다. 플로리다는 개인 소득세를 부과하지 않고, 연금, 은퇴소득, 투자소득에 대한 주세State Tax도 없습니다. 이러한 절세 혜택을 받으려면 플로리다 거주자로 신고해야 하기 때문에 이주가 필수적입니다.

고소득 인구가 늘면 자산관리 및 투자에 대한 수요가 늘고, 주택 및 건설 수요가 높아짐에 따라 금융 산업도 발전할 수 있습니다. 그래서인지 플로리다 마이애미 인근 지역은 10년 넘게 금융 및 핀테크 기업들에게 인기를 얻고 있는데요. 헤지펀드 시타델Citadel의 창업자 케네스 그리핀Kenneth Griffin은 본사를 시카고에서 마이애미로 이전하면서 이곳이 언젠가는 뉴욕을 제치고 세계 금융의 중심지가 될 것이라고 말했습니다. 마이애미를 '월스트리트 사우스'라고 부르기도 했죠. 실제로 대형 금융사뿐 아니라 자산운용사와 중개인들도 플로리다로 유입 중입니다. 캐시 우드Catherine Wood가 이끄는 아크 인베스트ARK Invest도 마이애미에 위치해 있습니다.

이러한 상황이다 보니 주택과 건설 수요도 고급 콘도와 주상복합 위주인 고급 부동산 시장으로 특화되고 있습니다. 이 시장은 일반 부동산 시장과 달리 수요가 분리되어 있을 뿐 아니라 경기가 불확실한 상황에서 고액 자산가들의 '안전한 투자처'로 인식되어 흔들림 없는 성장세를 유지 중입니다.

조지아: 전기차, 배터리 그리고 물류

미국 동남부에 위치한 조지아주는 전기차 제조 클러스터의 핵심입니다. 현대차는 브라이언 카운티Bryan County에 약 76억 달러 규모의 전기차 전용 공장인 '메타플랜트 아메리카'Metaplant America를 가지고 있습니다.

연간 50만 대의 전기차가 생산될 이곳은 8,500개의 직접고용과 6,900개의 협력사 일자리를 창출하는 초대형 프로젝트입니다.

현대차는 메타플랜트 지역에 LG 에너지솔루션과 함께 약 43억 달러 규모의 배터리 셀 합작 공장을 건설 중이며, 연간 30기가와트시의 생산 능력을 목표로 2026년 양산을 앞두고 있습니다. 미국의 전기차 회사인 리비안Rivian도 조지아에 약 50억 달러 규모의 전기차 생산 공장을 준비하고 있으며, 연간 40만 대 생산 능력을 목표로 하고 있습니다.

물류 인프라도 빠르게 성장하고 있습니다. 사바나항Port of Savannah은 2023년 처리량이 550만 TEU(20피트 길이의 컨테이너 한 개를 뜻하는 단위)를 넘어섰으며, 이는 미국 동부 항만 중에서도 가장 빠른 성장세입니다. 현재 사바나항은 자동차와 배터리 부품 수입, 완성차 수출에 모두 활용되면서 전기차 밸류체인의 필수 인프라로 기능하고 있는데요. 조지아 주지사가 전기차와 해당 밸류체인 물류를 지원하기 위한 신규 공항 건설을 승인하기도 했습니다.

조지아는 유능한 인재 풀도 갖추고 있습니다. 인근에는 미국 내 공학 및 컴퓨터 사이언스 분야에서 상위권에 속하는 조지아 공과대학Georgia Institute of Technology이 있고, 이곳에서는 매년 수천 명의 인재를 배출합니다. 실제로 현대차·LG 에너지솔루션 합작법인은 산학협력 프로그램을 운영하며 연구 개발 인재를 지역에서 직접 확보하려는 노력을 이어가고 있습니다.

워싱턴: 클라우드와 데이터센터

미국 서북부에 위치한 워싱턴주는 전 세계 클라우드와 AI 인프라의 중심지입니다. 마이크로소프트와 아마존이라는 두 거인이 워싱턴 퓨젯 사운드Puget Sound 지역에 본사를 두고 있어 글로벌 IT 투자 흐름을 좌우하는 핵심 허브로 기능하고 있습니다. 마이크로소프트와 아마존 두 기업의 클라우드 매출만 합해도 2,300억 달러에 달하는데요. 이는 미국 GDP의 약 1% 수준으로, 워싱턴에 위치한 두 기업이 글로벌 클라우드 수요를 사실상 책임지고 있다고 볼 수 있습니다.

또한 워싱턴주는 항공 및 우주산업의 전통적 중심지이기도 합니다. 보잉은 시애틀을 기반으로 상업 및 군수용 항공기를 생산 중이고, 아마존 창립자인 제프 베이조스가 설립한 블루오리진은 켄트에 본사를 두고 로켓과 우주선 개발을 진행하고 있습니다.

미국은 여전히
그리고 앞으로도 성장한다

미국은 단일한 경제가 아니라 사실상 수많은 거대 주state경제가 모여 있는 연합체United States of America입니다. 따라서 주 하나하나의 규모도 만 만치 않죠. 만약 텍사스, 플로리다 같은 주들이 독립된 하나의 국가라 면 각각이 세계 10위권의 경제 규모를 기록할 정도라고 보시면 됩니다.

동시다발적 성장 엔진을 가진 나라

미국처럼 이미 선진국 반열에 오른 지 오래된 나라가 여전히 더 성 장할 거라 보는 이유는 텍사스, 플로리다, 조지아, 워싱턴 같은 대형 주 들이 새로운 성장 사이클에 진입하고 있기 때문입니다. 인구 이동과 새 로운 일자리 및 제조 인프라 투자가 맞물리며 에너지, 주택 건설 및 판 매, 헬스케어, 물류 등 전방위 산업에서 지속 가능한 성장의 토대가 마 련되고 있는 중입니다. 뿐만 아니라 에너지 전환, 디지털 인프라(데이터 센터), 제조업 리쇼어 그리고 이에 따르는 물류와 전력 수요가 늘어나면 서 지역의 확장이 이루어지고 있죠. 이러한 구조적 변화는 다년간의 투 자 및 기업 실적으로 연결됩니다.

특히 주목할 점은 미국이 '동시다발적인 성장 엔진'을 갖춰가고 있다 는 것입니다. 다시 말해 어떤 지역이 경기 둔화를 겪더라도 다른 지역 이 이를 상쇄할 수 있는 거죠. 예를 들어 서부 해안이 경기 과열 혹은 조정을 겪어도 다른 지역에서 인구 이동 및 산업 확장으로 성장세를 이어갈 수 있습니다. 실제로 텍사스, 플로리다, 조지아, 워싱턴 등 새로운 성장 거점이 부상함에 따라 이 네 곳이 현재 미국의 경제 성장에 기여하는 바가 뉴욕과 캘리포니아를 합친 것 못지않은 수준이 되었습니다. 즉, 이제 미국은 단일 지역에 좌우되지 않는 다층적인 성장 기반을 갖추고 있는 나라가 된 것입니다.

새로운 대형주들의 성장으로
수혜받을 산업과 기업

미국의 새로운 주경제 체제에서 수혜받을 산업과 기업은 크게 다음 분야들을 꼽을 수 있습니다.

수혜받을 산업 ①: 전력 및 유틸리티

우선 전력 및 유틸리티(전력 발전을 위한 필수 기반시설) 기업의 수혜에 주목할 필요가 있습니다. 인구 유입과 산업 재편에 따른 전력 수요 증가로 전력 및 유틸리티 기업의 수혜가 기대되기 때문인데요. 특히 앞서 언급한 주에서 매출 비중이 높은 회사들이 주목할 만합니다.

텍사스의 경우 AI 데이터센터와 퍼미안Permian 유전 지역의 산업 확장, 인구와 기업 유입이 맞물리면서 전력 사용량이 급증하고 있습니다. 수요를 따라가기 위해 전력회사와 발전사들이 송배전망과 발전소 투자를 대폭 확대하고 있죠. 텍사스 매출 비중이 높은 회사로는 비스트라 에너지Vistra Energy, 센터포인트 에너지CenterPoint Energy, NRG 에너지NRG Energy 등이 있습니다. 플로리다 매출 비중이 높은 회사로는 넥스트에라 에너지Nextera Energy, 듀크 에너지Duke Energy 등이 있습니다. 그 밖에 서 던Southern과 아비스타Avista가 각각 조지아와 워싱턴에서의 매출 및 사업 성장으로부터 유의미한 영향을 받는 기업입니다.

수혜받을 산업 ②: 주택, 건설, 건자재

두 번째는 주택, 건설, 건자재 기업입니다. 인구가 증가하면서 주택 수요도 꾸준히 늘고 있는데요. 이에 따라 건설 자재 기업과 주택 개발 사들이 신규 프로젝트를 활발히 진행하며 성장을 이어갈 것으로 보입 니다. 텍사스에서 매출 비중이 높은 회사로는 아코사Arcosa, 그린 브릭 파트너스Green Brick Partners가 있습니다. 플로리다에서 매출 비중이 높은 회사는 인프라 EPC(설계, 조달, 시공) 관련 기업인 마스텍MasTec, 콴타 서 비시스Quanta Services 그리고 주택 건설 및 건자재 기업인 DR 호튼D.R.Horton, 테크노글래스Tecnoglass 등이 있습니다.

수혜받을 산업 ③: 지역 은행

세 번째는 지역 은행들입니다. 이주민과 기업이 늘고 부동산 프로젝 트가 성장하면서 지역 은행들의 예금 및 대출이 함께 늘어나고 있기 때 문이죠. 텍사스에서 매출 비중이 높은 회사로는 프로스페리티 뱅크셰 어스Prosperity Bancshares, 스텔러 뱅코프Stellar Bancorp가 있습니다. 플로리다 에서 매출 비중이 높은 회사로는 시코스트 뱅킹 코퍼레이션 오브 플로리다 Seacoast Banking Corporation of Florida, 아메리스 뱅코프 Ameris Bancorp가 있습니다. 조지아의 경우 시노버스 파이낸셜 Synovus Financial에 긍정적인 영향이 기대됩니다.

수혜받을 산업 ④: 헬스케어, 물류, 데이터센터

그 외 산업과 기업으로는 텍사스와 플로리다 내 매출 비중이 높은 병원 체인인 HCA 헬스케어 HCA Healthcare, 조지아의 물류 증대 혜택을 볼 노퍽서던 Norfolk Southern과 철도운송업체 CSX를 꼽을 수 있습니다. 또한 워싱턴 지역 성장에 따른 수혜를 누릴 수 있는 종목인 데이터센터 리츠 에퀴닉스 Equinix와 디지털 리얼티 트러스트 Digital Realty Trust도 눈여겨볼 필

텍사스, 플로리다 등 지역 성장의 수혜를 볼 기업

섹터	기업명*	어떤 측면에서 수혜가 기대되는지
전력 · 유틸리티	비스트라 에너지 VST	• 텍사스는 비스트라 에너지의 주된 사업 지역 • 텍사스 사업 시장 거래량도 전년 대비 10% 늘어나면서 높은 마진을 기록했다고 발표
	센터포인트 에너지 CNP	• 텍사스는 에너지 센터, 첨단 제조업, 에너지 저장 및 에너지 수출에 힘입어 뚜렷한 경제 성장을 보이고 있음 • 센터포인트 에너지는 휴스턴 전력 서비스 관할로 2031년까지 최대 전력 수요가 약 50% 증가할 것으로 전망
	NRG 에너지 NRG	• 텍사스는 NRG 에너지의 핵심 시장으로, 본 지역에 20기가와트 이상의 발전 자산을 보유하고 있음 • 자체 발전소들을 통해 주거용 소비 전력 사업도 운영
	넥스트에라 에너지 NEE	• 플로리다는 인구 증가가 전력 수요를 이끌고 있으며, 인프라 투자에 유리한 규제 환경을 갖추고 있음 • 또한 다양한 에너지원 활용을 통해 전기요금을 낮게 유지
	듀크 에너지 DUK	• 플로리다에서 2028~2029년부터 송배전망과 발전 투자 프로젝트를 시작

주택·건설·건자재	아코사 ACA	• 텍사스는 다가구 주택에 대한 수요가 뚜렷하며 아코사의 건설 자재 사업의 핵심 시장 • 텍사스와 걸프 코스트 지역은 대형 프로젝트에 대한 강한 수요가 있음
	그린 브릭 파트너스 GRBK	• 주택 건설사인 'Trophy Signature Homes'가 댈러스와 오스틴에서 사업을 확장하고 있으며, 휴스턴 시장에도 진출할 예정 • 첫 번째 플로리다 커뮤니티가 승인 절차를 통과할 예정
	DR 호튼 DHI	• 미국의 대표적인 주택 건설사로 주택 건설과 자재, 부지 개발, 임대 사업, 그리고 모기지 운영을 포함한 금융 서비스를 운영 • 플로리다는 다른 지역과 비교해 가장 뚜렷한 수요 변화가 나타나는 시장
	테크노글래스 TGLS	• 플로리다는 중·고급 주택 관련 수요와 전 부문에 걸친 건전한 시장 환경을 보유하고 있음 • 플로리다는 테크노글래스의 전통적인 시장으로서 템파에서 북쪽 지역까지 창호 수요 확대
지역은행	프로스페리티 뱅크셰어스PB	• CNBC가 발표한 2023년 '비즈니스하기 좋은 주' 평가에서 텍사스 2위, 하지만 프로스페리티 뱅크셰어스는 텍사스가 1위를 했어야 한다고 보고 있음 • 텍사스 기반 지방은행 중 가장 자산 규모가 크며, 사업자 기업 금융 비중도 높음
	스텔러 뱅코프 STEL	• 텍사스는 탄탄한 시장으로 묘사되며, 기업 친화적인 특성으로 인수합병(M&A) 활동과 업계 통합이 활발함 • 기업들이 친기업적 환경을 갖춘 주에 집중하면서 텍사스의 매력이 더욱 부각
	시코스트 뱅킹 코퍼레이션 오브 플로리다 SBCF	• 플로리다는 강력한 신용(대출) 수요, 인구 증가가 있는 은행 시장, 특히 플로리다 중부를 중심으로 시장이 확대되고 있음 • 영업망 전반에서 지속적인 성장 기회를 보여주며 견조한 경제 여건 입증
헬스케어	HCA 헬스케어 HCA	• 지난 몇 년간 플로리다와 텍사스와 같은 지역에서 일자리 증가가 뚜렷하게 나타남 • 고용주 제공 보험Employer-Sponsored Insurance 수요가 늘어날 전망

*기업명 뒤의 영문 대문자 알파벳은 해당 기업의 티커
출처: 각 기업 실적 발표를 바탕으로 토스증권 정리

요가 있습니다.

지금까지 살펴본 것처럼 미국은 여전히 그리고 앞으로도 성장할 국가입니다. IT 혁신을 넘어 제조업과 인프라(데이터센터) 투자에서도 여전히 세계 경제 성장의 원동력을 제공하고 있죠. 텍사스, 플로리다, 조지아, 워싱턴은 첨단 산업과 전통 산업이 결합하며 새로운 투자 기회를 창출하고 있습니다.

앞으로 이어질 성장 스토리에서 가장 직접적이고 구조적인 수혜를 입을 수 있는 산업군인 지역 은행, 인프라와 건설 및 건자재, 전력과 물류, 헬스케어 분야는 그래서 특히 더 장기적 관점의 투자가 필요하다고 하겠습니다.

PART 4

미국에서 찾은
주목할 만한 산업

#로봇
#자율주행
#헬스케어
#첨단 안보
#What's Next?

KEY
INDUSTRIES

현재 미국 내에서 가장 주목해야 할 산업은 무엇일까요? 그동
안의 리서치 활동과 현지 탐방 경험을 바탕으로 우리는 세 가
지 산업을 선정했습니다.

첫 번째 산업은 '로봇'입니다. 로봇은 자율주행과 기술적 유
사성이 크기 때문에 향후 다양한 시너지 효과를 이끌어낼 가
능성이 매우 높습니다.

두 번째 산업은 '헬스케어'입니다. 트럼프 정부 출범 후 헬스
케어는 관세, AI, 반도체 등에 밀려 큰 주목을 받지 못하고 있
습니다. 하지만 워싱턴 D.C. 현지에서 정책 관계자들의 이야
기를 들어보면, 트럼프 정부의 기조를 관통하는 키워드인
MAGA, AI, DOGE는 헬스케어 정책에도 녹아 있었습니다.

세 번째 산업은 '첨단 안보'High-tech Security입니다. 이제는
부안이 전력, 클라우드, 에너지, 통신 등 일상과 밀접하게 엮
인 인프라를 지키는 일로 확장되었음을 확인했습니다. 특히
안보에 기술이 더해진 '첨단 안보'가 새로운 영역으로 자리
잡고 있다는 느낌을 받았습니다. 이번 장에서는 위 세 가지 산
업에 관한 구체적인 투자 포인트와 관련 기업뿐 아니라 ETF
까지 함께 소개하겠습니다.

로봇과 자율주행,
먼저 온 미래

현재 세계 주요 국가들이 로봇 산업을 전략 산업으로 지정하고 대규모 투자와 정책 지원에 앞장서고 있습니다. 특히 AI가 로봇의 수행능력을 극대화시킬 수 있으며, 산업 및 사회적 수요 증가에 따른 성장 잠재력이 크다는 점에서 로봇의 시장성은 더욱 확대될 전망입니다. 당연히 선두 기업들의 기업가치 상승을 예상할 수 있는 만큼 투자 매력도 높아지고 있죠.

특히 자율주행과 로봇의 결합은 그 시너지가 폭발적입니다. 이 둘은 겉으로는 다른 산업처럼 보이지만 센서를 통해 환경을 인식하고 인공지능이 판단과 제어를 수행한다는 점에서 유사한 기술 구조를 공유합니다. 그런 이유로 자율주행차를 '도로 위의 로봇', '바퀴 달린 로봇'이라 부르기도 하지요. 자율주행은 결국 로봇 산업의 확장으로 이어질 것입니다.

텍사스는 자율주행과 로봇 기술을 확인하기에 좋은 현장이었습니다. 오스틴의 주요 도로에서는 자율주행차 주행 테스트가 이뤄지고, 대학과 연구기관에서는 로봇 연구가 활발히 이루어지고 있었죠.

지금부터는 현지에서 보고 들은 내용을 토대로 서로 밀접하게 얽혀 있는 두 산업의 접점을 살펴보고, 자율주행과 로봇 분야의 주목할 만한 기업들과 관련 ETF 그리고 투자 시 유의할 점을 함께 정리해보겠습니다.

텍사스에서 경험한
자율주행차와 로봇

텍사스는 자율주행차와 로봇을 이야기할 때 **빼놓을 수 없는** 지역입니다. 오스틴, 휴스턴, 댈러스 등 텍사스주의 큰 도시들은 다양한 도로 조건을 제공해주기에 자율주행 테스트에 적합한데요. 실제로 웨이모, 테슬라 같은 기업들은 텍사스에서 자율주행 차량 및 서비스를 운영하고 있습니다. 또한 로봇 연구에 강점을 가진 텍사스 대학 오스틴 캠퍼스를 중심으로 한 로봇 연구 인프라도 탄탄하게 갖춰진 편이죠. 여기에 자율주행차에 우호적인 주정부 지원까지 더해져 텍사스는 로봇과 자율주행 기술 발전의 중요한 무대가 되고 있습니다.

자율주행차는 '도로 위를 달리는 로봇'이라 할 수 있습니다. 로봇과 자율주행차는 모두 카메라, 레이저를 쏘아 물체까지의 거리와 주변 지형을 3D로 측정하는 센서인 라이다, 전파를 쏘아 물체의 거리와 속도를 측정하는 센서인 레이더, 길과 움직임을 미리 계산하는 기술인 GPS 등 다양한 센서를 활용해 주변 환경을 인식합니다. 이렇게 수집된 정보를 AI 알고리즘과 모션 플래닝 기술로 해석하고, 이를 바탕으로 실제 움직임을 제어합니다. **겉보기에는 자동차와 로봇이 서로 다른 산업 영역에 속해 있는 것처럼 보이지만 그 핵심 기술 구조는 사실상 동일한 것입니다.**

로봇에 쓰이는 각종 센서

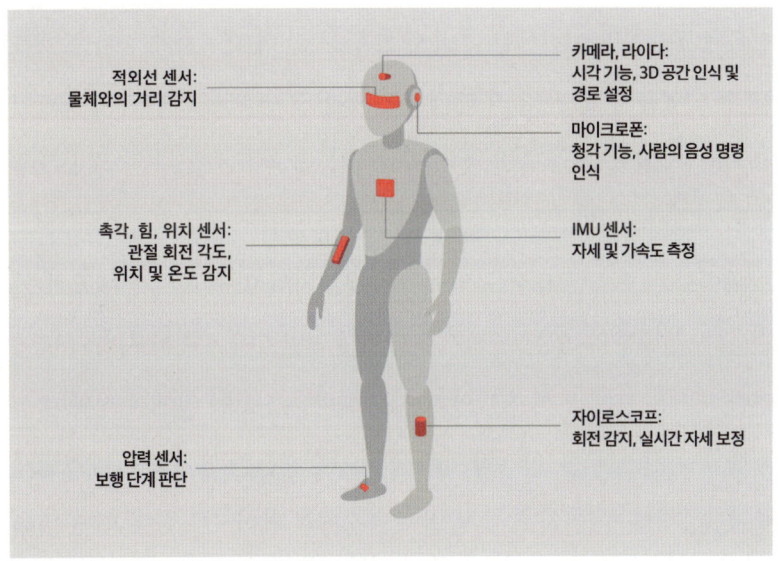

텍사스에 방문했을 때 우리는 로봇과 자율주행 연구 현장을 직접 둘러보기 위해 텍사스 대학 오스틴 캠퍼스의 로봇 연구센터인 '애나 히스 김나지움'을 방문했는데요. 여성 체육 교육을 이끈 애나 히스Anna Hiss의 이름을 따서 1930년대에 세워진 여성 전용 체육관이었지만, 지금은 로봇과 자율주행 연구를 위한 공간으로 활용되고 있었습니다. 그래서인지 천장이 높고 좌우 공간이 넓어 드론 비행이나 자율주행, 로봇 주행 실험 등을 하기에 적합했습니다. 실제로 그곳에서 카메라와 라이다 등 자율주행 센서를 장착한 소형 이동 로봇도 볼 수 있었는데요. 로봇이 센서를 통해 주변 환경을 인식하고 데이터를 분석한 뒤 판단 및 제어 명령을 내리는 기술이 자율주행차의 학습 방식과 비슷하다는 생각이 들었습니다.

오스틴 도심 내에서 이동할 때는 웨이모의 자율주행차를 이용했습니다. 2024년 처음 실리콘밸리로 출장을 갔을 때는 웨이모 전용 앱을 설치해야 했지만 이번에는 우버 앱을 통해 좀 더 간편하게 차량을 호출할 수 있었습니다. 곧 우리 앞에 운전석이 텅 빈 웨이모 차량이 도착했고, 뒷좌석에 올라타 '출발 준비 완료' 버튼을 누르자 차량은 곧바로 주행을 시작했습니다.

웨이모는 오스틴 도심 구역에서만 운영되어 이동 거리가 비교적 짧습니다. 선택할 수 있는 목적지가 많지는 않았지만 주행이 시작되자 이러한 제약은 크게 느껴지지 않더군요. 차량은 신호등 앞에서 정확히 정지했고 곡선 도로를 안정적으로 돌았으며 혼잡한 교차로도 매끄럽게 통과했습니다. 개인적으로 첫 번째 출장에서 웨이모를 탔을 때에 비해

"텍사스는 이제 자동차와 로봇의 경계가
허물어지는 거대한 실험실이며,
우리 곁에 다가온 '바퀴 달린 로봇'의 시대를
현실로 보여줍니다."

01

02

03

04

01 텍사스 대학 오스틴 캠퍼스에서 MR.2 ARMS 로봇과 함께
02 로봇 연구센터 '애나 히스 김나지움' 방문
03 모션 캡처MoCap 기술로 사람의 움직임을 분석하는 모습
04 AI 기반 객체인식 기술이 적용된 화면
05 마치 로봇을 연상시키는 미래 지향적 디자인의 테슬라 사이버트럭
06 테슬라 사이버트럭의 FSD 기능을 활용해 텍사스 오스틴 노로를 수행했다

05

06

좀 더 좋아졌다고 느꼈는데요. 실제로 주행 데이터가 쌓임에 따라 성능이 개선되고 있다고 합니다.

테슬라 드라이빙 센터에서는 사이버트럭을 활용한 완전자율주행도 체험할 수 있었습니다. 사이버트럭 특유의 묵직하고 단단한 외관은 미래에서 온 듯한 느낌을 주었고 실제 승차감도 일반 차량 못지않게 편안했습니다. 혼잡한 교차로와 곡선 도로도 매끄럽게 통과하며 높은 자율주행 완성도를 보여주었는데요. 핸들을 잡은 운전자도 없는데 차량이 스스로 속도와 방향을 조정해가는 모습에서 단순히 '자동차에 타고 있다'는 느낌이 아니라 마치 '움직이는 로봇에 몸을 맡기고 있다'는 느낌을 받았습니다.

로봇 산업에서
주목해야 할 기업들

로봇과 자율주행차의 기술적 공통점을 바탕으로 사업을 확장해나가는 기업들이 있습니다. 바로 테슬라와 엔비디아입니다. 테슬라와 엔비디아는 각각 자동차와 반도체 기업으로 출발했지만, 현재는 로봇 분야에도 발을 들여놓고 있는데요. 새로운 로봇 생태계의 한 축을 차지하고 있는 만큼 앞으로 가장 주목해야 할 로봇 기업이라고 말할 수 있습니다.

테슬라, 자율주행과 로봇의 선도 기업

"자율주행차는 바퀴 달린 로봇이고, 옵티머스는 팔과 다리가 달린 로봇이다." 테슬라 CEO 일론 머스크의 말에는 자율주행차와 로봇이 본질적으로 같다는 뜻이 내포되어 있습니다. 실제로 테슬라는 자율주행과 로봇을 가장 잘 접목하고 있는 대표적인 기업입니다. 테슬라의 자율주행차 개발에 쓰인 배터리, 전력 전자 장치, 모터, 기어박스, 소프트웨어, AI 칩(FSD) 등 핵심 부품과 시스템이 대부분 테슬라의 휴머노이드 로봇인 옵티머스Optimus에도 적용되고 있죠. 한마디로 자율주행과 로봇이라는 두 영역을 '움직이는 지능형 기계'라는 하나의 범주로 통합해 발전시키고 있는 셈입니다.

예를 들어 테슬라의 자율주행차가 도로 위에서 수집한 데이터는 테슬라의 초고속 슈퍼컴퓨터인 '도조'Dojo의 학습에 쓰이고, 그 결과는 다시 FSD 칩에 업데이트되는데요. 이 칩은 테슬라가 자율주행을 위해 직접 설계한 반도체로, 차량의 센서 데이터를 빠르게 처리하는 데 최적화되어 있습니다. 자동차가 도로 위에서 얻은 지식이 로봇에도 그대로 적용되는 셈입니다. 이처럼 자동차와 로봇의 AI를 동시에 발전시키는 전략은 테슬라의 주요 경쟁력입니다.

이러한 전략이 실행되고 있는 무대가 바로 텍사스 오스틴의 기가팩토리입니다. 현재 기가팩토리에서는 모델 Y와 사이버트럭 등을 주로 생산하고 있으며, 옵티머스 로봇 생산과 관련된 연구 개발도 이루어질 전망입니다. 대형 공장은 로봇에게 필요한 학습 데이터를 쌓기에 가장 좋은 환경이자 부품 운반이나 포장 같은 반복 작업 위주의 인간 노동을 얼마나 대체할 수 있는지 실험하는 장이 될 수 있기 때문입니다.

텍사스 출장에서 방문했던 기가팩토리는 약 300만 평으로, 차로 10분을 달려도 끝이 나오지 않을 정도로 넓었는데요. 축구장의 약 100~120배 크기의 그 규모에서 이곳이 단순히 자동차 조립만 하는 공장이 아니라 배터리, 전기차 그리고 로봇까지 연구 개발될 테슬라의 복합 생산기지임을 다시 한번 확인할 수 있었습니다.

오스틴에 위치한 테슬라의 생산 거점, 기가팩토리

출처: 테슬라

엔비디아, 로봇에서 새로운 성장 기회를 찾다

엔비디아는 GPU 같은 반도체를 만드는 회사로만 알려져 있는데요. 실제로는 로봇 및 자율주행 산업과 밀접하게 얽혀 있습니다. 고성능 반도체를 통해 자율주행과 로봇에 활용할 수 있는 소프트웨어 그리고 시뮬레이션까지 가능한 플랫폼을 묶어서 제공하는 업체로 진화하고 있기 때문입니다.

자율주행과 로봇 제작에 꼭 필요한 기술이 바로 AI입니다. 하지만 앞서 소개해드린 테슬라처럼 자율주행차와 로봇에 필요한 AI를 직접 개발하는 기업은 많지 않습니다. 초거대 AI를 처음부터 끝까지 만들기에는 비용과 시간이 너무 많이 들기 때문이죠. 그래서 많은 기업이 이미 개발된 AI를 빌려 쓰는 방식을 택하고 있죠. 이 대목에서 엔비디아의 역할이 중요합니다.

엔비디아는 AI 연산에 특화된 반도체 칩뿐만 아니라 자율주행차와 로봇이 실제 현장에 나가기 전에 학습하고 검증할 수 있는 가상 환경과 개발 도구도 함께 제공합니다. 대표적으로 자율주행용 플랫폼인 드라이브Drive, 로봇 개발 도구인 아이작Isaac, 로봇의 두뇌 역할을 하는 젯슨Jetson 등이 있습니다. 또한 시뮬레이션 플랫폼 옴니버스를 통해 실제 도로와 공장을 디지털로 재현하고 로봇과 차량이 그 안에서 수없이 연습하고 최적화할 수 있도록 지원합니다.

엔비디아의 자율주행/로봇 및 현실/가상 시뮬레이션 관련 주요 플랫폼

구분	명칭	주요 기능
자율주행	드라이브	자율주행차 플랫폼 'Drive sim'을 통해 다양한 도로 환경과 상황을 재현해 자율주행 알고리즘을 테스트할 수 있도록 지원
로봇	아이작	로봇 개발 플랫폼 'Isaac sim'을 통해 로봇을 가상 환경에서 학습시키고 테스트할 수 있도록 지원
로봇	젯슨	로봇의 두뇌 역할을 하는 소형 AI 컴퓨터. 로봇, 드론 등 소형 기기에 고성능 AI 연산이 가능하도록 지원
가상 시뮬레이션	옴니버스	현실을 디지털로 복제한 디지털 트윈 환경을 제공해 자율주행, 로봇 및 산업 전반에서 3D 설계 시뮬레이션이 가능하도록 지원
월드 파운데이션 모델 World Foundation model	코스모스 Cosmos	단순 언어 모델을 넘어 데이터를 학습한 AI가 현실세계를 정확하게 인지하고 예측할 수 있도록 지원

엔비디아는 지난 2025년 3월 실리콘밸리에서 개최된 기술 콘퍼런스 GTC 2025에서 프로젝트 GR00T와 휴머노이드 로봇 훈련을 위해 설계된 차세대 AI 모델인 'Isaac GR00T N1'을 공개한 바 있습니다. GR00T는 모든 형태의 로봇이 공통으로 사용할 수 있는 AI 두뇌 제작을 목표로 하는 엔비디아의 프로젝트입니다. 이날 CEO 젠슨 황은 '엔비디아의 성장 기회 중에 비중이 가장 큰 두 분야는 AI와 로봇'이라고 언급하며 "엔비디아 기술로 구동되는 수십억 대의 로봇, 수억 대의 자율주행차, 수십만 개의 로봇 공장이 탄생하는 그날을 위해 노력하고 있다."라고 말했습니다.

급격한 성장이 예상되는 엔비디아의 자동차/로봇Automotive 매출 전망

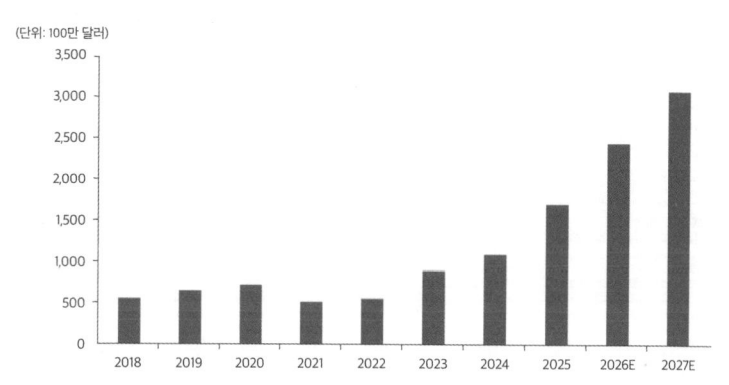

출처: 블룸버그, 엔비디아

로봇과 자율주행,
ETF로 투자하기

사실 테슬라와 엔비디아는 로봇뿐 아니라 전기차와 반도체 등 다양한 영역에서 사업을 전개하고 있는 기업입니다. 그럼에도 이 두 기업을 대표적인 로봇 기업으로 소개한 이유는 투자 관점에서 다른 기업들에 비해 확실한 이점이 있기 때문입니다. 테슬라는 자율주행 시스템 개발 및 로봇 제작을 자체적으로 해내고 있고, 엔비디아는 로봇 생태계 내의 핵심 플랫폼을 보유하고 있습니다.

하지만 로봇 산업에 좀 더 본격적으로 투자하고 싶은 분들은 이 분야에만 온전히 집중하는 기업들이 궁금하실 수도 있을 텐데요. 로봇에만 집중하는 기업들은 아직 성장 초기 단계이거나 제품 상용화 전 연구 단계에 머물러 있는 경우가 많습니다. 즉, 비상장 기업이 대부분인 거죠. 따라서 로봇 산업의 성장성에 주목하고 있다면 해당 기업의 지분을 보유한 상장 기업에 투자하거나, 비상장 로봇 기업이 편입된 ETF를 통한 간접 투자가 방법이 될 수 있습니다.

로봇 및 자율주행 산업의 주요 ETF들

ETF는 산업 흐름을 비교적 간편하게 따라갈 수 있도록 해주고, 구성 종목을 통해 주요 기업을 함께 살펴볼 수 있다는 장점을 가집니다. 지금부터 로봇과 자율주행 분야에 투자하는 ETF들을 간단히 살펴보겠습니다. 각 ETF의 특징만 짚어봐도 투자 방향을 잡는 데 많은 도움이 될 것입니다.

가장 먼저 BOTZGlobal X Robotics & Artificial Intelligence ETF와 ROBORobo Global

Robotics & Automation ETF, ROBTFirst Trust Nasdaq Artificial Intelligence and Robotics ETF 등

을 꼽을 수 있는데요. 이들 모두 산업용 로봇과 자동화 기업을 중심으

로 하여 전통적인 로봇 산업에 투자하는 ETF입니다. BOTZ는 60개 이

내의 종목으로 구성되어 있으며 스위스의 ABB, 일본의 키엔스Keyence,

미국의 인튜이티브 서지컬Intuitive Surgical 등 각 분야를 대표하는 기업들에

집중된 포트폴리오를 갖고 있습니다. 반면 ROBO와 ROBT는 산업용

로봇, 센서, 정밀 부품, 자동화 소프트웨어 등 80~130개 종목에 분산

투자하는 구조입니다.

아크 인베스트가 운용하는 자율주행 로봇공학 ETF인 ARKQARK

Autonomous Technology & Robotics ETF는 테슬라를 중심으로 자율주행 기술 기업

비중이 높은 ETF입니다.

HUMNRoundhill Humanoid Robotics ETF 과 KOIDKraneShares Global Humanoid &

Embodied Intelligence index ETF는 휴머노이드 로봇에 상대적으로 더 집중한

ETF로, 미국뿐 아니라 중국과 한국의 관련 기업까지 포함하고 있습니

다. 다만 출시된 지 오래되지 않고 규모가 작은 편이라 시장 변동성에

따른 수익률 민감도가 상대적으로 높을 수 있습니다.

다음 쪽에 휴머노이드 로봇 기업과 관련 ETF의 기본 정보를 표로 정

리해두었으니 검토해서 새로운 투자의 기회를 잡으시길 바랍니다.

유망한 휴머노이드 로봇 기업

기업명	국가	제품명	특징	주주 구성	기업공개
테슬라	미국	옵티머스	• 기술 내재화를 통해 대규모 수직계열화 진행, 자율주행 기술을 로봇에 접목 • 테슬라 대규모 공장에서 자체 테스트 가능한 환경	일론 머스크, 뱅가드 그룹, 블랙록 등	상장
피겨 AI Figure AI	미국	피겨02 Figure02, 헬릭스Helix	• 최근 39억 달러 기업가치로 펀딩C 시리즈 성공, 주요 빅테크들 주주로 확보 • 오픈 AI와 협력해 AI 모델 탑재를 통해 휴먼형 AI 기술 내재화 추진	MS, 오픈 AI, 엔비디아, 삼성전자, LG전자, 제프 베이조스 등	비상장
보스턴 다이내믹스 Boston Dynamics	미국	아틀라스 Atlas	• 빠른 이동과 균형 제어에 강점을 지닌 로봇 제작 • 높은 기술력으로 시제품 성능을 인정받았지만, 높은 제조 단가로 상업성 가능성이 제한적	현대, 현대모비스, 현대글로벌서비스, 정의선 등	비상장
앱트로닉 Apptronik	미국	아폴로 Apollo	• 텍사스에 본사 위치, 물류 및 제조 환경에서 작업 가능성 검증 • 구글, 벤츠 등 주요 기업을 투자자로 확보, 벤츠 공장에서 현장 작업 테스트 진행	구글, 메르세데스 벤츠 등	비상장
어질리티 로보틱스 Agility Robotics	미국	디짓Digit	• 물류에 특화된 로봇 • 아마존 등 주요 기업을 투자자로 확보, 아마존 창고에서 현장 작업 테스트 진행	아마존, 벤처 캐피탈 등	비상장
1X 테크놀로지스 1X Technologies	미국, 노르웨이	이브EVE, 네오NEO	• '할로디 로보틱스Halodi Robotics'에서 사명 변경 • 보안 청소에 적합한 네오 시리즈는 이족보행 휴머노이드로 가정 환경에서 자동 작동 가능한 범용 로봇 지향	오픈 AI, 타이거 글로벌 Tiger Global, EQT 벤처스EQT Ventures	비상장
유니트리 로보틱스 Unitree Robotics	중국	H1, G1, R1	• 경쟁업체와 유사한 성능을 갖춘 휴머노이드 로봇을 낮은 가격으로 제작 • 중국 내 보급형 로봇 시장에 집중	왕싱싱Wang Xingxing (창업자), 텐센트, 알리바바, 차이나모바일 등	비상장

휴머노이드 로봇 및 로보틱스 ETF

티커	운용 자산 (백만 달러)**	수익률(%)**		구성 종목 수 (개)**	주요 구성 종목**, ***
		3개월	1년		
BOTZ	3,339	1.0	16.4	54	엔비디아NVDA, ABB(ADR)ABBNY, 화낙, 키엔스, 인튜이티브 서지컬ISRG, 다이후쿠, SMC, 레인보우 로보틱스, 코그넥스CGNX, 야스카와 전기
ARKQ	2,008	7.1	70.7	39	테슬라TSLA, 테라다인TER, 크라토스 디펜스&시큐리티 솔루션즈KTOS, 로켓랩RKLB, 디어DE, AMDAMD, 팔란티어PLTR, 에어로바이런먼트AVAV, 아처 에비에이션ACHR, 알파벳GOOGL
ROBO	1,654	7.0	32.8	90	IPG 포토닉스IPGP, 후지, 테라다인, 노밴타NOVT, 화낙, 에어택 인터내셔널 그룹, 하모닉 드라이브 시스템즈, 고영테크놀러지, 코히런트COHR, 예놉틱
ROBT	662	-6.8	13.7	112	오셔니어링 인터내셔널OII, 화낙, 키네틱 그룹, 나이스(ADR), 오카도 그룹, 시스코 시스템즈CSCO, 시놉시스SNPS, 메타, 지멘스, 젠텍스GNTX
KOID*	128	11.4	-	58	레인보우 로보틱스, 라이나스 레어 어스, 리걸 렉스노드 RRX, 두산, 무그 AMOG.A, THK, 나브테스코, 텔레다인TDY, 하이윈 테크놀로지스, 르네사스 일렉트로닉스
HUMN*	52	6.6	-	41	테슬라, 유비테크 로보틱스, 레인보우 로보틱스, 엔비디아, 선진 두봇, 샤오펑(ADR)XPEV, 하모닉 드라이브 시스템즈, 테라다인, 리더 하모니어스 드라이브 시스템, 헥사곤

*   KOID와 HUMN은 설정일로부터 1년이 채 되지 않아 1년 수익률을 표시하지 않음.
** 운용 자산, 수익률, 구성 종목 수와 주요 구성 종목은 2026년 3월 초 기준.
*** 미국 증시 상장 기업의 경우 티커를 함께 표시함(이 중 기업명 뒤에 'ADR' 표기는 해외 기업이지만 미국에서 거래되는 주식 형태인 미국 예탁 증서American Depositary Receipt를 의미함).

로봇 및 자율주행 기업에
투자할 때의 유의점

로봇 산업은 성장 잠재력이 크고, 특히 산업을 선두하고 있는 기업들은 기업가치의 상승이 기대되기에 그만큼 투자 매력도 높습니다. 따라서 장기적인 관점에서 좋은 투자처가 될 수 있는데요. 다만 로봇 산업과 개별 기업에 투자할 때는 아래와 같은 사항들을 함께 고려해야 합니다.

첫째, 장기적인 관점을 갖고 투자해야 합니다. 노동력 부족, 인구 고령화, 산업 자동화 확대 등 구조적인 흐름이 로봇 수요를 꾸준히 뒷받침할 것이기 때문에 장기적으로 로봇 산업의 성장 가능성은 매우 큽니다. 다만 분야 특성상 기술 개발 주기가 길고 상용화 과정에서 많은 시행착오가 수반되기에 초기에는 불확실성과 변동성 또한 클 수밖에 없습니다. 따라서 단기적인 주가 변동성이나 일시적 수요 위축에 흔들리기보다는 기술력이 있는 기업을 중심으로 장기적 관점에서 투자할 필요가 있습니다.

둘째, 주주 구성 또는 재무 안정성도 확인해야 합니다. 로봇은 막대한 자본과 지속적 투자가 요구되는 산업입니다. 연구 개발에 오랜 기간 비용이 투입되는 반면, 매출은 늦게 발생되죠. 다시 말해 초기 적자가 불가피한데요. 따라서 투자할 기업이 충분한 현금 확보 능력과 자금 조달 능력을 갖추고 있는지 살펴야 합니다. 다른 사업부에서 안정적 수익을 내고 있는 빅테크 또는 확실한 주주를 확보한 연구 개발 전문 기업들이 유리한 이유가 바로 여기에 있습니다.

셋째, 분산투자로 리스크를 관리해야 합니다. 신기술 산업의 특성상 이미 주가에 기대감이 높게 반영되어 있기에 이런 기대감이 충족되지 못하면 주가가 크게 요동칠 수 있습니다. 그만큼 변동성이 크다는 얘기죠. 따라서 포트폴리오 비중을 전체 자산의 일부로 제한하는 것이 바람직하며, 집중 투자보다는 분산투자를 통해 리스크를 최소화하는 전략이 유효합니다.

헬스케어가 트럼프 정부의 주요 '전략 산업'이 된 이유

트럼프 정부 출범 후 헬스케어는 관세, AI, 반도체 등에 밀려 큰 주목을 받지 못하고 있습니다. 하지만 헬스케어 산업은 과거 '오바마케어'Obamacare가 그랬듯 항상 이슈의 중심에 있던 산업입니다. 실제로 워싱턴 D.C. 현지에서 정책 관계자들의 얘기를 들어보니 트럼프 정부의 정책 방향이 바이든 정부 때와 크게 달라졌고, 산업에 미칠 영향도 작지 않음을 확인할 수 있었습니다.

트럼프 정부 철학을 관통하는 3대 키워드인 MAGA, AI, DOGE는 헬스케어 정책에도 잘 녹아 있는데요. 이 같은 정책으로 미국 내 헬스케어 산업에 어떤 변화가 일어날지 그리고 투자자로서 우리가 주목해야 할 부분은 무엇인지 정리해보겠습니다.

헬스케어, 뉴스에 나오지 않는 중요 산업

트럼프 2기 정부 출범 후 시장의 가장 많은 관심을 받은 정책은 강경한 관세, 중국을 겨냥한 반도체 규제, 패권 경쟁에 대비한 AI 및 에너지 정책 등입니다. 그런데 위 사안들 못지않게 중요한데도 유독 많이 다뤄지지 않은 산업이 있습니다. 바로 '헬스케어'입니다. 오바마 행정부 시절에는 '오바마케어'라는 말이 일상적으로 언급될 정도로 미국 정부의 보건 정책은 핵심 아젠다로 다뤄졌는데요. 최근 몇 년간은 그 존재감이 다소 희미해졌습니다.

워싱턴 D.C. 출장에서 우리는 싱크탱크 AEI가 주최한 헬스케어 세미나에 참석했습니다. 헬스케어는 인간의 생명과 직결되는 산업일 뿐 아니라, 인구 고령화 같은 구조적 과제와도 얽혀 있기에 민주당에서 공화당으로 정권이 바뀌었다고 해서 그 중요성이 사라질 리는 없다고 생각했기 때문입니다. 세미나에 직접 참석해서 언론에 보도되지 않는 정보들을 얻고 분위기를 파악하겠다는 심산이었는데요. 다행히 현장에서 몇 가지 중요한 단서를 얻을 수 있었습니다.

- 헬스케어 역시 중국과의 패권 경쟁 한가운데에 있는 전략 산업이다.

- 앞으로도 미국이 더 나아가기 위해서는 헬스케어 데이터와 AI 혁신이 필수적이다.

- 불필요한 재정 지출은 과감히 줄이고, 의료 서비스의 효율성과 품질을 높일 것이다.

이 단서들은 결국 트럼프 행정부의 방향성을 관통하는 세 개의 키워드와 그 맥을 같이합니다. MAGA, AI 그리고 DOGE입니다. 미국을 다시 위대하게 만들기 위해 중국과 패권 경쟁을 벌이고, AI로 산업 경쟁력을 높이며, 정부 지출 효율화로 낭비를 줄이겠다는 트럼프 행정부의 철학이 헬스케어 정책에서도 그대로 구현되고 있는 것이죠.

지금부터는 트럼프의 정책 스타일이 헬스케어 산업에 어떻게 반영되고 있는지 그리고 헬스케어 밸류체인 내에서 어떤 분야가 정책 수혜를 입고 어떤 분야가 타격받을 수 있는지 살펴보겠습니다.

싱크탱크 AEI 방문

트럼프 행정부의 보건 정책을 이해하기 위해 연구소가 주최한 세미나에 참석했다

헬스케어 정책에도 녹아든
MAGA와 AI

트럼프 2기 정부에서 헬스케어 정책의 핵심은 'DOGE식 효율주의'입니다. DOGE는 보건 부처의 관료주의적 규제가 의료비 거품을 만든다고 보고 이를 과감히 걷어내어 환자에게 실질적인 혜택이 돌아가는 구조를 만들고자 합니다. 결국 정부의 역할을 줄이고 민간의 자율 경쟁을 유도해 의료 서비스의 질과 비용 효율성을 동시에 잡겠다는 전략인 것이죠. 이러한 정책 환경 속에서 미국 내 생산 설비를 갖춘 제약회사 화이자Pfizer와 일라이 릴리Eli Lilly, 민영 의료보험을 운용하는 유나이티드헬스 그룹과 휴매나Humana, 그 외에도 병원 체인과 AI 의료기기 및 자동화 기업들이 정책의 수혜를 볼 가능성이 높습니다. 당장은 정책이 바뀌면서 불확실한 부분이 있겠지만, 장기적으로는 민간 기업을 중심으로 한 혁신과 AI를 활용한 의료 및 바이오 기술이 발달하면서 더 큰 성장 기회가 열릴 것으로 보입니다.

MAGA, 중국과의 패권 경쟁은 헬스케어에서도 이어진다

오늘날 미국에서 헬스케어는 단순한 복지정책이 아니라 국가안보 산업으로 인식되고 있습니다. 코로나19 당시 필수 의료용품을 중국에 의존해야 했던 뼈아픈 기억이 의료정책을 국가안보 영역으로 재정의하는 계기가 되었죠. 또한 중국이 임상시험 인프라 및 데이터 분석 역량을 빠르게 고도화하며 추격하는 것에 대한 우려도 많았습니다.

실제 관련 데이터가 이러한 우려의 이유를 설명해주고 있는데요. 미국식품의약국FDA의 중국 내 임상시험 점검 결과를 보면 '조치 불필요' 판정 비율이 2009~2015년의 경우 48%였으나, 2016~2023년에는 85%로 상승했으며 임상시험 수행 건수도 미국에 이어 2위로 올라섰습니다(출처: 식품의약품안전처, 2024년 글로벌 제약사 주도 임상시험 기준).

물론 미국이 브랜드 제약 부문에서는 여전히 주도권을 갖고 있지만 원료의약품(API)과 중간재(면봉, 시약 등) 생산 쪽에서 중국이 확보한 압도적인 점유율이 잠재적 위협으로 지목되고 있습니다. 2025년 9월 말 트럼프 대통령이 "브랜드 및 특허 의약품 수입품에 대해 100% 관세를 부과하겠다."라고 발표한 것도 같은 맥락으로 이해할 수 있습니다. 보호무역 조치인 동시에 미국 내 제약 생산 능력을 확대하려는 전략인 셈이죠. 이처럼 트럼프 행정부는 AI나 반도체 못지않은 패권 경쟁의 핵심 분야로 헬스케어를 바라보고 있습니다.

AI, 헬스케어 강자인 유럽을 상대하기 위한 무기

유럽은 빅파마Big Pharma의 본고장답게 오랫동안 기초과학, 상업화, 임상시험, 규제까지 제약 산업의 전 과정을 주도해왔습니다. 빅파마는 초대형 다국적 제약사를 뜻하는 말로, 막대한 자본력과 연구 개발 역량을 바탕으로 전 세계 의약품 시장을 주도하는 기업들을 가리킵니다. 실제로 세계 상위 20대 빅파마 중 절반이 유럽 기반 기업입니다. 덴마크의 노보노디스크, 독일의 바이엘Bayer, 프랑스의 사노피Sanofi, 스위스의 로슈Roche 등이 있습니다.

워싱턴 D.C.의 정책 책임자들은 특히 유럽의 바이오시밀러Biosimilar 규제 역량 강화에 주목하고 있습니다. 바이오시밀러는 오리지널 생물의약품의 특허 만료 후, 효능과 품질이 유사하게 개발된 복제 생물의약품을 뜻합니다. 화학적으로 동일한 복제약(제네릭)과 달리, 복잡한 생물의약품을 거의 동일하게 재현한 제품이기 때문에 그만큼 엄격한 임상시험과 비교평가를 거쳐야 하는데요. 이 분야에서 미국이 우위를 유지하려면 FDA의 데이터 활용 및 AI 기반 분석 역량을 강화하는 혁신이 필수입니다. 이제 미국에서도 65세 이상 고령 인구의 의료비 지출이 전체 의료비 지출의 36%에 달하고, 헬스케어 산업은 구조적 성장 단계에 진입한 상황입니다. AI 기반 디지털 헬스케어로의 전환과 가속화가 트럼프의 과업일 수밖에 없는 이유가 바로 여기에 있습니다.

트럼프식 시장주의 보건정책의
주요 방향

트럼프 행정부가 그리고 있는 미국 보건개혁의 큰 방향은 '시장주의'입니다. "지출을 효율화하고 정부 개입을 최소화하는 대신, 기업 간 경쟁을 유도해 환자 중심 서비스를 만들자."라는 말이 그 기조를 잘 드러내줍니다. 즉 트럼프 행정부의 헬스케어 정책은 복지적 이념이라기보다는 혁신 전략에 더 가깝다고 볼 수 있죠.

바이든 행정부 시기 펼쳤던 공공의료 확장 기조와 달리, 트럼프 정부는 민간 보험 중심의 경쟁 구조 복원과 연방 지출 통제를 핵심 목표로 내세우고 있습니다. 그러나 이를 단순히 '긴축'으로만 규정하기는 어렵습니다. 의료품 가격 인하 압박과 같이 규제 성격의 정책이 있는 반면, 예방의학 투자 확대와 만성질환 관리 강화처럼 장기적으로 비용을 효율화하기 위한 투자 성격의 정책도 있기 때문입니다. 따라서 트럼프 정부의 헬스케어 정책은 단일한 긴축이라기보다 투자와 규제가 함께 가는 복합적 구조로 이해하는 것이 더 정확합니다.

지금부터는 트럼프 정부의 헬스케어 정책을 사안별로 나눠 살펴보고, 산업 및 기업 실적에 미칠 잠재적 영향도 함께 말씀드리겠습니다.

시장 경쟁을 통한 의약품 가격의 하락 유도

트럼프 행정부는 의약품 가격을 낮추되, 정부가 직접 개입하기보다는 시장에서의 경쟁을 통해 가격이 하향 안정화되는 방식을 선호합니다. 구체적으로는 신약의 보험 진입 장벽을 낮춘다거나, 비공개적으로 가격이 결정되던 리베이트 관행을 투명화해서 약을 파는 쪽인 제약사와 중개업체인 약품급여관리기업PBM, Pharmacy Benefit Manager이 가격을 낮추게끔 유도하는 방안이 있습니다.

지난 2025년 4월 트럼프가 서명한 행정명령에도 '미국 소비자들을 위해 투명하고 공정한 의약품 시장을 만드는 데 전념하고 있다'라는 표현이 있었는데요. 구체적인 목표로는 '약값 협상의 투명성 확보와 중개 이익 축소'를 내세웠습니다. 즉, PBM의 수수료 공개를 의무화해 리베이트를 줄임으로써 환자에게 혜택이 돌아가게 하자는 것입니다.

메디케이드 및 오바마케어 축소

트럼프 행정부는 저소득층 대상 보험인 메디케이드Medicaid 확대를 억제하고, 오바마케어의 저소득층 지원금 구조도 조정 및 축소하려는 방향으로 움직이고 있습니다. 연방정부의 재정 개입을 줄이고, 주정부로 책임과 권한을 이양하기 위함입니다. 이는 오바마케어를 계승한 바이든 행정부와 반대되는 방향인데요. 당시 바이든 행정부는 메디케이드 확대, 보험 보조금 확대, 가입 절차 간소화 등을 통해 국민의 보편적 의료 접근성 강화를 최우선 정책 목표로 삼았습니다.

그 결과 의료보험 가입률을 역대 최고 수준으로 높이며 공공의료 보장 확대라는 성과를 달성했지만, 연방 재정 부담은 증가했었죠. 트럼프의 헬스케어 정책은 재정 효율화 관점에서 매우 합리적 조치입니다. 다만 보험 미가입자 증가, 농촌 병원의 무보험 진료비 부담 확대와 같은 부작용이 우려되는 것은 사실입니다.

1차 진료 시스템의 강화

트럼프 행정부는 1차 진료의사의 낮은 임금 문제와 인력 부족 문제를 메디케어 및 메디케이드의 수가체계 개편을 통해 부분적으로 개선하고자 하고 있습니다. 기존 수가체계는 시술 및 검사 건수가 많을수록 보상이 커지는 구조였습니다. 이 때문에 예방, 상담, 환자 관리 등 비시술적 업무가 중심인 1차 진료 분야는 상대적으로 보상이 낮아 의사들이 1차 진료를 기피하는 문제가 발생하곤 했죠.

이에 트럼프 행정부는 단순히 '건수'가 아니라 예방진료, 만성질환 관리, 조기 진단 등 '성과'를 중심으로 인센티브를 제공하는 제도를 도입했습니다. 이를 통해 1차 진료의사의 수입 구조를 개선하고 직업 매력도를 높이는 효과가 기대됩니다. 또한 원격의료가 공식적으로 수가 체계에 포함됨에 따라 농촌과 같은 의료 취약지역에서도 효율적인 진료 여건이 마련되고 있습니다.

의료 인력 및 연구 축소

DOGE의 재정 효율화 압박으로 미국 국립보건원NIH 및 산하 연구기관의 예산이 일부 삭감되거나 집행이 지연되고 있습니다. 일례로, 2025년 1~3월 NIH가 발표한 연구비 공고는 단 세 건에 불과했는데요. 2023년 163건, 2024년 147건과 비교하면 감소세가 뚜렷합니다. 또한 건강 불균형, 연구 인력 다양성 등 특정 연구 분야와 관련된 기존 공고 90여 건이 온라인에서 삭제되어 일부 사업이 사실상 중단된 것으로 보입니다.

향후 추가적인 R&D가 차질을 빚거나 의료 인력 양성 프로그램이 축소될 우려도 존재합니다. 중장기적으로 공공 연구의 민간 이전 그리고 민간 이전에 따른 인건비 상승과 병원 수익성 악화가 복합적으로 작용할 가능성도 있습니다.

같은 정책이라도
분야별로 미치는 영향이 다르다

헬스케어 산업의 전체 밸류체인은 제약, 보험, 병원, 의료기기, 바이오 등 그 범위가 무척 넓습니다. 그래서 '작은 정부, 민간 중심, 효율적 시장'이라는 정책 방향도 분야에 따라 서로 다른 영향을 미칠 수 있습니다. 지금부터는 트럼프 정부의 헬스케어 정책이 어떤 영향을 미칠지, 분야별로 쪼개어 살펴보겠습니다.

제약 바이오: 가격 인하 압박 속 미국 생산설비 확충 요구까지

의약품 가격 통제에 있어서 정부의 개입을 최소화하고 경쟁을 통해 자율적으로 가격 인하를 유도할 경우, 미국 내 제조 기반을 가진 기업이 해외에 생산기지를 둔 기업보다 상대적으로 유리해질 전망입니다. 실제로 트럼프 대통령이 수입 브랜드 의약품에 최대 100% 관세 부과를 시사한 이후, 유럽과 아시아 제약사들의 주가는 단기 조정세를 보인 반면, 미국 내 생산설비를 확충 중인 다국적 제약사들은 시장의 주목을 받았습니다.

아스트라제네카AstraZeneca는 버지니아주에 45억 달러 규모의 공장 설립 계획을 발표하며 트럼프 행정부와 의약품 가격 협상을 병행하고 있습니다. 또한 화이자는 MFNMost Favored Nation, 즉 '최혜국 대우' 식 가격 연동 모델을 일부 수용해 미국에서 모든 신약을 다른 나라 대비 가장 낮은 가격으로 파는 대신, 3년간 관세 유예를 보장받는 협상안을 체결한 것으로 알려졌습니다. 반면 미국 내 투자 계획이 없는 일부 유럽계 제약사들은 관세에 따른 압박을 받는 중입니다.

병원 및 의료 서비스: 수익 구조 재편이 미칠 영향

트럼프 행정부의 '340B 프로그램' 개편은 대형 병원들의 수익 구조를 직접적으로 건드립니다. 340B 의약품 가격 프로그램은 1992년에 제정된 미국 연방정부 프로그램으로, 제약사가 적격 의료기관 및 대상 기관에 외래 의약품을 저렴한 가격으로 제공하도록 규제합니다. 이 프로그램을 통해 대형 병원들은 그동안 저가로 약을 구매한 뒤 이것을 일반 환자에게 시가에 가깝게 판매해 마진을 얻었는데요. 새 제도에서는 저소득층 환자로 그 대상이 제한됩니다. 이에 따라 대형 병원 체인은 수익성 악화를 우려하고 있는 반면, 지역 병원 및 지방 중소 의료기관은 상대적 수혜를 기대하고 있습니다.

또한 같은 진료를 받으면 어느 곳에서 받든 같은 금액을 지불해야 한다는 원칙을 의미하는 '의료기관 중립 제도'Site Neutrality가 확산되면서 동일 치료 행위에 대해 외부 의료센터에도 동일한 급여가 적용되었는데요. 이는 고비용 병원 체인보다는 비용 대비 효율이 높은 전문 클리닉과 수술센터를 운영하는 기업에게 유리하게 작용할 수 있습니다.

의료기기와 자동화 장비: AI 기반 신기술과 리쇼어링 수요

FDA의 데이터 규제 유연화와 AI 활용 확대는 의료기기와 진단, 의료 로보틱스 산업의 장기 성장 모멘텀으로 작용하고 있습니다. AI를 활용한 영상 진단, 로봇 수술, 원격 모니터링 장비, 임상 데이터 관리 소프트웨어 등에서 민간 투자는 이미 증가 추세를 보이는 중입니다. 또한 향후 기대되는 미국 내 생산시설 확충과 맞물려 자동화 장비, 품질 검증 솔루션, 공정 최적화 소프트웨어 업체가 리쇼어링의 직접 수혜군으로 분류될 수 있습니다.

헬스케어 산업
ETF로 투자하기

앞에서 헬스케어 산업 내에 정부 정책을 따르는 구조적인 변화가 일어나고 있다고 말씀드렸습니다. 시기적으로 기술 혁신과 정책 변화가 동시에 진행되는 산업인 만큼, 기회가 커지는 동시에 주가 변동성 역시 확대될 수 있는데요. 이런 환경에서는 개별 종목에 직접 투자하기보다 ETF와 같은 간접 투자 수단을 활용하는 것이 리스크를 관리하는 데 도움이 됩니다.

헬스케어 산업은 제약, 보험, 병원, 의료기기, 헬스케어 서비스 등 여러 하위 분야로 나뉘어 있고, ETF 역시 어떤 영역에 더 무게를 두느냐에 따라 전혀 다른 투자 경험을 제공합니다. 예를 들어 XLV State Street Health Care Select Sector SPDR ETF 나 VHT Vanguard Health Care Index Fund 처럼 산업 전반에 고르게 분산투자하는 ETF는 변동성이 상대적으로 낮은 방어형 성격을 띠는 반면, 보험 및 의료 서비스 기업 비중이 높은 IHF iShares US

Healthcare Providers ETF 같은 경우 의료보험 정책 변화의 영향을 보다 직접적으로 받습니다. 또 의료기기와 로봇 기술에 집중하는 IHIiShares US Medical Devices ETF는 AI와 자동화 진단 분야의 투자 확대라는 구조적 성장 스토리에 베팅하는 상품이라고 볼 수 있습니다. 한편, 트럼프 정부의 관세와 리쇼어링 정책으로 주가가 크게 조정된 바 있는 제약 대형주 중심의 IHEiShares US Pharmaceuticals ETF의 경우에는 하락 이후의 반등을 노리는 전략, 혹은 저가 매수 전략으로 접근할 수 있겠습니다.

이처럼 같은 헬스케어 ETF라는 이름을 달고 있어도 실제로는 담고 있는 종목과 투자 논리가 모두 다릅니다. 따라서 ETF에 투자할 때는 단순히 테마만 보고 선택하기보다 몇 가지 기본적인 요소를 반드시 점검해야 합니다. **먼저 어떤 기업들이 포함됐는지, 다음으로는 각 종목이 어떤 비중으로 편입됐는지를 살펴볼 필요가 있습니다. 같은 기업을 포함했더라도 비중이 어떻게 설정되어 있느냐에 따라 수익률과 변동성이 크게 달라지기 때문입니다.**

주요 헬스케어 ETF

티커	운용 자산 (백만 달러)*	수익률(%)*		구성 종목 수 (개)*	주요 구성 종목*, **	정책 민감도 및 특징
		3개월	1년			
XLV	41,741	2.5	4.9	63	일라이 릴리LLY, 존슨앤드존슨JNJ, 애브비ABBV, 머크MRK, 유나이티드헬스 그룹UNH, 암젠AMGN, 애보트 래버러토리ABT, 써모 피셔 사이언티픽TMO, 길리어드 사이언스GILD, 인튜이티브 서지컬	• 가장 대표적인 헬스케어 대형주 ETF • 기술, 장비, 서비스 등 헬스케어 여러 하위 산업에 걸친 분산 투자로 정책 리스크 완화
IHF	729	-4.7	-9.9	64	유나이티드헬스 그룹, CVS 헬스CVS, 엘러밴스 헬스ELV, HCA 홀딩스HCA, 시그나CI, 랩콥 홀딩스LH, 퀘스트 다이아그노스틱스DGX, 비바 시스템스VEEV, 테닛 헬스케어THC, 센틴CNC	• 보험·서비스 중심 ETF • 메디케어 어드밴티지 관련 정책의 직접 수혜
VHT	17,320	0.7	6.6	425	일라이 릴리, 존슨앤드존슨, 애브비, 머크, 유나이티드헬스 그룹, 써모 피셔 사이언티픽, 애보트 래버러토리, 암젠 인튜이티브 서지컬, 길리어드 사이언스	• 헬스케어 섹터 전반에 분산 투자 • 장기 보유형 방어·성장 ETF
IHI	3,537	-7.4	-7.3	50	애보트 래버러토리, 인튜이티브 서지컬, 보스턴 사이언티픽BSX, 스트라이커SYK, 에드워즈 라이프사이언스EW, 레스메드RMD, 메드트로닉MDT, GE 헬스케어 테크놀로지스GEHC, 아이덱스 래버러토리스IDXX, 벡톤 디킨슨BDX	• 의료기기·로보틱스 중심 ETF • AI 및 자동화 진단·수술 확대 수혜
IHE	1,042	8.1	23.7	55	존슨앤드존슨 일라이 릴리, 머크, 브리스톨 마이어스 스퀴브BMY, 로열티 파마RPRX, 조에티스ZTS, 바이아트리스VTRS, 화이자PFE, 엘란코 애니멀헬스ELAN, 재즈 파마수티컬스JAZZ	• 제약 대형주 ETF • 트럼프 행정부의 관세 및 리쇼어링 정책에 민감

* 운용 자산, 수익률, 구성 종목 수와 주요 구성 종목은 2026년 3월 초 기준
** 미국 증시 상장 기업의 경우 티커를 함께 표시함

첨단 안보,
미국 주식 투자의 새로운 블루칩

러시아-우크라이나 전쟁, 이란-이스라엘 분쟁 그리고 미중 갈등까지, 지정학적 리스크가 높아지면서 오늘날 안보의 중요성이 점점 더 커지고 있습니다. 이번 출장에서도 그러한 분위기 변화를 느낄 수 있었는데요. 안보와 직접적인 관련이 없는 기업 관계자들뿐 아니라 싱크탱크에서 만난 경제정책 전문가들도 '안보'를 중요한 프레임으로 여기고 있었습니다.

특히 주목할 포인트는 기술 발전과 함께 안보의 개념이 완전히 바뀌고 있다는 점입니다. 이제 단순히 군사력을 키우고 국경을 지키는 것을 넘어 전력, 클라우드, 에너지, 통신 등 일상과 밀접하게 엮인 인프라를 지키는 일이 더 중요해졌다는 말이죠. 안보에 기술이 더해진 '첨단 안보'가 새로운 영역으로 자리 잡고 있다는 확신이 들었습니다.

지금부터는 현지에서 보고 들은 내용을 토대로 안보 산업의 변화에 대해 자세히 살펴보고자 합니다. 특히 주목할 분야와 기업은 어디인지, 관련 ETF로는 무엇이 있는지 함께 정리했습니다.

의외의 장소에서
안보의 중요성을 절감하다

이번 미국 출장에서 특히 흥미로웠던 부분 중 하나는 뜻밖의 장소에서 '안보'가 종종 언급됐다는 점입니다. 과거 안보는 방위산업이나 국방 관련 세션에서나 나올 주제였지만, 최근에는 특정 분야뿐 아니라 미국 경제 전반에 영향을 미치는 요소로 주목받고 있었습니다.

세계 최대의 유전 탐사 기업 SLB(전 슐럼버거Schlumberger)와의 미팅에서는 에너지 산업이 안보 문제와 직결될 수 있다는 전망이 나왔습니다. SLB 관계자는 '에너지 공급에 통제력을 갖는 것 자체가 곧 안보'라는 말을 했는데요. AI의 발달로 에너지 사용량이 급증하고 그만큼 안정적인 에너지 공급의 중요성도 나날이 높아지고 있기 때문입니다. 에너지 산업에서 가격 안정화는 늘 중요한 문제였지만, 이를 경제가 아닌 안보 측면에서 접근한다는 점이 인상적이었습니다.

부동산 서비스를 제공하는 코스타 그룹은 자신들이 보유한 부동산 정보들이 일종의 인프라임을 강조했습니다. 잘 구축됐을 때는 도움이 되지만 외부로부터 공격을 받았을 때 크게 흔들릴 수 있는 것이 바로 인프라입니다. 즉, 부동산 등 실물자산 데이터를 꼭 지켜야 할 것으로 본다는 측면에서 관계자들은 직접적으로 '금융 안보'라는 표현을 쓰기도 했습니다.

미국 내 대표 항공사인 사우스웨스트 항공의 관점도 비슷했습니다. 출장에서 만난 관계자들은 미국의 항공 시스템 노후화를 두고, 단순히 고객들이 불편해하는 것을 넘어 국가 차원의 인프라 문제라고 말하며 항공 시스템의 안보적 중요성을 강조했습니다.

뿐만 아니라 싱크탱크에서 만난 전문가들도 중국과의 패권 경쟁을 얘기할 때 체제, 기술, 공급망 등 안보 측면을 특히 중시하는 모습이었습니다. 관세와 무역분쟁 같은 경우도 표면적으로는 경제 문제로 보이지만 여러 전문가들과 얘기를 나누어보니 사실상 안보 문제로 느껴졌는데요. 현지에서도 향후 글로벌 경제 분석에 있어서 국가정책과 안보의 중요성이 더욱 높아질 것이라는 의견이 지배적이었습니다.

이제 안보는 더 이상 방위산업에만 국한된 영역이 아닙니다. 이미 항공우주, 무역, 공급망, 에너지, 통신 등 다방면에 영향을 미치고 국가 경제와 금융시장에서도 중요한 요소로 자리매김을 했습니다. 경제정책, 산업 전략, 기업경영 등 거의 모든 영역에서 안보가 상황을 판단하는 주요 프레임이 된 것이지요. 지금부터는 이러한 안보 영역의 확장이 주식시장에 미칠 영향에 대해 살펴보고, 주목할 만한 안보 관련 기업뿐

"세계적으로 지정학적 리스크가 고조되면서
안보의 개념이 군사력을 넘어 에너지, 인프라, 기술 등
전방위로 확장되며, 경제와 산업 전반의
핵심 프레임으로 자리잡고 있습니다."

01

02

01 사우스웨스트 항공사 방문. 미국 내 항공 시스템과 인프라의 중요성에 대해 이야기했다
02 SLB 방문. 에너지 산업에서 안보적 측면의 중요성을 강조했다

03

03　세미나를 열어 홍콩과 중국 문제에 대해 다루었던 허드슨 연구소
04　중국의 정치 이념에 대해 깊게 논의한 후버 연구소

04

아니라 ETF도 함께 소개해드리도록 하겠습니다.

더 커지고 확대된
안보의 중요성

안보는 '안전 보장'의 줄임말로, 외부의 위협으로부터 국가와 국민의 안전을 지키는 일을 뜻합니다. 당연히 아주 오래전부터 중요한 가치로 여겨져왔는데요. 현지에 가서 직접 현황을 살펴보니 안보의 중요성은 과거보다 한층 더 높게 평가되고 있었습니다.

물론 안보에 대한 높은 관심은 미국에만 국한된 이야기가 아닙니다. 이미 세계적인 트렌드가 됐다고 볼 수 있습니다. 글로벌 4대 방위산업 기업이자 미국 내 대표적인 방위산업 기업인 RTX의 매출을 살펴보면, 2022년 18% 수준이던 해외 비중이 2025년에는 30%까지 늘어났습니다. RTX는 방위산업뿐 아니라 우주항공 복합 기업으로, 미사일·레이더·항공기 엔진 등 첨단 무기체계와 항공우주 솔루션까지 공급하고 있습니다.

워싱턴 D.C. 출장에서 만난 안보·방위산업 관련 기업 레이도스와 CACI도 미중 갈등, 러시아–우크라이나 전쟁, NATO 방위비 등 높아진 지정학적 리스크에 따른 사업적 영향을 얘기했는데요. 두 기업 모두 최근의 변화들로 기존 및 새로운 고객들과의 논의가 더욱 활발해지면서 기회가 커지고 있다고 했습니다. 실제로 NATO 동맹국들은 2025년

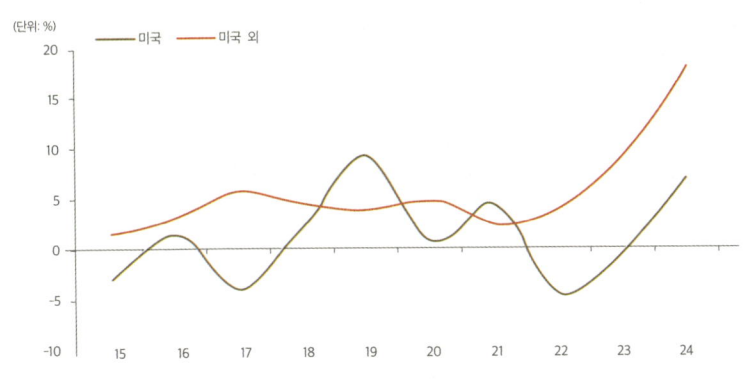

출처: NATO, 토스증권

6월 각국의 GDP 대비 방위비 예산을 현재의 2~3% 수준에서 5%까지 높이기로 합의했습니다. 지켜야 할 것들이 많아졌기 때문입니다.

그런데 이처럼 안보에 대한 관심이 높아지는 건 단순히 지정학적 리스크가 커졌기 때문만은 아닙니다. 안보의 개념이 더 복잡해지고 있는 측면이 더 큰데요. 이젠 단순히 성벽을 높게 쌓는다고 안보가 해결되지 않습니다. 미사일뿐 아니라 해킹, 사이버테러, 드론, 위성 등도 안보를 위해 경계해야 하죠. 국경보다 전력망, 클라우드, 데이터, 에너지 등을 지키는 일이 어쩌면 더 중요해졌다고 볼 수 있습니다.

즉, 오늘날의 안보는 단순히 물리적 침략을 막는 것이 아닌, 일상을 지키는 일에 더 가깝다고 볼 수 있습니다. 그러려면 국방력과 함께 기술력과 공급망을 갖추어야 합니다. 반도체, AI, 로봇 등 첨단 기술에 대한 세계 각국의 관심이 높아지는 이유입니다.

과거와 비교해 현재의 안보는 더욱 복합적·다차원적이다

구분	과거	현재
대상	국가, 영토	전력, 통신, 금융, 의료 등 인프라
목표	전쟁 승리, 영토 방어	사전 차단, 복구
위협	침략, 전쟁 등	사이버 테러, 공급망 교란 등
수단	군사력, 국제 동맹	군사력, 기술력 등 복합적
키워드	핵, 미사일, 전차	보안, 데이터, 공급망, AI 등 복합적

그중에서 가장 대표적인 분야가 '사이버 보안'입니다. 전 세계적으로 사이버 공격은 매일 2,200건 이상 발생하고 있는데요. 이는 최근 1년 사이 30%가량 증가한 수치로, 39초에 한 번씩 사이버 공격이 이뤄지는 셈입니다. 애플, 구글, 메타 등 빅테크 기업마저도 악성코드로 대규모 데이터 유출 사태를 겪기도 했습니다. 사이버 공격을 당했을 때 기업들이 이를 외부에 알리고 싶어 하지 않는다는 것을 고려하면, 실제로는 더 많은 공격이 이루어지고 있을 가능성이 큽니다.

이제 안보는 단순히 군사적인 의미를 넘어 기술, 공급망, 데이터, 사이버 등 훨씬 확장된 개념으로 진화하고 있습니다. 상호 긴밀하게 얽힌 여러 분야를 포괄하는 키워드가 바로 첨단 안보인 것이죠. 그중에서도 특히 주목받고 있는 산업인 '항공우주'에 대해 먼저 살펴보겠습니다.

항공우주,
첨단 안보의 대표 주자

기술과 안보가 결합된 '첨단 안보'라는 관점에서 가장 주목해야 할 분야는 단연 우주입니다. 미국은 2018년 우주군을 창설하는 등 안보 관점에서 우주를 중요한 무대로 여기고 있는데요. 그 구체적인 이유는 아래와 같습니다.

우주 기술 발전은 군사력 증강에 도움이 된다

첨단 안보는 '군사력+기술력'입니다. 다시 말해 기술력이 더해졌지만 여전히 군사력이 중요한 요소라는 얘기죠. 우주산업에 들어가는 기술은 방위산업에 필요한 기술과 유사한 부분이 많습니다. 예를 들어 로켓과 미사일은 목표가 서로 다를 뿐 본질적으로 같은 기술입니다. 미사일의 목표가 표적을 타격하는 것이라면, 로켓의 목표는 위성이나 탐사선을 궤도에 올리는 것이죠. **그만큼 방위산업과 군사력의 관점에서도 우주 기술은 매우 중요합니다.** 실제로 방위산업 분야의 대표적인 기업인 제너럴 일렉트릭(GE에어로스페이스GE Aerospace), RTX, 록히드 마틴, 노스롭 그루먼 등은 우주 기업으로도 여겨지곤 합니다.

우주는 기술 패권 경쟁의 최전선이다

우주산업은 물리학, 전자공학, 재료공학뿐 아니라 통신, 소프트웨어 그리고 AI까지 첨단 기술이 모여 있는 곳입니다. 그래서 과거 미국과 소련이 우주 기술 경쟁을 벌였듯 우주는 특정 국가의 기술 역량을 입증하는 무대가 되곤 합니다. 실제로 당시 경쟁 과정에서 기술이 급속도로 발전하면서 우주산업이 안보에서 차지하는 중요성도 커졌습니다.

현재 미국은 중국과 우주 기술 경쟁을 펼치고 있습니다. **과거 소련과의 경쟁이 '누가 먼저 가느냐'의 싸움이었다면, 이제는 '누가 먼저 지배하느냐'의 싸움으로 규모가 확장되었죠.** 패권 경쟁이 심화되고 안보의 중요성이 높아질수록 우주산업에 대한 기대와 관심 역시 더욱 높아질 것으로 보입니다.

우주 광물 탐사에 성공하면 공급망 확보에 도움이 된다

우주에는 광물 자원이 존재합니다. 달에는 희토류가 많은 것으로 알려져 있는데요. 희토류는 IT 기기·반도체·배터리 등의 생산에 필수적인 광물로, 희토류 생산량 1위인 중국이 희토류 수출 통제를 무기로 미국을 압박하기도 했습니다.

미국 입장에서는 만약 달에서 희토류를 가져와 사용이 가능하다면 글로벌 공급망에서 희토류에 대한 중국의 영향력을 약화시킬 수 있습니다. 실제로 NASA는 2020년 민간 기업이 달에서 채취한 토양 샘플을 구매하겠다고 밝힐 만큼 적극적으로 나서고 있습니다. 물론 우주에서 채굴한 광물을 지구로 운반해 사용하기 위해서는 아직 가야 할 길이 멀지만, 향후 우주 광물 탐사가 활발해진다면 공급망 관점에서도 우주산업은 중요한 역할을 차지할 것으로 보입니다.

글로벌 희토류 생산량에서 중국의 비중은 압도적이다

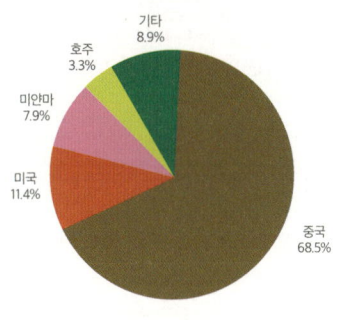

출처: 미국 지질조사국United States Geological Survey, 토스증권

우주산업을 띄울 굵직한 이벤트가 열린다

2026년에는 우주산업과 관련하여 이정표가 될 만한 이벤트들도 대기하고 있습니다. 해당 이벤트들로 주식시장에서도 우주에 대한 관심이 더욱 커질 것으로 보입니다. 대표적으로는 아르테미스 2호와 스페이스X의 스타십Starship을 들 수 있습니다.

아르테미스는 트럼프 정부에서 추진하고 있는 달 탐사 프로젝트인데요. 지난 2022년 무인 달 탐사 비행 임무를 받은 아르테미스 1호가 달 궤도에 진입한 후 지구로 무사 귀환히면서 왕복 비행에 성공했습니다. 뒤이어 2026년 4월경에 아르테미스 2호가 발사됩니다. 아르테미스 2호는 우주인 네 명이 탑승해 달 궤도 비행 후 지구로 귀환하는 임무를 수행할 예정입니다. NASA는 이어 2027년 중반쯤에는 아르테미스 3호를 발사하여 유인 달 착륙 임무를 수행하겠다는 계획을 밝혔습니다.

아르테미스 3호가 유인 탐사 임무를 수행하기 위해서는 달 궤도에서 착륙선으로 옮겨 타야 하는데 이 착륙선이 바로 '스타십'입니다. 스페이스X는 이를 위해 2026년에 시험비행을 하겠다는 방침입니다. 스타십은 세계에서 가장 큰 우주 수송 시스템으로, 스타십의 성공은 사람이나 물건을 대량으로 수송할 수 있다는 점에서도 큰 의의를 갖습니다. 일론 머스크는 2026년 말 테슬라의 옵티머스 로봇을 스타십에 태워 화성으로 발사할 계획이며, 성공 시 2029년에는 화성 유인 탐사 미션을 추진하겠다고 밝히기도 했습니다.

첨단 안보 분야
ETF로 투자하기

앞서 말씀드렸듯이 오늘날 안보 개념은 과거보다 확장되고 더욱 복잡해지고 있습니다. 따라서 첨단 안보 분야에 투자할 계획이라면, 그중에서도 특히 어떤 분야에 투자하고 싶은지를 명확히 정할 필요가 있습니다. 만약 한 분야에만 집중 투자하는 것이 조금 부담스럽다면 관련 ETF에 투자하는 것도 방법입니다. 많은 종목을 하나하나 살필 필요 없이 소수의 ETF 몇 개로 투자 이익을 노려볼 수 있기 때문입니다. ETF별 특징을 살펴보고, 해당 ETF가 담고 있는 주요 종목 가운데 특정 종목을 선별하는 것도 가능합니다.

지금부터는 첨단 안보 테마로 분류되는 ETF를 몇 가지 소개해드리겠습니다. 각각의 ETF가 가진 주요 특징들만 잘 파악해도 투자하는 데

도움이 되실 것입니다.

첨단 안보 분야 ETF들은 2025년 S&P500 지수보다 높은 수익률을 기록했다

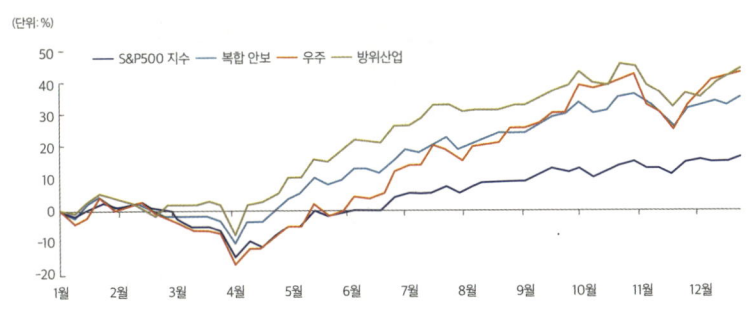

출처: 블룸버그, 토스증권

주목할 만한 첨단 안보 ETF

'안보+기술'이라는 콘셉트에 가장 부합하는 ETF는 SHLDGlobal X Defense Tech ETF와 FITEState Street SPDR S&P Kensho Future Security ETF입니다. 전통적 의미의 안보(방위산업)를 넘어 사이버 보안, AI, 위성통신 등 다양한 분야에 투자하는 상품인데요. 둘 다 콘셉트는 비슷하지만 운용 방식이나 구성 종목에 있어서는 꽤나 차이를 보입니다.

우선 SHLD가 투자하는 종목은 56개인 반면, FITE는 79개로 훨씬 많습니다(2026년 3월 현재). SHLD가 상대적으로 더 적은 종목에 집중적으로 투자하고 있으며, 상위 10개 종목의 비중도 61%로 FITE(23%)에 비해 훨씬 높습니다. SHLD는 조금 더 전통적 의미의 방위산업 기업에 집중합니다. 팔란티어Palantir, RTX, 록히드 마틴 등이 주요 투자 대상입

주목할 만한 첨단 안보 ETF

티커	특징	운용 자산 (백만 달러)*	수익률(%)*		구성 종목 수 (개)*	주요 구성 종목*,**
			3개월	1년		
SHLD	국방 기술	7,872	23.2	66.1	56	록히드 마틴LMT, RTXRTX, 제너럴 다이내믹스GD, 라인메탈, 팔란티어PLTR, 노스롭 그루먼NOC, 한화에어로스페이스, L3해리스LHX, BAE 시스템스, 레오나르도
FITE	미래 군사 보안	116	8.1	39.7	79	플래닛 랩스PL, 레드 캣 홀딩스RCAT, 엘빗 시스템스ESLT, 팔로알토 네트웍스PANW, 듀라인DCO, 무그 A, 록히드 마틴, 에스코 테크놀로지스ESE, 노스롭 그루먼, 텔레다인
PAVEGlobal X U.S. Infrastructure Development ETF	미국 인프라	12,262	12.3	39.2	103	콴타 서비시스PWR, CSXCSX, 하우멧 에어로스페이스HWM, 디어, 유니온 퍼시픽UNP, 트레인 테크놀로지스TT, 셈프라SRE, 노폭서던NSC, 이튼ETN, 파커-하니핀PH
AIRR First Trust U.S. Industrial Renaissance ETF	미국 전통 제조업	8,744	19.1	66.9	54	마스텍MTZ, 컴포트 시스템스 USAFIX, 아깅AGX, 스털링 인프라스트럭처STRL, 사이오SAIA, 엠코 그룹EME, 다이콤 인더스트리스DY, CH 로빈슨 월드와이드CHRW, SPX 테크놀로지스SPXC, 힐링턴 잉걸스 인더스트리즈HII
GRIDFirst Trust NASDAQ Clean Edge Smart Grid Infrastructure Index Fund	스마트 그리드	7,922	11.3	45.8	115	AB3, 존슨 콘트롤스 인터내셔널JCI, 내셔널 그리드, 슈나이더 일렉트릭, 이튼ETN, E.CN SE, 콴타 서비스스, 프리즈미안, 허벨HUBB, 엔벤트 일렉트릭NVT
ICLN	친환경 에너지	2,111	7.2	60.2	104	블룸 에너지IBE, 넥스트래카NXT, 퍼스트 솔라FSLR, 이베르드롤라, 중국장강전력, 인페이즈 에너지ENPH, 오마트 테크놀로지스ORA, 아쿠아토리아우, 베스타스 윈드 시스템스 EDP
RSHOTema American Reshoring ETF	미국 리쇼어링	257	18.7	49.2	27	팀켄TKR, 파월 인더스트리스POWL, 케이츤 인더스트리얼GTES, 코그넥스, 캐터필러CAT, 테레닉스TEX, ATIATI, 어플라이드 인더스트리얼 테크놀로지스AIT, 로크웰 오토메이션ROK, 임가솔랜드IR

출처: 블룸버그, 토스증권

* 운용 자산, 수익률, 구성 종목 수와 주요 구성 종목은 2026년 3월 초 기준.
** 미국 증시 상장 기업의 경우 티커를 함께 표시함.

니다. 반면에 FITE는 기술주의 성격이 더 강합니다. 플래닛 랩스Planet Labs 등을 비롯하여 위성통신이나 우주 분야의 비중이 상대적으로 높은 편입니다.

이외에 안보 개념이 확장됨에 따라 인프라, 공급망, 에너지 등에서도 기회를 찾아볼 수 있습니다. 2025년에는 특히 에너지 관련 ETF인 ICLNiShares Global Clean Energy ETF의 수익률이 높았는데요. AI가 발전하면서 안정적인 에너지 공급이 주요 이슈로 떠올랐기 때문입니다.

방위산업 비중이 높은 ETF

우주 및 방위산업 기업은 사업의 내용상 여러모로 유사한 점이 많기 때문에 해당 ETF들도 마찬가지로 비슷합니다. 다만 구성 종목들을 토대로 살펴보면 조금 더 방위산업에 가까운 ETF와 우주산업에 가까운 ETF로 구분해볼 수 있습니다.

2000~2010년대 출시된 ITAiShares US Aerospace & Defense ETF, PPAInvesco Aerospace & Defense ETF, XARState Street SPDR S&P Aerospace & Defense ETF은 1세대 방위산업 ETF로, 주로 전통적인 의미의 방위산업 기업들에 투자합니다. 이 중에서 ITA는 대형주 집중도가 높은데, 상위 10개 종목 비중이 75%에 이릅니다. 반면에 XAR은 상대적으로 중·소형주 비중이 높아서 상위 10개 종목 비중은 약 37%에 불과합니다.

2020년대에 출시된 MISLFirst Trust Indxx Aerospace & Defense ETF, NATOThemes Transatlantic Defense ETF, IDEFiShares Defense Industrials Active ETF는 2세대 방위산업 ETF로, 미래형 방위산업 ETF라고 볼 수 있습니다. 예를 들어 ITA와

방위산업 비중이 높은 ETF

티커	특징	운용 자산 (백만 달러)**	수익률(%)**		구성 종목 수 (개)**	주요 구성 종목**,***
			3개월	1년		
ITA	전통 방산 대장주	16,564	20.7	61.9	43	제너럴 에어로스페이스, RTX, 보잉BA, 록히드 마틴, 노스롭 그루먼, 하우엣 에어로스페이스, L3해리스, 제너럴 다이내믹스, 트랜스다임 그룹TDG, 엑슨 엔터프라이즈AXON
PPA	다각화된 방산	8,455	21.9	57.8	62	록히드 마틴, RTX, 제너럴 에어로스페이스, 보잉, 노스롭 그루먼, 제너럴 다이내믹스, 하니웰 인터내셔널HON, L3해리스, 하우엣 에어로스페이스, 엘빗 시스템스
XAR	중소형주 비중이 비교적 높음	6,439	22.9	74.5	42	ATI, 카르만 홀딩스KRMN, 록히드 마틴, 노스롭 그루먼, 카펜터 테크놀로지스CRS, 헌팅턴 잉걸스 인더스트리즈, 하우엣 에어로스페이스, 우드워드WWD, L3해리스, 커티스 라이트CW
MISL	방위산업+우주 기술	1,593	23.6	65.7	40	록히드 마틴, RTX, 제너럴 에어로스페이스GE, 보잉, 노스롭 그루먼, 하우엣 에어로스페이스, L3해리스, AST 스페이스모바일ASTS, 트랜스다임 그룹
NATO	글로벌(NATO)	96	20.4	49.2	81	RTX, 제너럴 에어로스페이스, 보잉, 롤스로이스 홀딩스, 록히드 마틴, 사프랑, 하니웰 인터내셔널, 에어버스AIR, 노스롭 그루먼, 하우엣 에어로스페이스
IDEF*	글로벌 미래안보	115	22.6	-	114	RTX, 록히드 마틴, 제너럴 다이내믹스, 노스롭 그루먼, 팔란티어, 롤스로이스 홀딩스, 라인메탈, 미쓰비시중공업, BAE 시스템스, 보잉

* IDEF는 설정일로부터 1년이 채 되지 않아 1년 수익률을 표시하지 않음
** 운용 자산, 수익률, 구성 종목 수와 주요 구성 종목은 2026년 3월 초 기준
*** 미국 증시 상장 기업의 경우 티커를 함께 표시함

출처: 블룸버그, 토스증권

IDEF는 모두 자산운용사 블랙록 BlackRock(아이셰어즈)이 운용하는 ETF인데요. 액티브 ETF인 IDEF는 펀드매니저의 판단하에 사이버, AI, 드론 등 미래형 방위산업으로 분야를 확장시키고 있습니다. 이쯤에서 '액티브'와 '패시브'의 차이도 잠시 짚고 넘어갈게요. 액티브 ETF는 지수에 기반하지만 종목 선정이나 비중 등에서 펀드매니저에게 재량이 주어지며, 패시브 ETF는 정해진 지수를 그대로 추종합니다. 그 외 NATO는 NATO(나토) 회원국의 방위산업 기업에 투자하는 글로벌 ETF에 해당합니다.

투자자는 각자의 성향에 따라서 자신에게 맞는 ETF를 선택할 수 있습니다. 안정성(전통성)을 중시한다면 ITA나 PPA, 중·소형주의 비중을 높이고 싶다면 XAR, 성장성과 혁신성을 원한다면 MISL이나 IDEF, 글로벌 투자를 원한다면 NATO를 선택할 수 있습니다.

우주산업 비중이 높은 ETF

조금 더 우주에 집중하는 ETF로는 ARKX, UFO, ROKT가 있습니다. 이들 종목은 방위산업 ETF에 비해 규모도 작고 역사도 짧은 편인데요(모두 2010~2020년대에 출시). 이 중 가장 규모가 큰 ARKX도 방위산업 ETF에서 규모가 가장 큰 ITA와 비교하면 4% 수준에 불과합니다.

해당 ETF들은 일부 유사한 점이 있지만 차이점도 분명합니다. 같은 섹터이지만 수익률의 편차가 크다는 점이 그 차이를 잘 보여주고 있지요. 먼저 ARKX는 캐시 우드의 아크 인베스트가 운용하는 ETF입니다. 캐시 우드는 고성장 혁신 기업을 선호하는 것으로 유명한데요. ARKX

역시 우주뿐 아니라 로봇, 드론, AI 등 첨단 기술 분야에도 투자하는 특징이 있습니다.

UFO는 상대적으로 우주에 조금 더 집중하는 ETF입니다. 발사체부터 위성통신, 네트워크, 탐사 등 우주와 관련된 다양한 분야에 주목하고 있습니다. 다만 중·소형 우주 기업들의 비중이 높아 그만큼 변동성도 큰 편입니다. ROKT는 우주와 심해 탐사 기업에 투자하는 ETF로, 쉽게 설명하면 우주에 더해 인프라와 방위산업 분야에도 투자한다는 의미입니다. 위의 세 개 ETF 중 상위 10개 종목 비중이 가장 낮아 분산도가 높은 편입니다.

ARKX, UFO, ROKT는 모두 우주라는 콘셉트를 공유하고 있으면서도 각 ETF별로 서로 다른 성격을 지녀서 투자자의 성향에 따라 취사선택이 가능합니다.

우주산업과 관련해서 주목할 또 하나의 분야는 '통신'입니다. 스페이스X의 스타링크 사업이 크게 성장하면서 위성통신에 대한 관심이 높아지고 있기 때문입니다. 스페이스X는 2025년 10월 누적 1만 번째 위성을 발사하며 선도 기업으로서 위상을 떨치고 있습니다. 다른 업체들도 위성통신 사업에 적극적으로 나서고 있는데요. 통신 관련 주요 ETF로는 IYZiShares US Telecommunications ETF와 XTLState Street SPDR S&P Telecom ETF이 있습니다. 둘 중에서는 XTL이 위성통신에 조금 더 관련성이 높은 편입니다.

우주산업 비중이 높은 ETF

티커	특징	운용 자산 (백만 달러)*	수익률(%)*		구성 종목 수 (개)*	주요 구성 종목*, **
			특정	1년		
ARKX	우주 혁신기업	730	13.0	66.8	43	L3해리스, 크라토스 디펜스&시큐리티, 로켓 랩, 디어, 테라다인, 에어로바이런먼트, 아처 에비에이션, AMD, 트림블TRMB, 코마츠
UFO	우주경제	369	29.9	92.3	50	플래닛 랩스PL, MDA 스페이스, 비아샛VSAT, AST 스페이스모바일, 가민GRMN, 로켓 랩, 에코스타ESATS, SES SA, 시리우스 XM 홀딩스SIRI, 트림블
ROKT	우주+방산	80	34.0	92.9	37	플래닛 랩스, 인튜어티브 머신스IUNR, 무그 A, 록히드 마틴, 에스코 테크놀로지스ESE, 뮤코민, 노스롭 그루만, 텔레다인, 이리디움 커뮤니케이션스IRDM, L3해리스
IYZ	통신주(인프라)	852	21.9	44.9	23	시스코 시스템즈, 버라이즌VZ, AT&T, 루멘텀 홀딩스LITE, 시에나CIEN, 모토로라MSI, 컴캐스트CMCSA, 아리스타 네트웍스ANET, T-모바일 USTMUS, 밀리콤 인터내셔널 셀룰러TIGO
XTL	통신(위성)	313	27.5	80.9	41	어플라이드 옵토일렉트로닉스AAOI, 루멘텀 홀딩스, 바이비 솔루션스VIAV, 시에나, 유비쿼티UI, AST 스페이스모바일, 이리디움 커뮤니케이션스, 모토로라, 비아샛 버라이존

* 운용 자산, 수익률, 구성 종목 수와 주요 구성 종목은 2026년 3월 초 기준
** 미국 증시 상장 기업의 경우 티커를 함께 표시함.

출처: 블룸버그, 토스증권

오늘날 미국은 군사 안보 기술 분야뿐 아니라 기술 주권 강화를 위해 양자컴퓨터와 AI, 바이오 등 첨단 기술도 국가 안보 차원에서 역량과 자원을 자국 중심으로 재편하고 있습니다. 중국을 비롯한 경쟁 국가들의 첨단 기술 발전 제한과 희토류 등 전략 자원 확보도 첨단 안보로 정의하고 있죠.

이러한 안보의 재정의는 투자자들에게 새로운 기회라 할 수 있습니다. 그러므로 미국 주식 투자자라면 이제는 첨단 안보를 투자의 새로운 블루칩으로 생각해야 할 때입니다. 안보는 더 이상 군사적 영역에만 머무르지 않으며 이러한 흐름은 미국을 넘어 이미 전 세계로 확대된 상태입니다. 안보 기술에 대한 전 세계 국가들의 투자가 늘어나고, 안보 위협이 현실화될수록 첨단 안보 산업의 성장은 더욱 가속화될 전망입니다. 이는 첨단 안보 분야에 대한 투자가 필연적임을 의미하기도 하지요. 앞으로 다가올 변화의 물결 속에서 이 기회를 놓치지 않으시길 바랍니다.

다음 출장을 준비하며

투자는 거대한 이야기처럼 보이지만 결국 삶의 한 부분이다. 특히 개인 투자자에게는 더욱 그렇다. 그 안에는 각자의 땀과 노력, 자신만의 꿈과 희망이 함께 담겨 있기 때문이다. 조금 덜 불안한 내일을 바라는 마음, 가족과 더 오래 웃고 싶은 마음, 언젠가 하고 싶었던 일을 더는 미루지 않아도 되는 삶에 대한 바람. 그래서 그 노력은 결코 가볍지 않고, 그 시간은 소중하다.

나는 그 노력이 헛되지 않았으면 좋겠고, 그 희망이 쉽게 상처받지 않았으면 좋겠다. 시간이 걸리더라도 그 꿈이 조금씩 현실에 닿기를 바란다. 그리고 그 과정에 작은 힘이 되고 싶었다.

나는 한 줄의 정보 대신 스스로 판단할 수 있는 힘을 전하고 싶었다. 오를 종목을 짚어주기보다 왜 그렇게 보는지, 무엇을 먼저 생각해야 하는지 이야기하려 했다. 어려운 말은 줄이고 복잡한 흐름은 풀어, 각자의 기준을 세울 수 있도록 돕고 싶었다.

내가 하는 일이 모두에게 큰 도움이 되지 않을 수도 있다. 다만 누군가 덜 불안해지고, 누군가 스스로 생각할 힘을 갖게 된다면 그것으로 충분히 의미 있다고 믿는다. 그런 작은 변화가 쌓여 결국 단단함으로 이어질 것이라 생각한다.

주식시장은 친절하지 않다. 예상은 빗나가고 마음은 흔들린다. 때로는 실패하고 상처받는 순간도 찾아온다. 그래도 투자자들이 자신을 너무 몰아붙이지 않았으면 한다. 낙담하기보다 잠시 숨을 고르고, 다시 시작할 용기를 가졌으면 한다. 남과 비교하며 조급해하지 않아도 된다. 각자의 속도로, 지금 서 있는 자리에서 한 걸음씩 나아가다 보면 어느새 바라던 곳에 가까워져 있을 것이라 믿는다.

이 글은 투자 조언이나 분석보다는 응원에 가깝다. 투자를 통해 삶이 조금 더 단단해지고, 조금 더 편안해지기를 바라는 마음이다. 그 힘이 더 많은 사람에게 닿아, 각자의 삶을 조금 더 윤택하게 만들기를 바란다.

_리서치센터장 이영곤 애널리스트

이번 미국 출장은 개인적으로도 특별한 경험이었다. 미국 방문이 처음이었기 때문이다. 생애 첫 미국 방문이 여행이 아닌 출장, 그것도 현지 전문가들과의 미팅이라니.

하지만 부담보다 욕심이 더 컸다. 책상 앞에서는 파악하기 어려운 현지의 분위기를 직접 느끼고, 한국 투자자들에게도 전하고 싶었다. 도착 첫날의 경험은 그런 기대를 충분히 만족시켰다. 저녁 식사를 하러 가는 길에 'TACO'Trump Always Chickens Out('트럼프는 항상 꼬리를 내려'라는 뜻)라는 문구와 함께 트럼프 대통령의 얼굴을 우스꽝스럽게 그려놓은 현수막을 보았다. 미국에서 벌어지고 있는 정치적 갈등과 긴장, 그리고 번지는 균열을 이방인의 시선으로도 느낄 수 있었다. 현장의 공기는 생각보다 더 생생했다.

나는 리포트를 통해 단순한 숫자와 정보가 아니라, 그곳의 분위기와 느낌을 전하고 싶었다. 리포트에 이례적으로 많은 사진을 담은 이유다. 다음에는 영상으로 기록하는 것도 도전해보고 싶다. 리포트의 주제도 MAGA, DOGE, 중국, 이민자 등 현지 분위기를 생생하게 보여줄 수 있는 것들로 정했다. 그리고 그 분위기에 투자 포인트를 더해 리포트를 썼다. 미국 탐방을 통해 얻은 생각과 결론을 정리한 기록이었다. 세상을 '투자'라는 관점으로 바라보는 애널리스트로서의 솔직한 정리였다. 그렇게 기존 증권가 리포트와는 결이 다른 결과물이 나왔다.

불과 얼마 전까지 미국에 있었고, 그 경험을 토대로 작성한 리포트가 이렇게 책으로 발간된다는 사실이 아직도 실감 나지 않는다. 앞으로 또 어디로 탐방을 떠나게 될지는 모르지만, 투자의 세계에서 이슈는 빠르게 변한다. 현장의 느낌과 정보가 필요한 곳이라면 어디든 직접 찾아가 보고 싶다.

끝으로 항상 어떤 선택이든 이해하고 응원해주는 아내와 두 아들에게 감사의 말을 전한다. 두 아들에게는 이 책이 투자뿐 아니라 세상을 이해하는 하나의 창이 되기를 바란다.

_한상원 애널리스트

나는 내 직업, 애널리스트를 좋아한다. 애널리스트의 의견과 투자 아이디어에 사람들이 귀 기울여주기 때문이다. 토스증권에 합류하며 수백만 명의 앱 고객에게 내 글을 직접 전할 수 있게 된 것은, 애널리스트로서 매우 특별한 기회였다. 그만큼 책임감도 커졌다. 여러 가지 편견에도 불구하고 미국 탐방 프로젝트를 추진할 수 있었던 이유다.

두 차례 미국을 다녀오면서 자신감은 더욱 커졌다. 기업 탐방과 현장 투어 과정에서 우리의 도전 정신과 진정성을 인정받는 순간들이 있었다. 돌아와 리포트를 발간한 뒤에는 '참신하다', '재미있다', '역시 뭔가 다르다'는 평가도 받았다. 그 경험은 우리가 가고 있는 방향에 대한 확신을 더해주었다.

개인 투자자를 대상으로 한다고 해서 깊이가 얕아져서는 안 된다고 생각한다. 오히려 더 확률 높은 투자 아이디어여야 한다고 믿는다. 그래서 어떻게 하면 쉽게 읽히면서도 본질은 놓치지 않을지 고민했다. 그렇게 완성한 1,500자 분량의 앱 콘텐츠가 나는 부끄럽지 않았다. 책상 앞에서의 고민과 현장에서의 노력이 함께 담긴 결과물이기 때문이다. 앞으로도 기관 투자자가 보아도 부족함이 없고, 개인 투자자가 읽어도 쉽게 이해할 수 있는 분석을 위해 계속 고민하고 노력하겠다.

늘 함께 고민하고 도전해온 우리 팀에도 고맙다는 말을 전한다. 우리 팀, 땡큐!

_이지선 애널리스트

주식이라고는 좋아하던 아이돌의 엔터 회사 주식 1주를 사본 게 전부였다. 그런 내가 토스증권에 합류한 지도 어느덧 만 3년이 다 되어간다. 주변에서 "거기 다니면 주식 잘해?"라고 물어보면 아직도 머쓱하게 웃으며 고개를 젓는다. 하지만 "주식이 재밌어?"라는 질문에는 꽤 자신 있게 "응!"이라고 답한다. 수익을 떠나, 세상의 다양한 이야기에 꿈틀거리며 반응하는 주식시장을 지켜보는 일이 즐겁기 때문이다.

그 즐거움의 대부분은 리서치센터에서 애널리스트들과 콘텐츠를 만들며 깨닫게 됐다. 옆자리에서 듣고, 묻고, 배우며 돈과 기업, 그리고 세상을 바라보는 시야가 조금씩 넓어졌다.

그래서 오늘도 애널리스트에게 묻는다. "이게 왜 중요한가요?", "투자자는 어떤 포인트를 알아야 할까요?" 나는 투자자들 대신 질문하고, 이해하고, 콘텐츠로 정리한다. 내가 옆자리에서 겪었던 그 성장의 순간을, 독자들도 각자의 자리에서 경험할 수 있기를 바란다.

_이준혁 콘텐츠 매니저

처음 미국 탐방 리포트를 편집할 때는 부담이 있었다. '나는 미국에 다녀오지도 않았는데, 이걸 잘할 수 있을까?' 하지만 기획 미팅에 참여하고 초안을 읽으며 깨달았다. 다녀오지 않았기 때문에 오히려 더 잘할 수 있는 역할이 있다는 것을.

우리의 탐방 리포트를 읽는 투자자 대부분은 나와 비슷하다. 미국 현지에 가보지 않았고, 애널리스트가 들려주는 이야기를 통해 현지 분위기를 접한다. 그래서 나는 이해되지 않는 부분을 질문하고, 더 필요한 설명을 요청했다.

나의 목표는 세 애널리스트가 현지에서 느낀 바를 독자들도 최대한 가깝게 느끼도록 돕는 것이었다. 리포트를 편집할 때도, 책을 만들 때도 그것이 가장 중요했다. 책을 읽고 어떤 느낌을 받으셨을지가 가장 궁금하다.

_기명균 콘텐츠 매니저

토스증권 리서치센터 팀 (뒷줄 왼쪽부터 시계방향) 기명균 / 한상원 / 이지선 / 이영곤 / 이준혁

미국 주식 투자자들이 가장 많이 관심을 갖는 기업들은 어떤 곳일까요?
토스증권 리서치센터에서 눈여겨볼 만한 기업들을 꼽아, 알기 쉽게 분석해봤습니다.
아울러 토스증권 이용자들이 가장 궁금해했던 질문들을 모아,
2026년에도 성공적인 투자를 이어가는 데 참고할 만한 아이디어를 Q&A로 담았습니다.

부록

사례로 보는 종목 분석

1. 아이온큐로 배우는 종목정보 실전 활용법

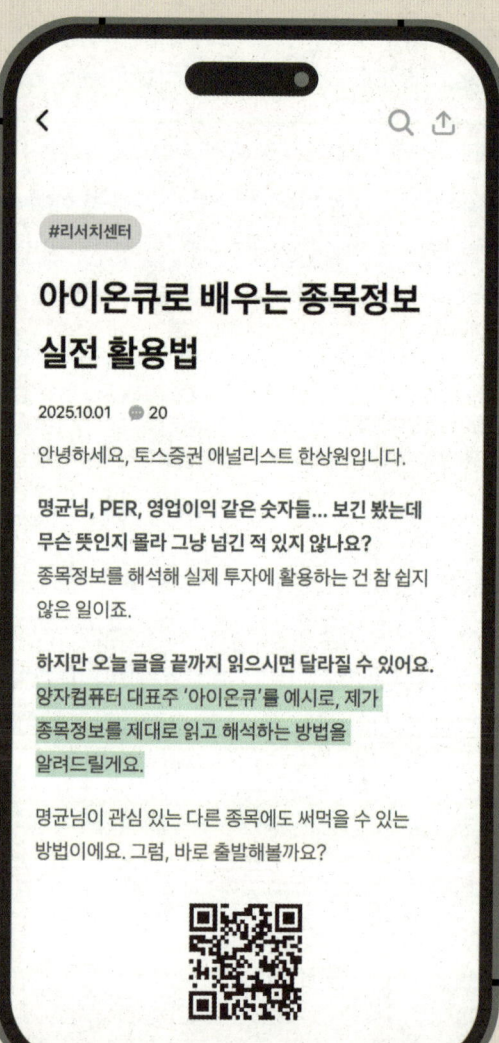

#리서치센터

아이온큐로 배우는 종목정보 실전 활용법

2025.10.01 💬 20

안녕하세요, 토스증권 애널리스트 한상원입니다.

명균님, PER, 영업이익 같은 숫자들… 보긴 봤는데 무슨 뜻인지 몰라 그냥 넘긴 적 있지 않나요?
종목정보를 해석해 실제 투자에 활용하는 건 참 쉽지 않은 일이죠.

하지만 오늘 글을 끝까지 읽으시면 달라질 수 있어요.
양자컴퓨터 대표주 '아이온큐'를 에시로, 제가 종목정보를 제대로 읽고 해석하는 방법을 알려드릴게요.

명균님이 관심 있는 다른 종목에도 써먹을 수 있는 방법이에요. 그럼, 바로 출발해볼까요?

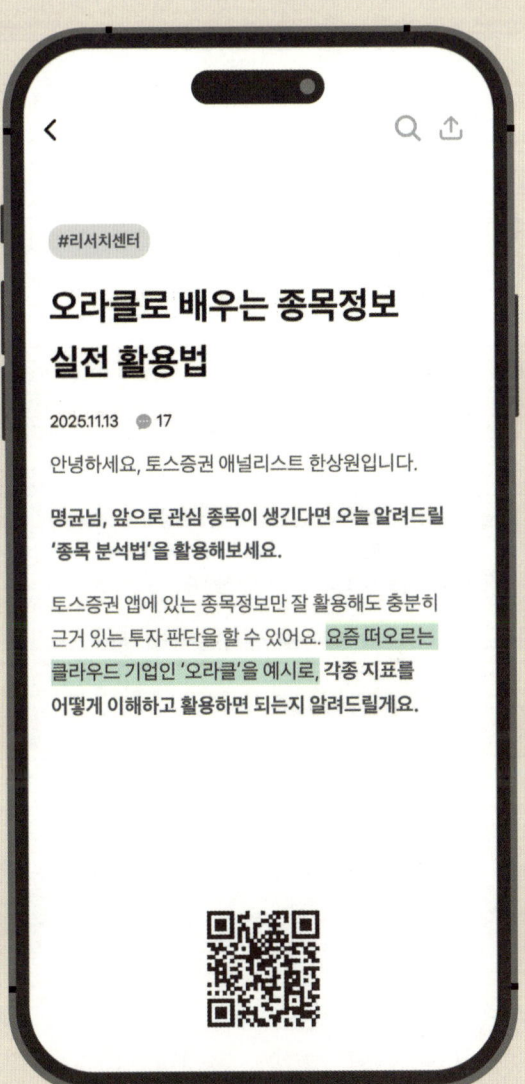

#리서치센터

오라클로 배우는 종목정보 실전 활용법

2025.11.13   💬 17

안녕하세요, 토스증권 애널리스트 한상원입니다.

명균님, 앞으로 관심 종목이 생긴다면 오늘 알려드릴 '종목 분석법'을 활용해보세요.

토스증권 앱에 있는 종목정보만 잘 활용해도 충분히 근거 있는 투자 판단을 할 수 있어요. 요즘 떠오르는 클라우드 기업인 '오라클'을 예시로, 각종 지표를 어떻게 이해하고 활용하면 되는지 알려드릴게요.

사례로 보는 종목 분석

3. 모르는 종목 내 걸로 만드는 3단계(펠로톤)

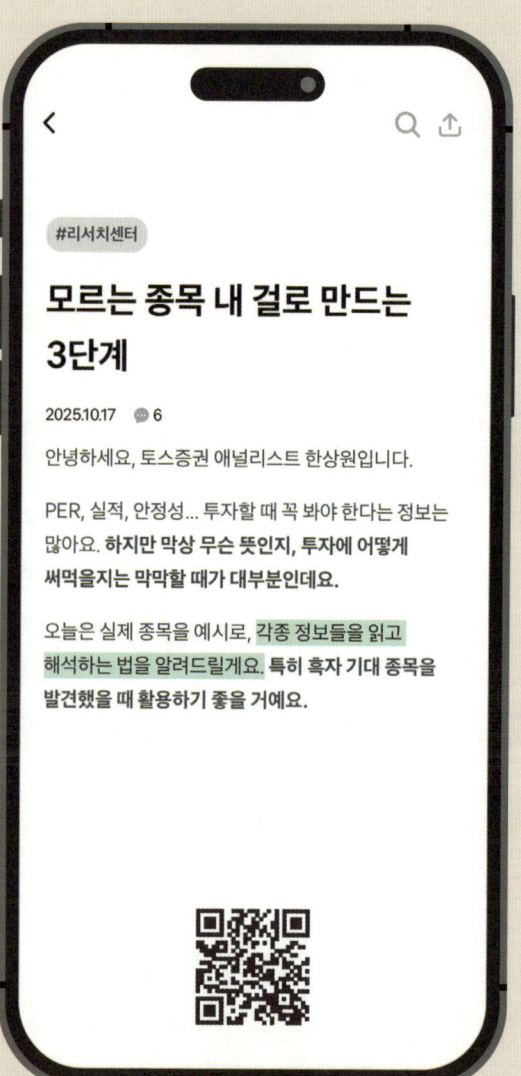

1. 빅테크 투자할 때, 특히 중요한 3가지

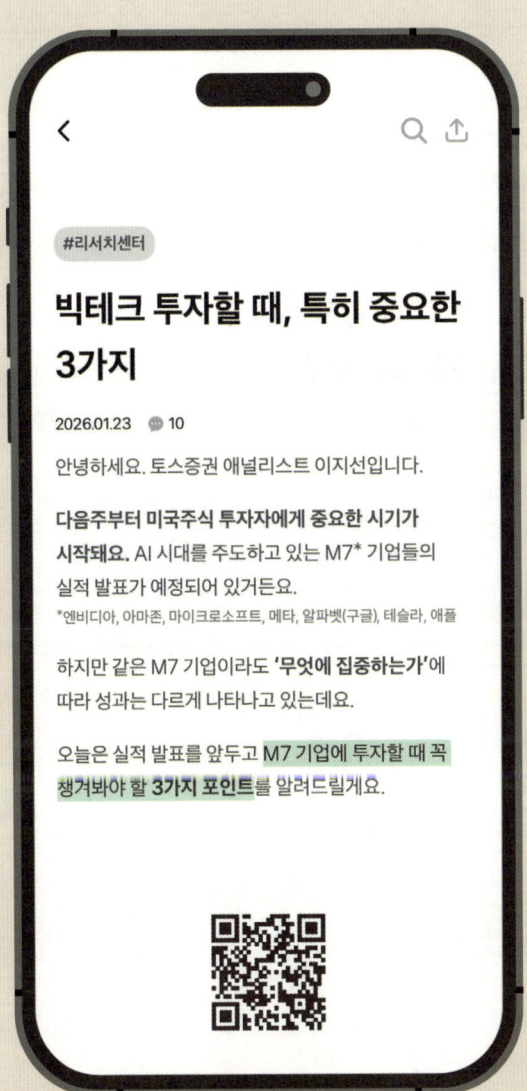

#리서치센터

빅테크 투자할 때, 특히 중요한 3가지

2026.01.23 💬 10

안녕하세요. 토스증권 애널리스트 이지선입니다.

다음주부터 미국주식 투자자에게 중요한 시기가 시작돼요. AI 시대를 주도하고 있는 M7* 기업들의 실적 발표가 예정되어 있거든요.

*엔비디아, 아마존, 마이크로소프트, 메타, 알파벳(구글), 테슬라, 애플

하지만 같은 M7 기업이라도 **'무엇에 집중하는가'**에 따라 성과는 다르게 나타나고 있는데요.

오늘은 실적 발표를 앞두고 M7 기업에 투자할 때 꼭 챙겨봐야 할 **3가지 포인트**를 알려드릴게요.

2026 증시 Q&A ✈

2. AI가 계속 주식시장을 주도할까요?

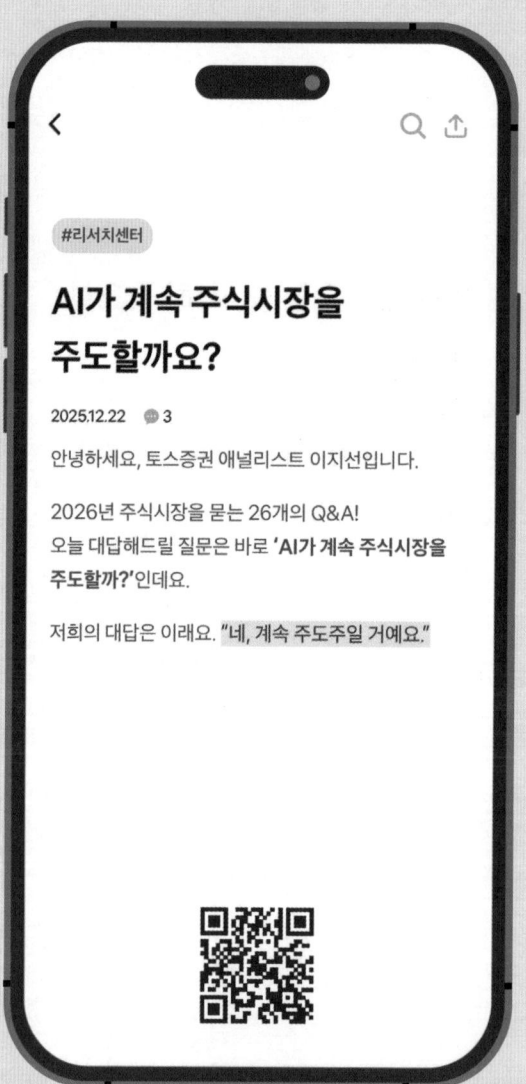

#리서치센터

AI가 계속 주식시장을 주도할까요?

2025.12.22 💬 3

안녕하세요, 토스증권 애널리스트 이지선입니다.

2026년 주식시장을 묻는 26개의 Q&A!
오늘 대답해드릴 질문은 바로 **'AI가 계속 주식시장을 주도할까?'** 인데요.

저희의 대답은 이래요. **"네, 계속 주도주일 거예요."**

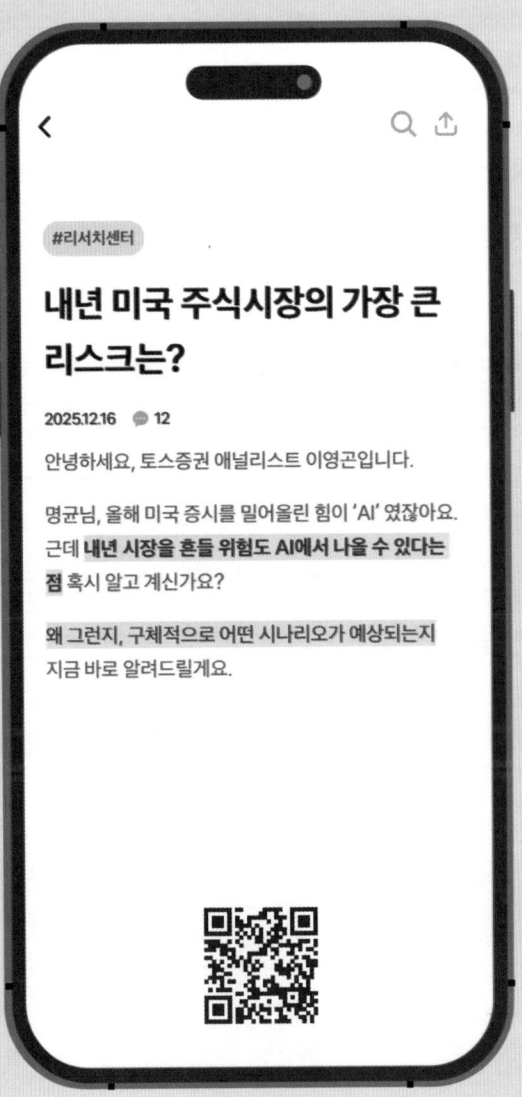

#리서치센터

내년 미국 주식시장의 가장 큰 리스크는?

2025.12.16 💬 12

안녕하세요, 토스증권 애널리스트 이영곤입니다.

명균님, 올해 미국 증시를 밀어올린 힘이 'AI' 였잖아요. 근데 **내년 시장을 흔들 위험도 AI에서 나올 수 있다는 점** 혹시 알고 계신가요?

왜 그런지, 구체적으로 어떤 시나리오가 예상되는지 지금 바로 알려드릴게요.

2026 증시 Q&A

4. 트럼프는 앞으로도 주식시장을 흔들까요?

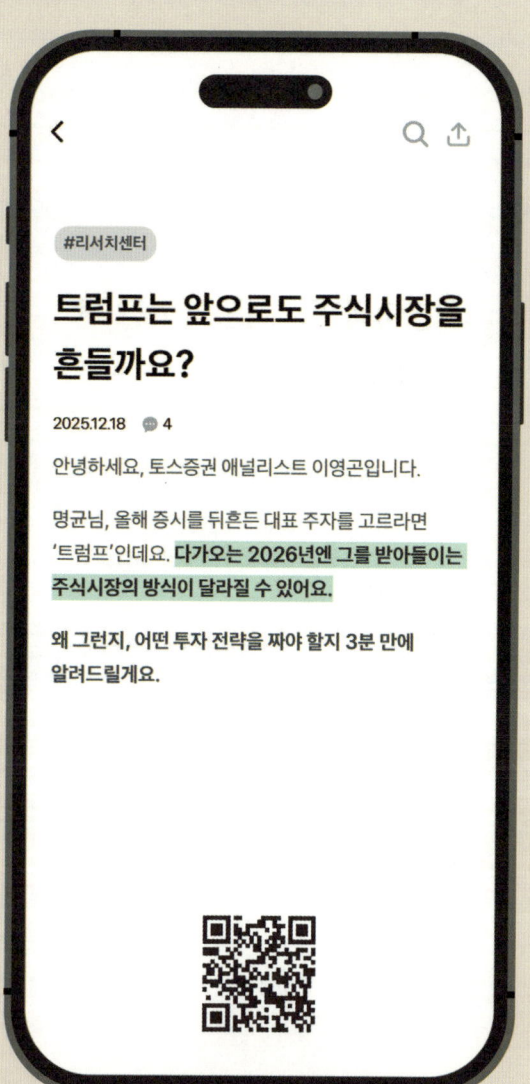

5. 내년에도 삼성전자와 SK하이닉스는 좋을까요?

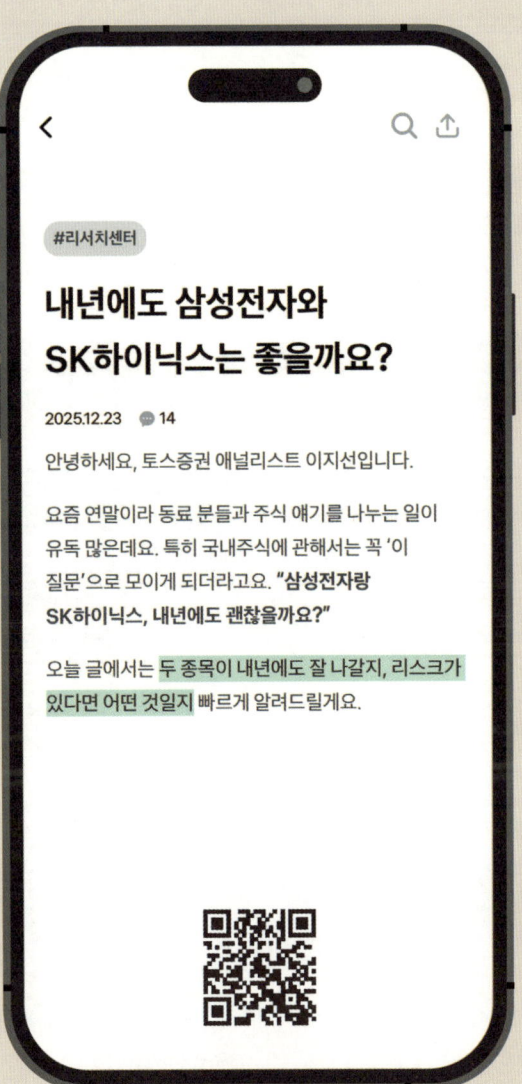

#리서치센터

내년에도 삼성전자와 SK하이닉스는 좋을까요?

2025.12.23   💬 14

안녕하세요, 토스증권 애널리스트 이지선입니다.

요즘 연말이라 동료 분들과 주식 얘기를 나누는 일이 유독 많은데요. 특히 국내주식에 관해서는 꼭 '이 질문'으로 모이게 되더라고요. **"삼성전자랑 SK하이닉스, 내년에도 괜찮을까요?"**

오늘 글에서는 두 종목이 내년에도 잘 나갈지, 리스크가 있다면 어떤 것일지 빠르게 알려드릴게요.